国家社会科学基金一般项目"人口流动与产业集聚互动的过程机制、区域效应及调控对策"（15BGL215）

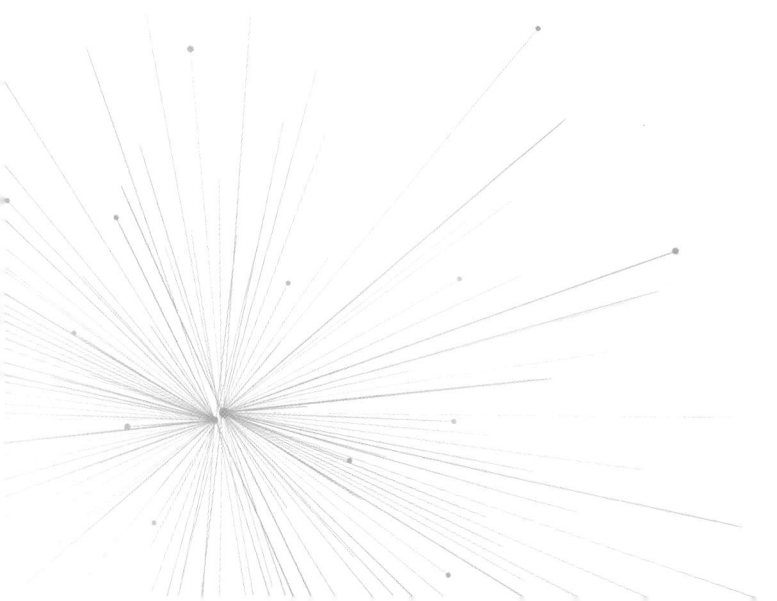

人口流动与产业集聚互动的机制和效应研究

敖荣军 著

中国社会科学出版社

图书在版编目（CIP）数据

人口流动与产业集聚互动的机制和效应研究 / 敖荣军著 . —北京：中国社会科学出版社，2020.12

ISBN 978 - 7 - 5203 - 7573 - 3

Ⅰ.①人… Ⅱ.①敖… Ⅲ.①人口流动—关系—产业集群—研究 Ⅳ.①C922②F263

中国版本图书馆 CIP 数据核字（2020）第 244167 号

出 版 人	赵剑英
责任编辑	张　林
特约编辑	宋英杰
责任校对	周　昊
责任印制	戴　宽

出　　版	中国社会科学出版社
社　　址	北京鼓楼西大街甲 158 号
邮　　编	100720
网　　址	http://www.csspw.cn
发 行 部	010 - 84083685
门 市 部	010 - 84029450
经　　销	新华书店及其他书店
印　　刷	北京明恒达印务有限公司
装　　订	廊坊市广阳区广增装订厂
版　　次	2020 年 12 月第 1 版
印　　次	2020 年 12 月第 1 次印刷
开　　本	710×1000　1/16
印　　张	15
插　　页	2
字　　数	224 千字
定　　价	88.00 元

凡购买中国社会科学出版社图书，如有质量问题请与本社营销中心联系调换
电话：010 - 84083683
版权所有　侵权必究

目　　录

第一章　引言 …………………………………………………………… (1)
　第一节　背景与意义 ………………………………………………… (1)
　　一　研究背景 …………………………………………………… (1)
　　二　问题提出 …………………………………………………… (5)
　　三　研究意义 …………………………………………………… (7)
　第二节　目标与内容 ………………………………………………… (9)
　　一　研究目标 …………………………………………………… (9)
　　二　研究思路 …………………………………………………… (9)
　　三　研究内容 …………………………………………………… (10)
　第三节　数据与方法 ………………………………………………… (12)
　　一　数据说明 …………………………………………………… (12)
　　二　研究方法 …………………………………………………… (15)
　　三　技术路线 …………………………………………………… (16)

第二章　相关理论述评 ………………………………………………… (17)
　第一节　人口迁移的动力机制 ……………………………………… (17)
　　一　推拉理论 …………………………………………………… (17)
　　二　成本收益理论 ……………………………………………… (19)
　　三　收入差异理论 ……………………………………………… (19)
　　四　迁移的新经济学理论 ……………………………………… (21)

第二节 产业集聚的动力机制 …………………………………… (23)
　　一 马歇尔外部性理论 ………………………………………… (23)
　　二 新经济地理学理论 ………………………………………… (30)
第三节 产业集聚的经济效应 …………………………………… (41)
　　一 产业集聚对地区经济增长的影响 ………………………… (42)
　　二 产业集聚对地区收入差距的影响 ………………………… (50)
第四节 本章小结 ………………………………………………… (55)

第三章 湖北省县域工业发展的时空格局 …………………… (56)

第一节 湖北省区域经济的总体格局 …………………………… (56)
　　一 湖北区域经济发展的战略背景 …………………………… (56)
　　二 "两圈两带"的区域经济格局 …………………………… (62)
　　三 "一主两副"的城市空间格局 …………………………… (67)
第二节 工业发展的县际差异及变化 …………………………… (69)
　　一 湖北省工业发展概况 ……………………………………… (69)
　　二 县际差异的总体趋势 ……………………………………… (74)
　　三 县际差异的地区构成 ……………………………………… (79)
第三节 工业经济的空间集聚及变化 …………………………… (83)
　　一 全局空间自相关 …………………………………………… (83)
　　二 局域空间自相关 …………………………………………… (85)
第四节 本章小结 ………………………………………………… (90)

第四章 湖北省县域迁入人口的时空格局 …………………… (92)

第一节 县际迁入人口的总量和结构 …………………………… (92)
　　一 迁入人口总量及变化 ……………………………………… (93)
　　二 迁入人口结构及变化 ……………………………………… (93)
第二节 迁入人口的县际分布及变化 …………………………… (95)
　　一 迁入人口总量的县际差异 ………………………………… (95)

二　迁入人口质量的县际差异 …………………………………… (98)

　第三节　迁入人口的空间集聚及变化 ………………………………… (103)
　　一　迁入人口总量的空间集聚 …………………………………… (103)
　　二　迁入人口质量的空间集聚 …………………………………… (105)

　第四节　本章小结 ……………………………………………………… (111)

第五章　人口迁入与产业集聚的互动关系 ………………………………… (113)
　第一节　县域迁入人口与工业经济的相关性 ………………………… (113)
　　一　迁入人口数量与工业规模的相关性 ………………………… (113)
　　二　迁入人口质量与工业规模的相关性 ………………………… (115)

　第二节　迁入人口与工业规模的空间关联性 ………………………… (116)
　　一　双变量全域空间自相关 ……………………………………… (116)
　　二　双变量局域空间自相关 ……………………………………… (118)

　第三节　人口迁入与工业集聚互动关系检验 ………………………… (121)
　　一　基于面板数据的联立方程模型 ……………………………… (121)
　　二　结果分析 ……………………………………………………… (122)
　　三　理论解释 ……………………………………………………… (124)

　第四节　本章小结 ……………………………………………………… (126)

第六章　产业集聚引致人口迁入的过程机制 ……………………………… (127)
　第一节　市场进入性引致人口迁移的理论机制 ……………………… (127)
　　一　生产者行为 …………………………………………………… (128)
　　二　消费者行为 …………………………………………………… (129)
　　三　价格指数方程 ………………………………………………… (130)
　　四　迁移决策机制 ………………………………………………… (132)

　第二节　市场进入性引致人口迁入的实证检验 ……………………… (133)
　　一　实证模型与变量说明 ………………………………………… (134)
　　二　数据来源与处理方法 ………………………………………… (135)

三　模型估计与结果分析 …………………………………（137）
　第三节　本章小结 ………………………………………………（140）

第七章　人口迁入强化产业集聚的过程机制 ………………………（141）
　第一节　人口流动强化产业集聚的理论机制 …………………（141）
　　一　人口流入的本地市场效应 …………………………………（142）
　　二　人口流入的劳动力池效应 …………………………………（146）
　第二节　湖北省县级区域本地市场效应测度 …………………（150）
　　一　市场潜力模型的导出 ………………………………………（151）
　　二　参数设定及数据处理 ………………………………………（153）
　　三　市场潜力的时空格局 ………………………………………（155）
　　四　市场潜力与工业发展 ………………………………………（159）
　第三节　人口流动强化产业集聚的实证检验 …………………（164）
　　一　湖北县域产业集聚动力机制的实证分析 …………………（165）
　　二　人口流动强化本地市场效应的实证检验 …………………（170）
　第四节　本章小结 ………………………………………………（173）

第八章　人口迁入与产业集聚互动的经济效应 ……………………（175）
　第一节　人口与产业空间匹配性演化的一般过程 ……………（175）
　　一　人口与产业空间匹配性演化的理论机制 …………………（175）
　　二　人口与产业空间匹配性演化的影响因素 …………………（177）
　　三　人口与产业空间匹配性演化的一般模式 …………………（179）
　　四　人口与产业空间匹配性变化的经验证据 …………………（182）
　第二节　湖北省人口与产业的空间匹配性及变化 ……………（185）
　　一　人口与产业空间匹配性的测度方法 ………………………（185）
　　二　人口与产业空间匹配性的总体趋势 ………………………（186）
　　三　人口与产业分布匹配性的县际差异 ………………………（187）
　第三节　人口与产业空间匹配性对地区差距的影响 …………（192）

一　理论解读 …………………………………………（192）
　　二　经验观察 …………………………………………（195）
　　三　实证检验 …………………………………………（197）
　第四节　本章小结 ………………………………………（202）

第九章　结论与建议 ………………………………………（204）
　　一　主要结论 …………………………………………（204）
　　二　政策建议 …………………………………………（207）

参考文献 …………………………………………………（210）

后　记 ……………………………………………………（227）

图 目 录

图1—1　中国人口区际流动规模及变化 …………………………… (2)
图1—2　实证分析的空间单元 …………………………………… (13)
图1—3　逻辑框架和技术路线 …………………………………… (16)
图3—1　湖北省工业发展进程 …………………………………… (71)
图3—2　湖北省工业县际总体差距及变化 ……………………… (76)
图3—3　湖北省工业的县际分布及变化 ………………………… (77)
图3—4　湖北全省及三大区内部工业县际差异及变化 ………… (81)
图3—5　湖北省工业县际差异的地区构成 ……………………… (81)
图3—6　湖北省工业县际分布的空间集聚度及变化 …………… (84)
图3—7　湖北省工业县际分布的基尼系数与全域莫兰指数的
　　　　　对应关系 …………………………………………………… (86)
图3—8　湖北省工业县际分布的莫兰指数散点图 ……………… (88)
图3—9　湖北省工业县际分布的LISA地图 …………………… (89)
图4—1　湖北省迁入人口总量的县际分布 ……………………… (97)
图4—2　湖北省迁入人口受教育结构的县际差异 ……………… (100)
图4—3　湖北省迁入人口技能结构的县际差异 ………………… (101)
图4—4　湖北省迁入人口县际分布的莫兰指数散点图 ………… (104)
图4—5　湖北省迁入人口县际分布的LISA地图 ……………… (105)
图4—6　湖北省迁入人口中大学及以上人口份额县际分布的
　　　　　莫兰指数散点图 …………………………………………… (106)

图4—7 湖北省迁入人口中大学及以上人口份额县际分布的
LISA 地图 ································ (108)
图4—8 湖北省迁入人口中专业技术人员份额县际分布的
莫兰指数散点图 ···························· (109)
图4—9 湖北省迁入人口中专业技术人员份额县际分布的
LISA 地图 ································ (110)
图5—1 湖北省迁入人口与工业经济县际分布的相关性 ······ (114)
图5—2 湖北省迁入人口质量与工业经济县际分布的相关性 ···· (116)
图5—3 湖北省工业经济与迁入人口县际分布的空间关联性 ···· (119)
图5—4 湖北省迁入人口与工业经济县际分布的空间关联性 ···· (120)
图5—5 人口流动与产业集聚互动过程的理论机制 ·········· (125)
图7—1 湖北省县区市场规模与工业发展的相关性 ·········· (145)
图7—2 湖北省工业省内市场潜力的空间格局 ············· (157)
图7—3 湖北省工业外省和国内市场潜力的县际分布 ········ (158)
图7—4 湖北省工业外省市场潜力和国内市场潜力县际分布的
LISA 地图 ································ (160)
图7—5 湖北省工业发展与市场潜力匹配性的县际差异 ······ (162)
图7—6 湖北省各县区工业发展与市场潜力匹配关系类型 ······ (163)
图8—1 人口与产业空间匹配性演化过程的一般模式 ········ (180)
图8—2 中国东部沿海地区人口与产业空间匹配性的演化
进程 ···································· (183)
图8—3 湖北省人口与产业的空间匹配性及变化 ············ (187)
图8—4 湖北省人口与产业匹配性的县际分布及变化 ········ (190)
图8—5 湖北省各县区人口与产业匹配关系类型及变化 ······ (191)
图8—6 湖北省经济增长的县际差异及变化 ··············· (196)
图8—7 湖北省人口与产业空间匹配性与县际经济差距的
相关性 ·································· (196)

表 目 录

表 3—1　"一主两副"城市在湖北省的社会经济地位 …………… (67)
表 3—2　湖北省工业的行业结构（2015 年） …………………… (71)
表 3—3　湖北省工业的地市分布（2015 年） …………………… (73)
表 4—1　湖北省县区迁入人口的受教育结构 …………………… (94)
表 5—1　人口迁入与产业集聚的联立方程模型估计结果 ……… (123)
表 6—1　简化方程的估计结果 …………………………………… (137)
表 6—2　线性化方程估计结果 …………………………………… (138)
表 7—1　湖北省县区人口迁入率与人口规模之间的相关性 …… (146)
表 7—2　湖北省县区工业市场潜力及其空间格局变化 ………… (155)
表 7—3　湖北省县区工业集聚的驱动因素 ……………………… (168)
表 7—4　人口迁入强化本地市场效应的实证检验 ……………… (172)
表 8—1　人口与产业空间匹配性对地区经济趋同的影响 ……… (200)

第一章

引　言

第一节　背景与意义

一　研究背景

(一) 人口区际流动规模持续扩大

20世纪90年代以来，随着社会经济的快速发展以及束缚人口自由流动的政策和制度障碍逐渐破除，我国人口区际流动的规模持续扩大。根据全国人口普查提供的数据，1990年全国的流动人口总量为2135万人，2010年达到了2.21亿人，占全国总人口的17%左右（郑真真和杨舸，2013）。国家统计局2011年统计公报开始公布全国流动人口数据，结果显示出流动人口仍呈逐年增加态势。2011年全国流动人口2.30亿人，2012年2.36亿人，2013年2.45亿人，2014年达到了2.53亿人，占全国总人口的份额提高至18.50%。尽管全国流动人口规模自2015年起开始呈现缓慢减少趋势，但是至2018年仍高达2.41亿人（图1—1），占全国总人口的17.27%。

我国人口区际流动的主要方向是从农村向城市、从经济欠发达地区向经济较发达地区，主要诱因是追逐更好的就业机会、更高的收入水平。从全国范围来看，20世纪90年代以来，人口流出地几乎遍布全国、相对分散，而人口流入地则仍然主要集中在东部沿海地区的经济中心城市。从省域范围来看，无论是经济相对发达的东部沿海省区，还是经济相对欠发达的中西部省区，流入人口的主要汇集地基本上都是省会城市和各

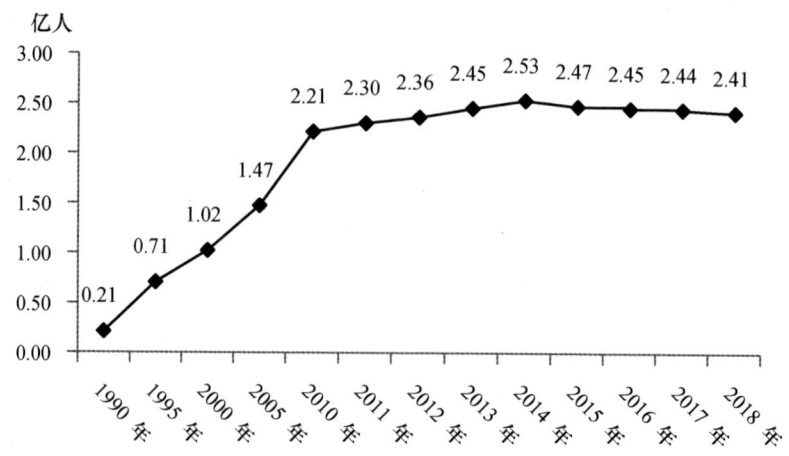

图1—1 中国人口区际流动规模及变化

注：这里的流动人口指的是人户分离人口中不包括市辖区内人户分离的人口。人户分离的人口是指居住地与户口登记地所在的乡镇街道不一致且离开户口登记地半年以上的人口。

资料来源：1990年、2000年和2010年全国人口普查资料；1995年和2005年全国人口抽样调查资料；2011—2018年国民经济和社会发展统计公报。

级区域性的经济中心城市。以湖北省为例，2000年全省共迁入跨县级区域的流动人口223.89万人。其中，武汉市接纳的份额达到了43.98%，其次是宜昌市占12.45%和襄阳市占9.37%。2010年，跨县级区域流动人口向武汉市集中的程度进一步提高，全省共迁入跨县级区域的流动人口480.47万人，其中57.57%集中到了武汉市，宜昌市和襄阳市的份额则出现了大幅的降低。

当前，我国正大力推进社会主义新型城镇化建设。《国家新型城镇化规划（2014—2020年）》提出，我国常住人口城镇化率将由2012年的52.6%提高至2020年的60%左右，户籍人口城镇化率则由2012年的35.3%提高至2020年的45%左右。构建以陆桥通道、沿长江通道为两条横轴，以沿海、京哈京广、包昆通道为三条纵轴，以轴线上城市群和节点城市为依托、其他城镇化地区为重要组成部分，大中小城市和小城镇协调发展的"两横三纵"城镇化战略格局。① 城市群集聚经济、人口能力明显增强。可以预计，我国人口区际流动的规模仍将继续扩大，而流动人口向各级城市集中的趋势也将持续强化。

（二）产业地理集中趋势日益强化

在经济全球化和地区一体化的快速推进下，空间集聚已经成为当今世界经济活动空间分布最为显著的特征。20世纪90年代以来，随着对外开放水平的逐步提升、市场化改革的日益深化和经济一体化程度的持续提高，我国经济活动正在经历较为深刻的空间重组过程，经济活动空间集聚程度明显提高。从全国范围来看，非农产业尤其是以制造业为主的经济活动显著地向东部沿海地区集中，已经形成了以东部沿海地区为中心、以中西部地区为外围的工业空间格局（范剑勇，2004）。尽管21世纪以来东部地区的劳动力成本急剧上升、土地资源日趋紧张，制造业向中西部地区扩散的离心力有所提高，但是总体上看，产业扩散的程度非常有限，仅有少数制造业呈现向其他地区转移和扩散的态势（吴三忙和李善同，2010）。

从省域范围来看，非农产业地理集聚的空间特征同样显著。无论是东部地区较发达省份，还是中西部地区欠发达省份，非农产业主要向省会城市和各级区域性的经济中心城市集中。尤其是中西部省份，目前正处于快速工业化阶段，非农经济活动主要在有限的几个城市"扎堆"集聚。以湖北省为例，省会武汉市一直是工业集聚中心，其规模以上工业企业单位数和工业总产值占全省的份额在2000年分别为19.47%和29.51%，之后虽有波动但是基本维持较高份额，2015年所占份额分别为15.58%和28.08%。其次是宜昌市，其企业单位数和工业总产值占全省的份额由2000年的7.64%和7.21%，提高至2015年的9.40%和12.47%。襄阳市规模以上工业企业单位数和工业总产值占全省的份额则由2000年的5.60%和6.46%，提高至2015年的11.12%和12.83%。其他的城市除了黄石、荆门和咸宁，工业份额都出现了明显的下降。尤其

---

① 国家发展改革网：《国家新型城镇化规划（2014—2020）》，http://ghs.ndrc.gov.cn/zttp/xxczhjs/ghzc/201605/t20160505_800839.html。

是地处鄂西北边缘地带的十堰市，工业总产值份额由 2000 年的 7.52% 降至 2015 年的 3.98%。

世界银行 2009 年发展报告《重塑世界经济地理》对世界许多国家的经验研究，揭示了一国人均收入水平与其生产集中过程的相关性：随着一国经济发展逐步深化，人口和生产将向国内某些地区集中。当人均收入达到 10000—15000 美元之间时，这种集中趋势就会放慢或停止。[①] 根据《中国统计年鉴》提供的数据，2015 年我国人均 GDP 为人民币 49992 元，以当年人民币汇率年平均价（1 美元合人民币 6.23 元）折算是 8024.40 美元，远低于 10000 元美元的临界值。因此，如果按照世界银行提出的关于产业集聚过程与人均收入水平变化相关性的经验规律，可以预计，我国经济活动的地理集中过程仍将持续相当长的时间。

（三）地区经济差距仍未有效缓解

一个国家的经济增长总会伴随着地区经济差距的扩大过程。著名的库兹涅茨曲线假说揭示了一国收入差距会随经济增长先扩大后缩小的经验规律，暗示着至少在经济快速增长阶段，公平和效率是无法兼得的。这一暗示在 2009 年的世界银行报告中得到了呼应，《重塑世界经济地理》指出："发展活动并非给所有地区都带来经济繁荣；市场青睐于某些地区，而忽视另一些地区。使生产活动分散化并不一定促进繁荣。"[②] 必须借由国家合理政策的调控，方能实现"不平衡的经济增长与和谐性发展的并行不悖"[③]。

改革开放以来，中国经济保持了稳定快速的增长。在以东部沿海地区率先发展为主导的区域非均衡发展战略下，东部地区凭借其面向海外市场的区位优势，保持了快速的经济增长，成为"中国奇迹"的主要创造者。但是，研究者和决策者期冀的"涓滴效应"并未如期出现，中西部地区并未从东部地区的率先发展中获得充足的增长动力和溢出效应，与东部地区的经济差距快速扩大。尤其是 20 世纪 90 年代以来，中国东中

---

① World Bank. Reshaping Economic Geography. World Bank, Washington DC, 2009：9.
② World Bank. Reshaping Economic Geography. World Bank, Washington DC, 2009：xiii.
③ World Bank. Reshaping Economic Geography. World Bank, Washington DC, 2009：1.

西地区之间的经济差距持续扩大。1990年也就成为我国地区经济差距由缩小转向扩大的一个转折点（许召元和李善同，2006；胡鞍钢，2011）。20世纪90年代后期开始，国家先后实施了西部大开发、东北振兴和中部崛起等为促进区域经济协调发展的战略措施，在一定程度上减缓了地区经济差距扩大的速度。区域协调发展战略的效果在21世纪初期似乎已经显现，2004年前后被许多研究认为是我国地区经济差距由扩大转向缩小的一个转折点。但是，这是否意味着我国的地区差距由此将整体性地持续缩小？可能未必尽然。中国的区域差距仍然比较大，特别是地区间的人均GDP、人均财政收入、人均拥有财富的水平等重要指标的差距并没有明显缩小，有些方面可能还在扩大。①

作为我国地区经济差距的基本构成，省域内部地区经济差距的变化尤其是中西部省区内部地区经济差距的变化方向相对而言较为清晰。总体上看，中西部省区经济增长与收入差距的关系仍处于库兹涅茨曲线的左侧区间，地区经济差距持续扩大。以湖北省为例，2000年以来地区经济差距持续扩大（敖荣军和韦燕生，2011）。以武汉、襄阳和宜昌为顶点的三角形区域构成了湖北省县域经济的"高地"，紧邻"三角形"架构的外围和中心是经济次发达区，再外围的边缘地区是经济落后区（李成悦等，2014）。

二 问题提出

（一）人口流动与产业集聚是否相互促进

20世纪90年代以来，我国人口区际流动和产业地理集聚具有明显的同向性。迄今为止，从全国范围来看，东部沿海地区仍是流动人口和非农产业集中的主要区域；从省域范围来看，省会城市和各级经济中心城市则是省域内流动人口和非农产业的集聚中心，如武汉市、宜昌市和襄阳市一直是湖北省流动人口和制造业的主要汇集地。基于经验观察，我们自然会提出这样的问题：人口区际流动和产业地理集聚是否存在相互促进和强化的关系？

---

① 中国新闻网：中国区域差距较大，部分指标差距仍在扩大，http://money.163.com/14/0610/10/9UCFGH7A00253B0H.html，2014-6-10。

这个问题的提出，不仅是基于对我国区域经济发展的经验观察，也有坚实的理论渊源。关于人口流动与产业集聚之间关系的研究，可以追溯至 Marshall（1890）提出的劳动力池：人口集中提供了一个劳动力池，本地产业因为拥有了"一个稳定的技能市场"而获得巨大收益。劳动力池效应强调了人口集中提高了本地劳动力供给与需求的匹配性，从而导致产业集聚以及人口的进一步集中。之后的 Myrdal（1957）指出资本、劳动力等要素流动遵循"循环累积"因果关系的规律，产业集聚存在自我强化的趋势。20 世纪 90 年代新经济地理学（Krugman，1991a；Fujita et al，1999；Venables，1996）兴起，人口区际流动与产业地理集聚之间相互强化的累积循环机制被其视为经济活动空间结构演化的基本动力。之后的新—新经济地理学放宽了中心—外围模型对企业、劳动力以及消费偏好同质性的假设条件。其中，Russek（2010）考虑了移民的异质性，使得集聚力又增加了非技能劳动力流动引发的需求联系；Pflüger（2004）的 FE 模型，假定劳动力可以在同一地区的制造业部门和农业部门之间流动，论证了供求联系作用下的产业集聚机制。

（二）产业集聚是否扩大了地区收入差距

20 世纪 90 年代以来，我国经济快速增长过程一直伴随着产业地理集聚程度的提高与地区收入差距扩大两个现象。在空间格局上，非农产业集中地区往往是经济发展水平较高的区域，非农产业集聚水平低的地区往往是经济发展水平较低的区域。从全国范围来看，东部沿海地区是我国主要的产业集聚地，也是收入水平较高的区域；从省域范围来看，省会城市以及各级经济中心城市，如湖北省的武汉市、宜昌市和襄阳市，则是省域内主要的产业集聚地和收入水平较高的区域。基于经验观察，我们自然会提出另一个问题：地区收入差距是否是产业集聚的必然结果？若是，产业集聚在多大程度上影响了地区收入差距？

从当前的理论研究来看，产业集聚对地区差距的影响方向或影响程度并没有达成一致的共识。新经济地理学的经典模型中心—外围模型表明地区间收入差距会随着产业集聚程度提高而扩大，这个结论得到了许多理论和实证研究的支持。但是，也有相当多的研究指出产业集聚并不必然导致地区收入差距扩大。如 Puga（1999）指出，产业集聚提高了本地工资水平,如果允许劳动力自由流动,工人的迁入在强化产业集聚的同时,地区间收入差距会逐渐缩小。范剑勇和谢强强(2010)指出本地市场效应引发的产业集聚没有扩大我国地区间的收入差距。谢里等(2012)的研究表明,全国整体层面和东部地区的产业集聚水平提高将有利于缩小地区收入差距,而中部和西部两大地区的产业集聚水平提高将扩大地区收入差距。

(三) 如何兼顾产业集聚与区域协调发展

产业地理集聚是区域经济增长的必要条件。正如世界银行2009年世界发展报告《重塑经济地理》所指出的,经济空间集聚是经济发展的必然结果和必要条件。地理空间的变迁与一个国家的经济结构先由农业经济向工业经济、接着从后工业经济向服务经济转变的结构转变息息相关。在工业化进程中,当今发达国家均经历过经济日趋集中的历程。1800—1960年,法国先进地区的经济密度翻了四番,收入也从1000美元增至6000美元[①]。

我国目前总体上仍处于工业化阶段,推动产业向世界银行所谓的先进地区集中仍是促进我国经济增长的必由之路。然而,产业集聚也可能存在扩大地区收入差距的效应。因此,我们必须直面这样的问题:如何兼顾效率与公平?在以产业集聚为基本战略措施实现经济增长的同时,如何促进地区之间协调发展?回答这些问题,对于目前尚处于快速工业化初期或中期的中西部省份来说,显得更为急迫。

三 研究意义

(一) 理论意义

20世纪90年代以来,随着地理学与经济学的广泛交叉和深度融合,区域经济学和经济地理学关于经济活动空间格局演化过程及其微观机制的研究日益深入。90年代初期,以Krugman、Fujita和Venables等为代表的经济学家在新增长理论和新贸易理论基础上创立的"新经济地理学",借助Dixit-Stiglitz垄断竞争模型,分析经济活动空间集聚的累积循环机制,成为解释经济空间格局变化机制的最具影响力的理论框架之一。尽

---

① World Bank. Reshaping Economic Geography. World Bank, Washington DC, 2009: 9.

管新经济地理学的研究框架在经济地理学界尚未得到一致认同，但是其确立的基于对企业和个体的区位决策机制的微观研究，探索地区产业发展以及经济空间格局变化的过程机制的思想，却激发了经济地理学研究的活力，促进了当代经济地理学的发展。遵循这一思想，通过借鉴人口经济学和劳动经济学的相关理论，深入研究生产要素区位决策的影响因素，进而揭示经济活动空间格局演化的过程机制，不仅有利于深化和拓展经济地理学的微观研究，也有利于提高区域发展与管理政策的科学性和可行性。

经济活动的空间集聚是区域发展的常态。自 Marshall（1890）提出外部经济导致产业集聚的论断以来，产业集聚的动力机制及其区域经济效应研究一直是管理学、经济地理学、区域经济学等学科领域的热点。处于快速转型期的中国经济为开展产业集聚研究提供了难得的"试验田"。立足中国区域经济特性，深入分析人口区际流动与产业空间集聚的互动过程和机制、探询人口与产业空间集聚的匹配性及其区域经济效应、探索基于产业集聚的区域协调发展的路径，对于丰富和完善区域发展与管理研究具有重要的理论意义。

（二）现实意义

改革开放以来，中国经济迅猛增长，取得了举世瞩目的成就。与此同时，中国经济的空间格局也发生了深刻的变化。尤其是20世纪90年代以来，中国地区发展不平衡问题日益突出，地区差距仍有持续扩大之势，阻碍了中国经济又好又快发展，也成为我国建设全面小康社会的不利因素。因此，如何在保持经济较快增长的同时，优化经济活动空间格局，缩小区域发展差距，已成为社会关注、政府关心的极具现实意义的问题。

当前，中国正大力推进新型工业化和城镇化建设。可以预见，随着全面改革的深入推进，中国人口区际流动的自由度和规模将大幅提高，生产要素和经济活动的空间集聚趋势也将持续强化。在这样的背景下，必须搞清楚以下几个问题：人口区际流动与经济空间集聚是怎样相互促进的？经济活动的空间集聚是否必然导致区际差距的扩大？在促进经济集聚确保经济增长的前提下，如何实现区域经济协调发展？对这些问题的回答决定了本书的重大现实意义。

第二节 目标与内容

一 研究目标

基于空间外部性理论和新经济地理学经典模型,立足中国区域经济发展的特性,探索新理论、运用新方法,深入分析人口区际流动与产业空间集聚的互动过程和机制、人口地理集中与产业空间集聚的匹配性及其区域经济效应,探索基于人口与产业协同集聚的区域协调发展的路径,为新背景下中国区域发展与管理提供理论依据与政策参考。

二 研究思路

本书基本上属于实证经济学(Positive Economics)的范畴,即主要回答"是什么""为什么"之类的问题。基于对我国区域经济发展的实证分析,探讨经济活动空间结构演化的动力机制及其区域效应。

需要指出的是,基于以下三个方面的考虑,以湖北省为实证分析的区域。第一,从当前的研究来看,以全国范围的区域经济发展过程为对象,探讨经济活动空间结构演化机制的研究较多,但是以一个省区内部的区域发展为实证对象的研究并不多见。在全国尺度上,省区间经济活动格局的形成及变迁不仅是市场因素影响的结果,还会更多地受到一些非市场性因素的影响,如地方保护、贸易壁垒、财政税收等制度和政策因素,这些因素对经济活动省区间格局的影响很大甚至是决定性的。相对而言,一个省区内部各地区之间在制度安排、政府政策等经济活动空间格局演化的外生性因素方面的差异性较小,将研究限定在一省内部,就可以更加专注地探讨经济活动空间格局演化的内生机制。

第二,湖北省工业经济处于快速增长阶段,提供了非常理想的实证样本。尽管有所拓展,但是产业集聚研究领域所谓的"产业"仍主要指的是制造业,这与制造业相对于农业、采掘业、服务业等行业而言更具流动性有关。湖北省目前正处于工业化中期,在国家新的区域战略布局和区域发展政策背景下,湖北省居全国之中的区位优势逐渐显现,承接国际和国内产业转移的速度加快,工业经济规模快速扩大。湖北省快速发展的工业经济,为开展工业经济空间集聚过程和动力机制提供了非常理想的观察样本。

第三,湖北省工业经济规模和结构的地区差异性非常明显,地区经济差距仍处于扩大区间。省会城市武汉"一城独大",不仅是工业主要集聚地,也是流动人口的汇集地。这种特性鲜明的区域经济空间格局是开展经济活动空间结构演化研究的难得的"试验田"。

基本思路是:首先,量化分析 2000 年以来湖北省人口区际流动、产业地理分布的空间格局及其动态演化过程,弄清湖北省流动性人口和经济活动空间格局变动的基本规律。其次,基于湖北省经济特性,拓展经典理论与模型,分析人口区际流动与产业空间集聚互动的过程和机制。再次,基于匹配性理论,分析人口区际流动与产业空间集聚互动的区域经济效应,解读地区经济差距的成因。最后,以促进区域协调发展为目标,综合考虑地区经济增长效率与区际收入差距,探索兼顾产业集聚与地区公平的实施途径。

三 研究内容

(一) 工业与流动人口分布的空间格局及演变

主要采用数理统计和空间统计分析方法,量化分析 2000 年以来湖北省流动人口和工业经济的空间格局及其变迁过程,揭示其中的时空规律。考虑到数据的匹配性和可获得性,以县级区域为空间尺度。对流动人口和工业空间格局的测度指标主要采用基尼系数和 Moran 指数,前者从总体上反映流动人口和工业经济的空间差异,后者则可以反映流动人口、工业经济的空间集散状况。

(二) 产业集聚驱动人口流动的理论机制及实证检验

基于经典理论以及当前国内外研究进展,结合湖北省区域经济发展的特性,理论分析产业集聚对人口流动的驱动机制,并对其进行实证检验。新经济地理学经典模型揭示了流动人口向产业集聚地区集中的机制:如果其他条件不变,某地区或该地区邻近区域集中的制造业份额越高,该地区可获得的差异化制造业商品的种类越多、在该地区获得这些工业商品所承担的运输成本越低,该地区工人的真实工资也因此提高。在中心—外围模型中,这种效应被称为价格指数效应或前向联系。价格指数效应意味着,如果选址于产业集聚地区的话,对工业消费品的获得性将大大提高。因此,在市场进入性引导下,流动性人口将持续向产业集聚区迁移。本部分通过分析市场进入性对人口流动的引致作用,揭示产业集聚对人口流动的驱动机制。

(三)人口流动强化产业集聚的理论机制及实证检验

基于经典理论以及当前国内外研究进展,结合湖北省区域经济发展的特性,探讨人口流动强化产业集聚的理论机制,并对其进行实证检验。基本的理论框架来自Marshall的空间外部性理论和新经济地理学的中心—外围模型。如果说前者突出强调了人口的劳动力属性,其地理集中形成了劳动力池从而导致人口流入强化产业集聚的话,那么后者则倾向于视人口为消费者,其地理集中扩大了本地市场规模从而强化产业集聚。

Marshall空间外部性的一个重要源泉是劳动力池效应,其导致产业集聚和人口集中的机制在于:厂商因为能够更快地找到与其技能需求相匹配的劳动力而向本地集聚,劳动力则因为更容易找到工作而继续向本地集聚;另外,劳动力还可能因为产业和人口集中所产生的知识溢出效应而更快地学到更多的技能。基于空间外部性理论,本部分通过分析人口区际流动对劳动力池的形成和发展影响,揭示作为生产者的人口流动对产业集聚的驱动机制。

中心—外围模型中工业地理集聚的动力机制是本地市场效应:消费者向中心地区的集中所产生的本地市场效应扩大了该地区的市场规模,为了降低产品的运输成本和获得规模经济,厂商会持续向中心地区集中。基于中心—外围模型,本部分通过分析人口区际流动对本地市场效应的形成和发展的影响以及本地市场效应对产业集聚的影响,揭示作为消费者的人口流动对产业集聚的驱动机制。

(四)人口流动与产业集聚互动的区域经济效应

产业集聚是区域经济增长的必要条件和必然结果。但是,产业集聚也有可能导致地区之间经济差距的扩大。兼顾效率与公平就成为区域发展决策必须考虑的现实问题。产业集聚并不必然导致地区经济差距的扩大,关键在于正视人口流动与产业集聚的互动机制,充分利用市场力量,发挥人口流动与产业集聚的良性循环对经济活动空间格局的自主调整效应，促进人口与产业分布的协调和匹配。基于这样的判断，通过分析人口集中与产业集聚之间的匹配程度对地区生产效率和区际经济差距的影响，揭示产业集聚的区域经济效应。

第三节 数据与方法

一 数据说明

以湖北省区域经济发展过程解读经济活动空间结构的演化过程，揭示经济活动空间结构演化的一般规律。实证样本的选取、指标数据的权威性和科学性等会直接影响实证分析结果的科学性。这里对样本的空间尺度和时间尺度、指标数据的来源作出如下交代。

(一) 空间尺度

基于理论推演结果、数据可获得性以及相关社会经济指标之间匹配性的考虑，实证样本的空间尺度确定为县级行政区域。截止到2015年年底，湖北省行政区划的基本框架是12个省辖市、1个自治州、1个林区、24个县级市（包括3个省辖行政单位）、40个县。

把林区、县级市、省辖行政区和建制县直接视为县级区域处理，把省辖市的市辖区作为县级区域处理，这样就形成了102个县级区域。由于有些县级区域，尤其是市辖区的社会经济数据无法获取，所以将这102个县级区域又作了适当的合并。另外，考虑到《湖北省主体功能区规划》中，整个神农架林区被划为禁止开发区，并且该区的工业经济活动规模也很小，所以在实证分析中直接把该区剔除。这样就形成了83个地区，为了行文的方便，所谓的县级区域（或县区）指的就是这83个地区（图1—2）。分别是：武汉城区（包括江岸区、江汉区、硚口区、汉阳区、武昌区、青山区、洪山区）、东西湖区、汉南区、蔡甸区、江夏区、黄陂区、新洲区、黄石城区（包括黄石港区、西塞山区、下陆区、铁山区）、阳新县、大冶市、十堰城区（包括张湾区、茅箭区）、郧阳区、郧西县、竹山县、竹溪县、房县、丹江口市、宜昌城区（包括西陵区、伍家岗区、点军区、猇亭区）、夷陵区、远安县、兴山县、秭归县、长阳土家族自治县、五峰土家族自治县、宜都市、当阳市、枝江市、襄阳城区（包括襄城区、樊城区）、襄州区、南漳县、谷城县、保康县、老河口市、枣阳市、宜城市、鄂州市、荆门城区（包括东宝区、掇刀区）、京山县、沙洋县、钟祥市、孝南区、孝昌县、大悟县、云梦县、应城市、安陆市、汉川市、荆州城区（包括沙市区、荆州区）、公安县、监利县、江陵县、石首市、洪湖市、松滋市、黄州区、团风县、红安县、罗田县、英山县、浠水县、蕲春县、黄梅县、麻城市、武穴市、咸安区、嘉鱼县、通城县、崇阳县、通山县、赤壁市、随州城区（包括曾都区和随县）、广水市、恩施市、利川市、建始县、巴东县、宣恩县、咸丰县、来凤县、鹤峰县、仙桃市、潜江市、天门市。

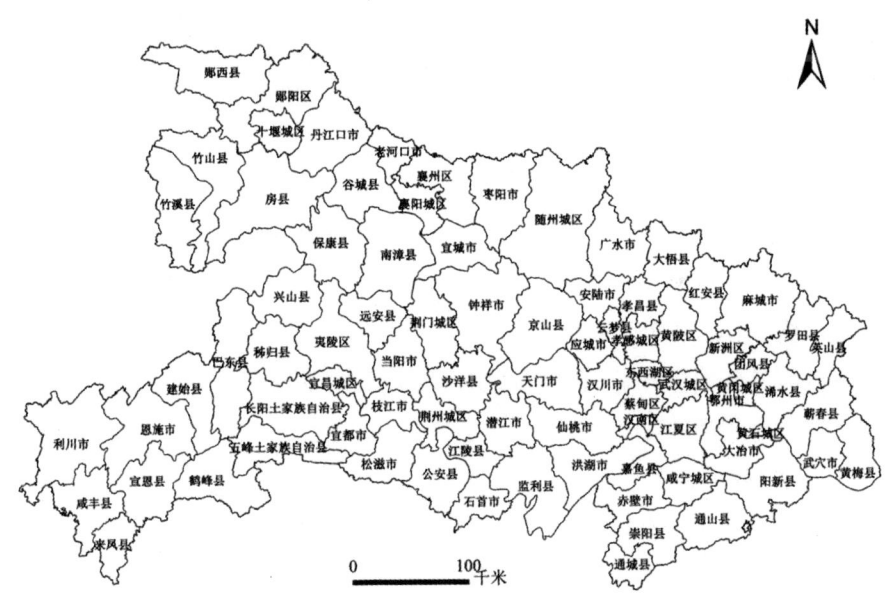

图1—2 实证分析的空间单元

另外，需要特别说明的是，之所以以县区为空间单元，主要是基于经济空间格局实证研究对样本的空间尺度需求以及社会经济数据的可获得性的考虑。产业联系是产业集聚的基本动力。总体而言，产业联系服从距离衰减率,小空间单元内的产业联系要强于大空间单元的产业联系。相应地,产业联系可能促进产业在小空间单元内集聚而导致在大空间单元上分散。因此,产业空间格局研究应尽可能缩小空间尺度。但是,考虑到基础数据的可获得性,实证研究确定的空间尺度又不可能无限小。按照我国目前以行政区为基本单元的社会经济统计制度,常规统计指标的最小行政单元是县级行政区,县级行政区以下的社会经济数据是无法从当前的统计资料中获得的。因此,综合理论要求与数据可获得性的考虑,确定样本的空间尺度是县级区域。

(二) 时间尺度

实证分析的时间起点是2000年。首先是数据可获得性的原因,尤其是权威的县际人口流动数据的可获得性。县级区域人口流入是本书实证分析最核心指标。目前,只能从"2000年和2010年全国人口普查分县资料"中获取2000年和2010年湖北省县级区域人口流入的数据,而其他年份的数据无法获得。这直接决定了实证分析的时间起点只能是2000年。

其次是对湖北省区域经济发展轨迹的判断。20世纪90年代后期开始,国家区域发展战略有了重大的调整,中西部地区面临新的发展机遇。其中,2004年国家首次正式提出中部地区崛起战略。国家战略政策的调整对湖北省的区域经济发展形成了新的外生冲击,必然导致省内经济空间格局的变化。因此,选择2000年作为研究的时间起点,也可以对国家区域战略实施前后湖北省经济活动空间格局的变化进行分析,揭示政策因素的区域经济效应。

(三) 数据来源

县级区域流动人口及其相关数据主要取自2000年和2010年"中国人口普查分县资料"和湖北省第五次和第六次人口普查资料。县级区域的社会经济发展数据,包括工业经济数据,主要来自《中国区域经济统计年鉴》、《中国县市社会经济统计年鉴》(2013年起更名为《中国县域统计年鉴》)、《湖北省统计年鉴》,这些年鉴没有提供的数据从相应的湖北省省辖市统计年鉴中收集补齐。

二 研究方法

(一) 研究的方法论

哲学方法论总体上属于实证主义方法论，研究的基本路径是：基于经典文献提出的理论，在对现实问题和现象进行归纳总结的基础上，提出假说；利用规范的方法和坚实的数据检验假说，获得结论。

待检验的假说主要有以下几个：

1. 湖北省县域人口迁入与产业集聚之间存在相互促进的互动关系。

2. 湖北省内县际迁入人口呈现向工业集聚区集中的趋势，工业集聚区较高的市场进入性是引导人口迁入的基本因素。

3. 县际迁入人口的地区集中扩大了该地区的本地市场效应，引发了人口迁入与工业集聚的累积循环，导致工业地理集聚持续强化。

4. 县际迁入人口的地区集中扩大了该地区的劳动力池效应，强化了人口迁入与工业集聚的累积循环。

5. 人口集中与产业集聚空间匹配程度的提高利于缩小地区经济差距。

6. 对生产要素流动性构成限制的自然、社会、经济以及政策方面的因素，会强化人口集中与产业集聚的不匹配趋势，从而加剧地区收入差距。

(二) 主要研究方法

1. 理论模型与模拟。拓展经典理论与模型，构建理论模型，对人口区际流动与劳动力池的互动关系、人口区际流动与本地市场效应的互动关系、人口集中与产业集聚匹配性的区域经济效应等进行理论分析。

2. 数理统计方法。采用常规的数理统计指标和方法，量化分析湖北省人口流动规模、工业经济规模的地区分布状况，比较各地区流入人口和工业经济的差异性，分析湖北省区域经济增长差距和生产率差异。

3. 空间统计方法。考虑到空间数据具有空间依赖性或空间自相关性的特征，主要采用空间统计与计量分析技术，刻画流动人口、工业经济的空间集散程度，计量检验市场进入性对人口流动的影响、人口流动的产业集聚效应、人口集中与产业集聚匹配性的区域经济效应及影响机制等。

三 技术路线

逻辑框架和实施的技术路线如图 1—3 所示。

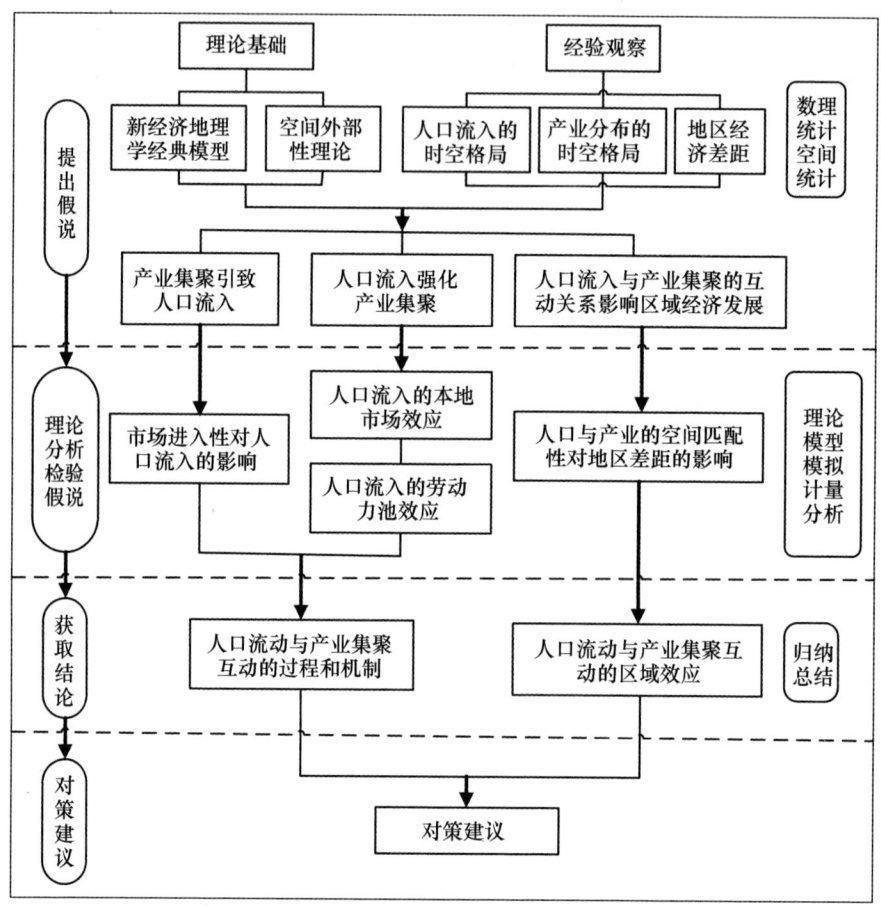

图1—3 逻辑框架和技术路线

第 二 章

相关理论述评

本章基于对国内外相关研究的理论述评,梳理理论基础和方法体系。

第一节 人口迁移的动力机制

市场经济条件下,人口自由流动并集聚是社会经济发展过程的一种必然现象。人口自由流动不仅仅是经济增长的结果,也是经济增长不可缺少的要素(Greenwood,1975)。人口由自然增长率相对高的区域迁往经济扩张相对快的区域,可以实现对资源更有效的配置(Okun et al,1961),国家的整体福利水平也能得以提高(Morrison,1993)。[①] 因此,人口迁移一直是经济学研究的核心议题之一。关于自愿迁移的动力机制研究至少涉及以下几种理论,即推拉理论、成本效益理论、人口再分布理论和收入差异理论。总体上看,这些理论强调了对更好就业机会和更高收入水平的追逐是人口自愿迁移的主要动因。

一 推拉理论

推拉理论源自19世纪末期和20世纪初期的英国经济学家,其中最著名的是 Ravenstein。该理论是最为朴素、最为经典的迁移理论,至今仍被广泛引用,它主要关注迁移的决定因素,这些因素被 Ravenstein 称为"迁移律"。推拉理论将人口迁移的原因归纳为迁移者原住地的推力和迁入地

---

① 敖荣军:《劳动力流动与中国地区经济差距》,中国社会科学出版社2008年版,第1页。

的拉力。原住地的推力因素如土地占有制度、不利的贸易条款、巨大的财产和收入差异、总体上的贫困压力等，迁入地的拉力除了就业、教育和其他机会以外，还包括城市的良好生活质量等。根据这一理论，迁移并不必然为经济（成本效益）方面的考虑而推动，而是对原住地与迁入地社会经济因素综合考虑和比较的结果。

推拉理论指出了迁移动力的精髓所在，因此在其后的迁移模型中都可以或多或少地发现它的痕迹。但是，这一理论过于简化，而且不能适用于定量分析，因此学者们又在其基础上加以完善和发展。如 1966 年人口学家 Lee 在其《迁移理论》一文中，系统地总结了推拉理论，将影响迁移行为的因素概括为四个方面：与迁入地有关的因素、与迁出地有关的因素、各种中间障碍和个人因素。迁入地和迁出地因素都包含有推力、拉力以及中性因素，其中中性因素对迁移不起作用，而推力和拉力因素对不同的个体是不同的；中间障碍主要是指移民限制、迁移距离等因素；个人因素则指个体的年龄、价值观念、生活方式、收入水平等，都会影响到个体对外界信息的判断和迁移的决策（杨云彦，1994）。人口是否迁移，取决于他对这些因素的综合权衡和选择（敖荣军，2008）。

基于引力模型构建的多区域迁移模型，是最为典型的基于推拉理论对人口迁移开展实证研究的量化模型。该模型的基本形式是 $M_{ij}=f(X_i, X_j, D_{ij})$。其中，$M_{ij}$ 代表从地区 i 迁往地区 j 的总人口或总迁移率，X 代表影响人口迁移的社会经济文化因素，D_{ij} 代表迁出地和迁入地之间的距离。通常情况下，X_i 被视为是两地区之间人口迁移的推力因素，X_j 被视为是两地区之间人口迁移的拉力因素，D_{ij} 则是对两地区之间中间障碍因素最为简洁的替代变量。多区域迁移模型开展实证研究的一个基本前提是，必须构建一个包含所有迁出地与其相对应的迁入地之间迁移流的迁移矩阵，和与之相匹配的所有地区的社会经济文化指标数据。

Sohato（1968）采用多区域迁移模型，综合考察了迁入地和迁出地的工资水平、收入差距、人口受教育状况、城市化水平、人口密度以及迁出地与迁入地之间的距离等因素对巴西国内人口迁移的影响。其后，Greenwood（1969a）对美国、Greenwood（1969b）对埃及、Foot 和 Milne（1984）对加拿大、Alisher 和 Dietz（2014）对哈萨克斯坦等人口迁移的实证研究,都验证了多区域迁移模型对人口迁移动力机制的解释力。由于对数据量要求较高,国内采用多区域迁移模型的实证研究较为少见。杨云彦等(1999)利用1990年全国人口普查数据,考察了地区总人口、农业劳动力比重、消费水平、外商直接投资等因素对中国省际人口迁移的影响。马伟等(2012)根据1987、1995、2005年的三次全国1%人口抽样调查资料提供的迁移数据,研究了交通基础设施改善对中国省际人口迁移的影响。

二 成本收益理论

成本收益理论以芝加哥经济学派的 Schultz 和 Sjaastad 等人为代表。该理论基于新古典投资理论,将国内迁移置于人力资本投资的成本和收益框架。其中,收益(预期收益)是指迁移者从(预期)更好机会中获得的更多收入;成本则由货币成本和非货币成本构成,前者表现为食物、居住和交通方面开支的上升;后者包括旅行、寻找新工作、学习新技能期间的收入损失,以及诸如想家、适应环境的压力等心理成本(Sjasstad,1962)。因此,当前收入的巨大区际差异或许持续存在,而不会引致巨大的迁移流,这是因为迁移成本或许会超过可观察到的收入差异。由此可以推断,由于迁移的回报期较短,迁移的预期终生收入较年轻者小,年老者会较少流动。

总之,迁移者是否迁移取决于迁移的净收益:$PV = (M_j - M_i) r_{di} - G_{ij}$。其中,$PV$ 代表(预期)迁移者的净收益;M_i 和 M_j 分别代表(预期)迁移者在迁出地和迁入地的(预期)收益;r_{di} 代表迁移者的(预期)迁移收益对迁出地现实收益的贴现率;G_{ij} 代表从迁出地到迁入地所花费的费用。显然,只有当 $PV > 0$ 时,劳动力才会迁移,否则这种投资是不合算的,劳动力不会选择迁移。另外,在这种框架下,迁移投资正如其他人力资本(如教育)投资,回报高并且促进经济增长。

三 收入差异理论

收入差异理论认为地区间存在的生产率差异,导致了收入水平的地区差异,收入水平较低地区的劳动力为了追求更高的收入,会向收入水平较高的地区流动。这种理论较早归功于发展经济学家的工作,典型的代表是 Lewis,他提出了发展中国家农业劳动力向城镇工业部门流动的两部门人口迁移模型。Lewis 认为发展中国家的经济存在典型的二元结构,即这些国家的经济结构由两大部门构成,一是以现代化手段生产的边际生产率较高的城市工业部门,一是传统的自给自足的边际生产率较低的农业部门,两个部门的收入水平存在明显的差异。在传统的农业部门,相对于土地和资本,劳动力严重过剩,并且处于不充分就业和隐蔽性失业状态。农业劳动力的边际生产率非常低,一部分劳动力的边际生产率为零甚至为负值,以至于把这些劳动力转移出来后,产出总量并不会减少,这部分劳动力就是所谓的剩余劳动力。而工业部门由于资本的不断投入,生产规模日益扩大,生产速度超过人口的增长速度,劳动力的边际生产率可以不断提高,收入水平也随之提高。

两个部门在经济结构和收入水平上的差异,使得在某一确定的工资水平下(略高于农业部门的生存收入),农业部门的剩余劳动力就会不断地转向现代工业部门,从而引起劳动力由农村向城镇的迁移。这种迁移对农业本身并无负面影响,反倒解决了隐蔽性失业问题,农业劳动力生产率提高,劳动力的收益因此而增加;更为重要的是,这种迁移为城镇现代工业部门提供的无限的劳动力供给,促进了城镇的发展。而工业部门的发展又会吸引更多的农村剩余劳动力,直到工业部门将农村剩余劳动力吸收殆尽为止。

收入差异理论已经成为解释发展中国家国内劳动力迁移的最主要理论之一。最初的收入差异指的就是地区间实际收入的绝对差异,后来的学者将这个差异的概念进行了扩展,并提出了更为完善、复杂的迁移理论。Todaro 认为发展中国家人口的城乡迁移取决于两个主要变量,一是城乡实际收入差距,二是迁移者在城镇中的就业概率。这两个变量决定了迁移者在城镇中的预期收入,正是预期收入差距而不仅是实际收入差距决定了劳动力的迁移决策。预期收入差距越大,劳动力迁移的动力就越强,流入城镇的劳动力就越多。Todaro(1969)模型可以表达为:

$$\frac{\overline{S}}{S}(t) = F\left[\frac{V_U(t)-V_R(t)}{V_R(t)}\right]$$

其中，$\overline{S}$ 代表净迁移量，S 代表迁入地（城镇）原有劳动力，$V_U(t)$ 代表时期 t 时农村劳动力在城镇预期收入的折现值，$V_R(t)$ 代表时期 t 时农村劳动力在农村预期收入的折现值。可见，劳动力迁移量是预期城乡收入差异比率的函数。

如果用 $V(0)$ 代表迁移者在一定时间内预期城乡收入差距的净折现值，则劳动力的迁移量就可以表达为：

$$M = F[V(0)], \quad F' > 0$$

其中，

$$V(0) = \int_{t=0}^{n}[p(t)Y_U(t)e^{-rt} - Y_R(t)e^{-rt}]dt - C(0)$$

$Y_U(t)$ 和 $Y_R(t)$ 分别代表预期时间内城镇和农村工资率，r 代表贴现率，$p(t)$ 代表该期间在城镇现代部门就业的概率，$C(0)$ 代表迁移成本。显然，只有当 $V(0) > 0$ 时，劳动力才会决定迁移，否则劳动力就不迁移（敖荣军，2008，第41—45页）。

至于劳动力迁移的经济效果，Todaro 指出，工业化初期，城镇工业部门的发展使得其就业增长率大多高于人口自然增长率。由于较大的城乡实际收入差距和较高的就业机会，迁入城镇的农村劳动力激增。劳动力的持续迁入，会导致城镇劳动力的增长超过就业率的增长，从而使得迁入劳动力的就业机会下降，这又将抑制农村劳动力的迁移，进而城镇就业率与劳动力增长率之间重新趋于均衡，使城乡差异重归于扩大。因此，在 Todaro 看来，解决城镇失业问题不能仅仅依靠城镇现代工业部门的扩张，而必须同时缩小城乡差距。要缩小城乡差距，一方面应限制城镇工资水平的提高，另一方面则应大力改善农村生活条件。

四 迁移的新经济学理论

Stard 等采用相对剥夺假说解释劳动力迁移决策，提出了所谓新迁移经济学（The New Economics of Labor Migration）（Stard 和 Bloom，1985）。

Stard (1984) 指出，城乡迁移不只是增加家庭的绝对收入，可能更主要的是迁移者着力于改善与相关参照群体中的其他个人或家庭相比的个人或家庭的相对地位，以相对剥夺 (relative deprivation) 表述。根据这种假说，Stard 和 Taylor (1991) 认为，发展中国家的国内迁移不仅取决于城乡间的预期收入差异，还取决于迁移者在家乡所感受到的相对经济地位变化，以及迁移后按照迁入地的期望生活标准感受到的相对经济地位变化。

假设存在一个连续收入分布，每个收入单位可以采用一个收入域 $[x+\Delta x]$ 来代表，其中 $\Delta x \to 0$。令 $F(x)$ 为一个村庄的收入累计分布，那么 $1-F(x)$ 就是收入高于 x 的家庭占全部家庭的比重。因此，$1-F(x)$ 代表了以收入域 $[x+\Delta x]$ 表示的、有足够的收入获取商品的家庭比重。根据假设，剥夺的感觉是收入高于 x 的家庭比重的递增函数，令 $g[1-F(x)]$ 为收入不在 $[x+\Delta x]$ 域的剥夺，其中 $g(0)=0$，$g'>0$。收入为 x 的家庭被剥夺了所有收入高于 x 的单位。因此，可以构造一个收入为 y_i 的 i 家庭的相对剥夺变化表达式：

$$RD_i = \int_{y_i}^{y_h} g[1-F(x)]dx$$

其中，y_h 代表村里的最高收入水平。相对剥夺假说认为，如果 $U(RD_1^i) > U(RD_0^i)$，那么迁移就会发生，其中 $U(RD_1^i)$ 代表与迁移相伴的相对剥夺，而 $U(RD_0^i)$ 是没有迁移时的相对剥夺。因此，基于这样的假设，通过迁移能够成功提高他们在村庄里的地位，那些收入水平低于收入分布最上端的个人或家庭将会迁移。

还可以同时考虑把绝对收入差距与相对收入差距变化共同作为迁移决策的决定因素，此时个人或家庭的效应表达式可以写为 $U_i = U(y_i, RD_i)$。由于效用随着绝对收入的增加而增加，随着相对剥夺下降程度的增加而减少，所以上式应该满足如下特性：

$$\frac{\partial U_i}{\partial y_i} > 0, \quad \frac{\partial^2 U_i}{\partial y_i^2} > 0; \quad \frac{\partial U_i}{\partial RD_i} < 0, \quad \frac{\partial^2 U_i}{\partial RD_i^2} > 0$$

在这种情况下，如果 $U(y_1^i, RD_1^i) > U(y_0^i, RD_0^i)$，迁移就会发生，其中

y_0^i，y_1^i 分别代表不迁移与迁移时的绝对收入（敖荣军，2008，pp.46-47）。蔡昉和都阳（2002）认为引入相对剥夺假说对中国人口迁移问题的认识可以更加深入。他们基于 2000 年对四个贫困县的一项调查研究，揭示了相对剥夺对迁移决策的影响。在农村农户既可以依靠更高的人力资本禀赋和其他条件获得致富机会，也可能因为这种或那种原因而陷入贫困。感受到相对贫困的农户，看到外出打工所具有的改善相对收入状况的机会，便产生较强的迁移动机。

第二节 产业集聚的动力机制

产业集聚是某些产业（主要是非农产业）在一定地域范围内集中的现象。它在形式上可以分为两种类型，一是同类行业的不同企业由于较强的产业关联性向某一区域高度集中，二是不同行业的企业为了共享外部经济向某一区域高度集中。产业集聚是工业化发展到一定阶段的必然产物，是经济全球化和地区一体化背景下经济活动空间结构的常态。产业集聚及其动力机制研究一直是经济学、地理学及其他相关学科的重要领域。古典经济学家亚当·斯密（1776）很早已经指出了产业空间集聚现象："许多类型的产业，即使是最初级的那种，也必须布局在一个大的城市当中。"较早对产业集聚现象的理论解释始于马歇尔（1890），他将产业集聚的根本动力归结为外部经济。其后，德国古典经济学家 Web（1909）首次明确提出产业集聚的概念，指出协作、分工和共享基础设施将降低所有企业的生产成本，因此导致工业活动向某个特定点或若干点集中。20 世纪 90 年代，新经济地理学兴起，基于规模收益递增假设，在不完全竞争框架下，揭示了供求关联性对产业集聚内生演化过程的驱动机制。自此，马歇尔外部性理论、区位论和新经济地理学成为产业集聚研究的三个基本理论框架，它们揭示了引起生产集中和要素集聚的自我强化过程。

一 马歇尔外部性理论

马歇尔是公认的第一位系统研究产业集聚现象的经济学家。19 世纪末20世纪初，英国还处于工业化过程之中。马歇尔基于对当时谢菲尔德的刀具工业和西约克夏各种毛纺织区的观察，发现规模不大、产品类似的企业在一定地理空间集中形成所谓的"产业区"，获得了大规模生产的好处，促进了单个企业的发展。他认为："我们把任何产品的生产规模的扩大所产生的经济效应划分为两类：第一类经济取决于产业的一般发展，第二类经济取决于从事工商业的单个企业的资源、它们的组织以及它们管理的效率。前者被称为外部经济，后者被称为内部经济。"外部经济"往往能因许多性质相似的小企业集中在特定的地方——即通常所说的工业地区分布——而获得"①。为了获得外部经济，众多企业向同一地区集中，出现产业集聚现象。因此，可以说，产业集聚的根本动力就在于产业集聚所产生的外部规模经济，即企业生产经营活动在空间上的集聚所带来的经济收益和成本节约。

马歇尔外部性可以分为三种情况：地方化的劳动力市场或劳动力池效应、共享专业化的中间投入产品、基于人力资本积累和面对面交流所引发的知识外溢。前两种属于金融外部性（pecuniary externality），后一种属于技术外部性（technology externality）。近年来，关于产业集聚微观机制的研究大多基于马歇尔外部性理论展开，深化了马歇尔外部性理论。Beenstock和Felsenstein（2010）认为马歇尔外部性理论与新经济地理学对产业集聚机制解释和研究方面有着明显的不同，所以产业集聚研究不仅需要新经济地理学，也需要马歇尔外部性理论。他们构建了马歇尔外部性的理论模型，考察了技术外部性导致的规模收益递增对产业集聚的影响。结果表明，产业集聚并不是马歇尔外部性的必然结果。但是，如果与离散力和负外部性相比，集聚力和正外部性足够强的话，理论模型将出现多重集聚均衡。下面，分别对近年来围绕这三种类型外部性开展的理论和实证研究进行总结和评述。

（一）投入共享效应

1. 理论机制

中间投入品的共享有利于生产的专业化与规模化。如果中间投入品

---

① Marshal A. Principles of Ecoaomics (8th Edition), Macmillan, London, 1920: 221.

生产规模收益递增，即使最终产品生产规模报酬不变，中间产品的共享也会引发规模报酬递增。即产出相对于总投入以更快的速度增长，那么平均生产率将随着总投入的增加而上升。因此中间投入品的共享是产业集聚的一个重要原因（魏后凯，2006）。Abdel-Rahman 和 Fujita（1990）将中间产品共享引入城市集聚经济分析，揭示了在那些较大的和较专业化的城市中，最终产品的生产者能够从共享中间产品供应者那里获益。在他们的模型中，完全竞争的最终产品生产商使用具有部门专有性的中间投入品，这些中间投入品则由垄断竞争的生产商提供。最终产品自由贸易，中间产品只在本地销售。市场均衡条件下，尽管完全竞争的最终产品的生产规模收益不变，城市的总产出仍表现出规模收益递增。Krugman 和 Venables（1995）认为中间投入品使用较多的产业更愿意在空间上集聚来源于"成本关联效应"，即厂商倾向于接近中间产品供应商集中的地方以获得大量且多样的中间产品，这样一方面可以节省交通成本，另一方面可以享受到中间产品供应商之间的竞争带来的较低价格，从而增加利润（吴建峰和符育明，2012）。Amiti 和 Cameron（2007）的研究表明，最终产品生产商的收益随着邻近中间产品提供者距离的拉远而快速下降。

Duranton 和 Puga（2004）模型化了最终产品的总产出：$Y = [nX^{1/(1+\varepsilon)}]^{1+\varepsilon} = L^{1+\varepsilon}$。其中，$Y$ 表示最终产品的行业总产出，L 表示总就业，n 表示均衡状态下中间投入品生产企业的数量，$\varepsilon > 0$，且 $(1+\varepsilon)/\varepsilon$ 表示中间投入品的替代弹性。显然，这是一个具有规模报酬递增特征的产出函数，规模报酬递增系数由中间投入品的替代弹性决定，劳动投入的增加将促使更多的中间投入品的生产企业出现，最终产品生产企业的生产率也将更高。

与那些通过研究哪些行业更具集聚性或更不具集聚性来揭示各种集聚因素的相对重要性的研究不同，Ellison et al（2010）提出了共生集聚（co-agglomeration）模式。其基本思想是，既然任何一个行业的厂商在许多方面都是相似的，那么不同行业的不同厂商也会在某些方面相似而在其他方面不同。如不同行业的许多厂商共享相同的中间投入品但是雇用不同的工人，也有许多厂商雇用相似的工人但却不共享相同的中间投入品。因此，通过观察不同行业之间的相似性，就能够判断哪些不同行业的厂商是共生集聚的，因此也就能深入探讨不同集聚因素的相对重要性。基于此，Ellison et al（2010）发现那些使用相似中间投入品的行业部门倾向于共生集聚，尤其是那些雇用相似工人的行业部门共生集聚的倾向更为明显。

2. 实证检验

实证研究方面，Ellison 和 Glaeser（1997）对美国制造业集聚机制的研究揭示了中间投入品共享对产业共生集聚的促进作用。Rosenthal 和 Strange（2001）对美国的研究表明，在州级区域尺度上，中间投入品共享对产业集聚具有显著的驱动作用。吴建锋和符育明（2012）探讨了外部经济在中国制造业集聚过程中的作用机制，发现了中间产品共享对制造业集聚显著的驱动作用。

（二）劳动力池效应

1. 理论机制

劳动力池指的是劳动力地区集中形成的一个稳定的劳动力（技能）供给市场。Marshall（1890，p.271）指出，人口集中提供了一个劳动力池，"本地产业将从这个稳定的技能市场中获得巨大的收益"。劳动力池引致产业集聚的机制表现在两个方面：一是风险分担机制，即厂商集聚在劳动力汇集的地方可以降低市场经营不确定性带来的工资成本负担，而大量劳动力汇集则保证工资不随市场境况而改变（Krugman，1991b）；二是供求匹配机制，即在劳动力汇集的地方，厂商和工人之间寻找彼此所需对象的成本会降低，从而吸引更多厂商和劳动力集聚（Puga，2010）。近年来，国外的一些理论研究对劳动力池概念形式化，论证了劳动力池的产业集聚效应。Helsley 和 Strange（1990）模型化了技能异质性的工人与劳动力需求异质性的厂商之间的匹配过程是如何导致产业集聚的。Overman 和 Puga（2010）基于 Krugman（1991b）的劳动力池模型，构建了一个多部门多区域的劳动力池模型，揭示了劳动力池的分担风险效益对产业集聚的驱动作用。

2. 实证检验

实证研究方面，国外有大量的文献通过检验劳动力池对劳动生产率、工资水平、就业稳定性等的影响，验证劳动力池效应对人口集聚和产业集聚的引导作用。如 Rosenthal 和 Strange（2001）分别通过对美国邮编、县、州三个空间尺度制造业集聚的研究，认为劳动力共享、知识溢出、中间投入品共享、自然资源、运输成本等都是产业集聚的促进因素。其中，劳动力共享的作用最明确，在三个层次上对产业集聚均有显著的促进作用。Wheeler（2001）对美国的研究表明，市场规模的扩大将导致厂商与工人之间更好的选配，本地市场越大，工人的人均产出和技能收益越高。Andersson et al（2007）对美国的研究发现了集聚与厂商—工人之间的空间选配存在显著的正相关。Ellison et al（2010）发现对劳动力需求比较相似的产业更倾向于共生集聚，因此劳动力共享在美国产业集聚过程中的作用更加突出。Overman 和 Puga（2010）对英国的研究表明，因为劳动力池有助于降低风险，所以那些容易遭受冲击的行业更倾向于集聚。Bleakley 和 Lin（2012）对美国的研究表明，人口密度越大的地区，工人更换岗位和行业频率越低。Melo 和 Graham（2014）对英格兰和威尔士的研究揭示了较厚（thicker）的劳动力市场提高了雇主和雇员之间的匹配质量。Andini et al（2013）的研究表明，工人与厂商之间的匹配性是意大利产业集聚最重要的因素。总体上看，关于劳动力池对我国工业集聚促进作用的实证研究非常缺乏。何玉梅等（2012）揭示了劳动力池对我国 84 个制造业细分行业空间集聚的促进作用。席强敏（2014）研究了外部性对天津市服务业共生集聚的影响，发现劳动力共享并没有发挥促进作用。

（三）知识溢出效应

1. 理论机制

知识溢出效应是导致经济活动集聚的重要力量，其对产业集聚的驱动作用体现在两个方面：一是知识产生机制，多样化的产业集聚有利于创新所需要的搜寻与试验过程，促进新知识产生（Jacbos，1969），从而提高产业生产率；二是知识扩散机制，产业集聚更利于知识传递，为了更快更有效获取知识，厂商集中是一个必然的结果。

Duranton 和 Puga（2001）将 Marshall（1890）和 Jacbos（1969）关于产业集聚有利于知识产生的思想模型化，解释了专业化与多样化产业集聚并存格的局形成机制以及处于生命周期不同阶段企业的集聚特征。他们在中间投入品共享的基础上将过程创新引入模型，假设新企业需要一个试验阶段来了解自己的潜力，包括产品的选择、投入品的选择以及就业规模的选择等。因企业而异的最优生产在最初都是未知的，企业通过参照本地其他企业的选择进行试验从而确定最优方案。虽然厂商在多样化的城市中可以提高知识创造的效率，但大量企业的集中会增加城市的通勤成本和土地租金，带来外部不经济。因此，当企业结束实验阶段、进入大规模生产阶段时，就会面临重新选址的问题。由于模型假定大规模生产阶段的企业可以分享多样化的中间投入品，因此大规模生产阶段的企业倾向于集聚于专业化的城市（陈良文和杨开忠，2006）。专业化与多样化集聚的并存是因为：企业在最优生产方式的搜寻阶段选址于多样化的城市更有利，然后布局在专业城市与使用相同生产方式的企业一起生产更有利。

知识扩散遵从距离递减规律是导致产业集聚的另一个重要原因。Helsley（1990）指出，知识在一定程度上是具有地域性的。为了获得更多来自其他企业知识的影响，企业将出现相互接近的趋势，而这种趋势又会受到知识扩散距离递减规律的影响。Fujita和Ogawa（1982）的研究表明，随着知识扩散距离递减速度的逐步下降，城市将出现从单中心向多中心，再向完全分散化的方向演化。Jovanovic等将产业集聚利于知识传递和扩散模型化，揭示了在获取知识的驱动下产业和人口趋向于集聚的原因。这些模型（Jovanovic和Rob，1989；Jovanovic和Nyarko，1995；Glaeser，1999）假定劳动生产率受劳动力技能水平的影响，劳动力之间的技能又存在高低之分。因此，在空间上接近知识和技术水平较高的劳动力，会有利于技能的获得和知识的交流与扩散。其模型的基本策略是将工人的生命划分为青壮年和老年两个阶段，并且将工人的技术类型划分为高技术类型和低技术类型两类，高技术工人从事生产的产量要高于低技术工人。所有工人出生时都没有技术，但可以在年轻时期选择向老年的高技术工人学习技术，而学习的前提条件是居住在高技术工人密集的城市当中，且低技术工人获取技术的概率与城市内高技术工人的数量相关。所有工人可以选择居住于城市还是乡村，居住于城市当中必须支付通勤成本和住房成本,这些成本与城市总的人口规模正相关,是城市的分散力量。城市的集聚力量则包括:年轻工人在城市才能学习技术从而提高生产效率,老年高技术工人居住在城市可以向年轻工人传授技术从而获取报酬。所有工人区位选择的均衡结果是在城市和乡村居住的预期效用相同。均衡状态下,所有城市的规模以及高技术工人的数量将会相同,且所有的年轻工人都将选择生活在城市中学习技术、所有的老年高技术工人都会选择生活在城市中传授技术。这表明在知识扩散效应作用下,人口会向城市地区集聚(陈良文和杨开忠,2006)。

2. 实证检验

实证研究方面,Audretsch 和 Feldman(1996)以产业创新、大学创新和技能劳动力为知识和创新的衡量指标,利用美国小企业管理局的创新数据库提供的 8074 个企业的数据,探讨了知识溢出对产业集聚的影响。结果发现,在生产活动集中的地区,创新活动的集聚程度更高,那些强调研发的产业的集聚水平也明显偏高。Rosenthal 和 Strange(2001)对美国邮编、县和州三个空间尺度产业集聚机制的研究表明,知识溢出对邮编空间尺度的产业集聚具有显著促进作用。Koo(2005)重点探讨了知识溢出对美国大都市区产业集聚的促进作用,采用产业集聚方程和知识溢出方程的联立方程,验证了知识溢出与产业集聚之间存在着相互强化的累积关系。Ellison et al(2010)对美国和英国产业共生集聚动力机制的研究表明,技术流动对产业集聚的促进作用虽然不强但仍然是导致集聚的因素,尤其是在创新产业部门,思想和知识溢出促进集聚的作用更强。

相对于投入共享和劳动力池对产业集聚的促进作用而言,国内关于知识溢出对产业集聚促进作用的研究比较多。乔彬和李国平(2008)采用联立方程模型,揭示了我国省区尺度上制造业集聚与知识溢出之间相互强化的因果关系。韩剑(2009)证实了知识溢出对创新活动集聚的促进作用,并认为知识在一定程度上具有的隐性特征限制了知识溢出的空间距离,企业只有依靠在地理上集聚,产生信息共享的邻近效应,才能尽可能地扩大对溢出知识的吸收能力。何玉梅等(2012)对我国 84 个制造业细分行业集聚机制的研究揭示了劳动力成熟度和知识溢出对产业集聚的重要作用。沈能(2013)利用我国 286 个城市数据对局域知识溢出与生产性服务业集群及其关系作了实证检验。结果表明,生产性服务业集聚有较强的空间依赖性和正的空间溢出效应,知识存量和知识溢出对生产性服务业集聚有显著正向影响。

二 新经济地理学理论

20世纪90年代以来,以Krugman(1991a)、Venables(1996)及Fujita et al(1999)等为代表的新经济地理学借助Dixit - Stiglitz垄断竞争模型,在规模报酬递增的假设下,将距离、运输成本等空间因素纳入模型,分析经济活动空间集聚的累积循环过程的内生机制,成为解释产业集聚机制的最具影响力的理论框架。

(一)中心—外围模型

1. 基本模型

Krugman(1991a)以Dixit - Stiglitz垄断竞争模型为分析框架,借助Samuelson提出的"冰山"运输技术,构建中心—外围模型(Core - Periphery Model,CP)解释经济活动空间集聚的过程和机制。中心—外围模型对经济活动空间集聚机制的模拟是建立在较为严格的假设基础之上的:两个地区、两个部门(制造业和农业)和两种劳动力(工人和农民);制造业部门提供呈连续分布的各种差异化工业产品,每种工业品被一个单独的、遵从规模收益递增技术的厂商生产,工人是其唯一的投入要素;农业部门以规模收益不变技术生产同质农产品,农民是其唯一的投入要素;工人在地区之间自由流动,农民是不流动的并且在两个地区之间均等分布;农产品在两地区之间自由贸易且不需运输成本,工业品在两地间的贸易则需要承担"冰川"形式的运输成本。

中心—外围模型中,经济活动空间格局的形成取决于两种相反力量的博弈,即集聚力(centripetal force)和分散力(centrifugal force)。其中,分散力是不可流动的农民、运输成本等;集聚力则是借由成本和需求联系(cost and demand linkages)引发的累积循环。首先,如果某个地区由于偶然事件或外部冲击获得了比较优势,大量厂商选址于这个地区,那么大量的差异化产品就会在这个地区生产出来。其结果是,对于作为消费者的工人来说,厂商集中地区对大量差异化产品的可进入性远高于其他地区。因此，在其他条件不变的情况下，厂商集中地区工人的真实工资增加，这就是所谓的价格指数效应（price index effects），并由此引发更多的工人向本地区流动。其次，厂商集中地区工人（作为消费者）的增加又进一步扩大了该地区的市场规模，这就是所谓的本地市场效应（home market effects）。由于规模收益递增，厂商就有了继续向这个地区集中的动力；又由于工业品的运输需要承担运输成本，在这个市场规模较大地区生产可以节省运输成本，故更有利可图。于是，更多的厂商会继续向厂商集中地区集中。

简单地说，中心外围模型中集聚力的形成机制是前向联系（forward linkages）和后向联系（backward linkages）之间的累积循环。前向联系导致作为消费者的工人向厂商集中地区流动，其内在机制是厂商集中产生的价格指数效应；后向联系导致厂商向消费者集中的地区集中，其内在机制是工人集中产生的本地市场效应。如果前向联系和后向联系足够强大，以至于超越了不可流动要素产生的分散力的话，那么经济活动空间结构演化的结果是一个以制造业为中心和以农业为外围地区的"中心—外围"模式（Fujita 和 Krugman，2004）。

2. 模型发展

严格的假设条件限制了中心—外围模型对现实经济空间结构演化过程的解释力和预测力。新经济地理学理论发展过程中，一方面空间经济学家们不断放松假设，改进中心—外围模型，提高其解释力；另一方面则努力改进模型的操作性，克服中心—外围模型过于依赖数值模拟的缺陷（安虎森和蒋涛，2006）。Krugman（1992）最早放松了两地区模型的假设，构建了多区域模型，发现初始的优势具有自我强化的作用，这与两地区模型中的研究结论是一致的。多区域场景下，空间经济的均衡状态是以制造业等距离集聚于位置相对的两个区域，其间的"集聚阴影"则是外围区为特征的所谓"跑道经济"的空间模式。

Martin 和 Rogers（1995）放松了中心—外围模型只考虑工人和农民两个生产要素的假设，引入了资本要素建立了自由资本模型（Footlose Capital，FC）。他们将公共基础设施作为内生变量引入模型，揭示了产业集中与公共基础设施之间的累积循环。在 Balwin et al（2003）的自由资本模型中,假定资本为可流动要素,但资本的所有者不能在地区间流动,而且单位制造品仅需要单位资本作为固定投入。资本的全部收益都返回到资本所有者的所在地消费。因此,生产的空间转移并没有导致支出的空间转移,这样就不存在后向联系了;由于人口不迁移,区际收入差异并不会引发人口流动,这就不存在前向联系了。因此,FC 模型中,集聚源自本地市场效应,但却不是自我强化的,这使得初始均匀分布成为长期稳定的均衡。FC 模型的企业区位决定等内生变量都可以用简洁的解析式表示,但也丧失了 CP 模型的许多富有意义的内涵(梁琦和钱学锋,2007)。

Forslid (1999)、Ottaviano (2001) 以及 Forslid 和 Ottaviano (2003) 等在保留 FC 模型中考虑资本和劳动力投入要素的基础上,继续放松中心—外围模型中只有工人是流动性要素的假设,建立了自由企业家模型 (Footloose Enterprise, FE)。Pflüger (2004) 的 FE 模型中,假定劳动力可以在同一地区制造业部门和农业部门之间流动,劳动力可以同时用于制造业部门和农业部门,论证了在供给联系和需求联系两个集聚力作用下的产业集聚机制。

Krugman 和 Venables (1995) 在 CP 模型的基础上引入了中间产品,建立了中心外围垂直联系模型 (Core – Periphery, Vertical Linkage, CPVL),假设制造部门生产两种产品——消费品和中间产品,其中中间产品又和劳动力相结合作为制造部门的投入,但仍只将劳动力作为唯一的要素且只能在部门间流动,不能跨区流动。与 CP 模型不同,CPVL 模型中的集聚动力源于企业间通过投入产出机制产生的纵向关联,而非企业与工人或消费者之间的横向关联。研究发现,随着运输成本和贸易成本的降低,产业呈现"对称—C – P 结构—对称"分布。

Robert – Nicoud (2002) 在 FC 模型中加入了垂直联系建立了自由资本垂直联系模型 (Footloose Capital, Vertical Linkage, FCVL)。FCVL 模型是 FC 模型的一个扩展,它融入了资本流动和垂直关联,二者共同维持了集聚。特别是企业间的垂直关联引发循环因果效应,循环因果作用使 FCVL 模型充分展现了 CP 模型的丰富特征,而由于同时继承了 FC 模型的可解性,垂直关联模型的复杂性也大大降低。Ottaviano et al (2002) 通过引入中间产品将 FE 模型发展为自由企业家垂直联系模型（Footloose Enterprise, Vertical Linkage, FEVL），假定只有一种生产要素劳动，在具备 CP 模型所有特征的同时，更具可解性（梁琦和钱学锋，2007）。

Baldwin（1999）引入资本形成和资本折旧，修正了 FC 模型，建立了资本创造模型（Constructed Capital, CC），将产业集聚的引致因素归结为要素积累和要素耗散而不是要素流动。它假定资本可能发生贬值，也可以用其他资源（如劳动）生产出来，而且在地区间不能流动。CC 模型中的集聚机制在于资本的生成和积累而不是资本流动。当贸易成本发生变化时，一地区生产资本而另一地区资本贬值，这样总资本存量上升的地区将导致该地区的总支出上升，而这又进一步促进该地区的资本积累，此即需求关联的累积因果效应。但 CC 模型并没有产生成本关联的累积因果效应，因为 CC 模型中不存在与价格指数相联系的要素流动。也就是说，生产资本的激励不依赖于本地价格指数。另外，由于假定资本不流动，即便是在自由贸易的条件下，当中心外围结构出现时，单位资本收入在地区间可能出现永久的不平衡（梁琦和钱学锋，2007）。

一些经济学家放松了中心外围模型中对企业、劳动力以及消费者消费偏好同质性的假设，形成了所谓的新—新经济地理学。按照 Ottaviano（2011）等的理解，新—新经济地理学（NNEG）应该包括企业异质性、消费者偏好异质性以及移民异质性等多个方面。Syverson（2004）研究发现，大部分高效率企业比低效率企业更愿意从边缘地区迁到集聚核心地区；非出口型企业由于产品市场仅限于国内从而不会被贸易自由化影响，这些企业更有可能待在本地不迁移，进而降低产业集聚力。Baldwin 和 Okubo（2006）在 FE 模型中加入了企业异质性，研究发现新经济地理学中提到的本地市场效应仍然存在，但是由于"选择效应"的存在，一些高效率的企业倾向于集中在同一地区。Okubo（2009）在 FCVL 模型基础上加入了企业异质性以及企业出口成本，以此来研究贸易自由化对企业布局的影响，发现与 NEG 中所指出的"突发性集聚"不同，该模型中集聚是渐进的；企业异质性、非出口企业的前后向关联弱化和出口成本三个因素损害了完全集聚。Okubo（2010）发现不同类型的企业对集聚的偏好程度不同，相比而言，生产率较低的企业更加倾向集聚，这主要是因为集聚能够促进企业生产效率的提高。但是重新集聚之后，高效率的企业在本地形成了激烈的竞争（颜银根，2013）。

Murata（2003）假定消费者偏好异质性，在此基础上讨论异质性偏好与生产规模之间的关系。研究表明，当消费者偏好异质性较弱时，厂商会选择大规模生产；反之，厂商会选择小规模生产。Picard 和 Okubo（2012）研究表明，产品需求较高的厂商会选择在较大的国家建立工厂，这是因为在这些国家最接近需求量最密集的、最有价值的差异化商品。空间筛选的影响取决于各种差异化产品之间需求强度的偏态分布。如果只有资本在地区间流动，那么需求异质性会缩小较大国家资本投资规模；如果允许劳动力在地区间流动，那么需求异质性会消除厂商区位模式的急剧变化，并导致工人非对称性的分散分布，而不是对称性的分散分布或完全集聚在一个特定的区域。

Russek（2009）考虑了移民的异质性，在 FE 模型中引入了技能劳动力和非技能劳动力两个流动性生产要素，使得新经济地理学模型中的集聚力又增加了非技能劳动力引发的需求联系。研究发现，非技能劳动力的迁入因为提高了总体收入水平和本地厂商的获利能力而扩大了本地市场规模。非技能劳动力迁移影响技能劳动力集聚的模式：当贸易成本较高时，技能和非技能劳动力迁移强化了同一地区两种劳动力的集聚；当贸易成本较低时，非技能劳动力而不是技能劳动力集中于某一地区。

（二）前向联系机制

如前所述，中心外围模型将产业集聚的集聚力机制归结为前向联系与后向联系之间的累积循环。此处重点评述新经济地理学文献对前向联系和后向联系的内在机制的理论分析及实证检验。

1. 理论机制

前向联系将作为消费者的工人吸引至那些产业集中的地区（Head 和 Mayer，2004a）。在 Krugman（1991a）的经典模型中，一旦某个地区由于偶然事件或外部冲击获得了比较优势，厂商便开始向这一地区集中。厂商的地理集中所产生的价格指数效应（price index effects）使得该地区的工业品的价格指数降低，从而提高了该地区工人的真实工资，为了降低交易成本和获得多样化的商品消费，工人向厂商集中地区流动（敖荣军等，2015）。因此，可以看到，前向联系的内在机制是厂商集中所产生的价格指数效应。Crozet（2004）向模型中引入了一个非贸易产品，扩展了 Krugman（1991）的框架，对厂商集中的价格指数效应进行了理论分析。

假设市场由 R 个地区构成，生产要素是非流动性劳动力和流动性劳动力。每个地区生产三类产品：同质性的"传统"产品（z）、非贸易的服务业产品（y）和制造业产品（x）。假定商品 z 是同质的，仅仅雇用非流动性劳动力在完全竞争条件下生产，并且在地区之间贸易不用承担贸易成本。因此，产品 z 的价格和非流动性劳动力的工资在任何地区都是相等的。因此，也可将商品 z 的价格作为计价单位，并且令所有区域 $p_z = 1$。

制造业和服务业都是垄断竞争的行业，雇用流动性劳动力生产横向差异化产品。每种产品的生产都遵从规模收益递增技术。在每个行业内部，劳动力需求量分别是：

$$\beta_x q_x + \varepsilon_x, \ \beta_y q_y + \varepsilon_y \qquad (2\text{—}1)$$

其中，q 代表产品产量，β 代表边际投入，ε 代表固定投入。如果以 $n_{xi,t}$ 和 $n_{yi,t}$ 分别代表地区 i 在时期 t 时产品 x 和 y 的种类数，那么地区 i 在时期 t 时两个行业的就业量分别为：

$$L_{i,t}^x = n_{xi,t}(\beta_x q_x + \varepsilon_x), \ L_{i,t}^y = n_{yi,t}(\beta_y q_y + \varepsilon_y), \ i \in [1, R] \quad (2\text{—}2)$$

地区 i 在时期 t 时流动性工人的总量就是：

$$L_{i,t} = L_{i,t}^x + L_{i,t}^y$$

假定消费者对商品都具有一致的柯布道格拉斯偏好：

$$U_{i,t} = C_{xi,t}^{\mu} C_{zi,t}^{1-\phi-\mu}, \ i \in [1, R] \qquad (2\text{—}3)$$

其中，ϕ、μ 和 $1-\phi-\mu$ 分别是制造业商品、服务业商品和传统产品的支出份额，C_z 代表传统产品的消费量，C_x 代表全部种类制造业商品的消费量：

$$C_{xi,t} = \left(\sum_{m=1}^{n_{xi,t}} c(m)_{xi,t}^{(\sigma_x-1)/\sigma_x}\right)^{\sigma_x/(\sigma_x-1)}, \ i \in [1, R] \qquad (2\text{—}4)$$

其中，σ 代表任何一对商品之间的替代弹性，$c(m)$ 代表第 m 种商品的消费量。

服务业产品在地区之间不能自由贸易，地区 i 在时期 t 时可获得的服务业商品的种类数只能是本地区内提供的服务业商品的种类数。因此，全部种类服务业商品的总消费量 C_y 为：

$$C_{yi,t} = \left(\sum_{m'=1}^{n_{yi,t}} c(m')_{yi,t}^{(\sigma_y-1)/\sigma_y} \right)^{\sigma_y/(\sigma_y-1)}, \ i \in [1, R] \quad (2\text{—}5)$$

假定所有生产者都采取利润最大化的定价策略。若以 $w_{i,t}$ 代表地区 i 在时期 t 时流动性工人的工资，则地区 i 的一种产品的离岸价格是：

$$p_{xi,t} = \frac{\sigma_x}{\sigma_x - 1} \beta_x w_{i,t}, \ p_{yi,t} = \frac{\sigma_y}{\sigma_y - 1} \beta_y w_{i,t}, \ i \in [1, R] \quad (2\text{—}6)$$

由于厂商可以自由进入，故均衡利润为零。因此，利用方程（2—2）和（2—6）以及每个地区劳动力市场的均衡条件，可以得到每个地区厂商的数量：

$$n_{xi,t} = \frac{L_{i,t}^x}{\sigma_x \varepsilon_x}, \ n_{yi,t} = \frac{L_{i,t}^y}{\sigma_y \varepsilon_y}, \ i \in [1, R] \quad (2\text{—}7)$$

假设制造业商品在地区之间贸易要承担"冰川"形式的运输成本。假定商品的一部分 $(\tau_{ij} - 1)/\tau_{ij}$ 在运输时会"融化"掉，所以 $\tau_{ij} > 1$ 单位的商品从地区 i 输送至地区 j。运输成本假定为两地之间距离 d_{ij} 的递增函数：

$$\tau_{ij} = B d_{ij}^\delta \ \forall \ i, j \in (1, R), \ \delta > 0, \ B > 0 \quad (2\text{—}8)$$

由于传统产品的价格标准化为 1，地区 i 时期 t 时流动性工人的真实工资就成为：

$$\omega_{i,t} = \frac{w_{i,t}}{P_{yi,t}^\phi P_{xi,t}^\mu} \quad (2\text{—}9)$$

其中，$P_{i,t}$ 代表地区 i 时期 t 时制造业商品和服务业商品不变替代弹性的价格指数，它们可以从消费者效用最大化问题的求解中得到，具体的表达式为：

$$P_{xi,t} = \left[\sum_{r=1}^{R} \left(\sum_{m=1}^{n_{xi,t}} (\tau_{ir} p_{xr,t})^{1-\sigma_x} \right) \right]^{1/(1-\sigma_x)} =$$

$$\left[\sum_{r=1}^{R} n_{xr,t} \left(B d_{ir}^\delta p_{xr,t} \right)^{1-\sigma_x} \right]^{1/(1-\sigma_x)} \quad (2\text{—}10)$$

$$P_{yi,t} = \left[\sum_{m'=1}^{n_{yi,t}} (p_{yi,t})^{1-\sigma_y}\right]^{1/(1-\sigma_y)} = (n_{yi,t})^{1/(1-\sigma_y)} \quad (2\text{—}11)$$

可以看到，在制造业商品价格指数方程（2—10）中，如果其他条件不变，地区 i 的工业集中程度越高，即该地区制造业厂商数量（$n_{xi,t}$）越多，其制造业商品的价格指数越低；或者，制造业厂商集中程度高的地区 r 越是邻近地区 i，地区 i 的制造业商品的价格指数越低，其原因在于地区 i 从地区 r 输入的制造业商品只承担较低的运输费用。类似地，在服务业商品价格指数方程（2—11）中，如果其他条件不变，地区 i 的服务业集中程度越高，即该地区服务业厂商数量（$n_{yi,t}$）越多，其服务业商品的价格指数就越低。观察真实工资方程（2—9），显然假如任何地区的流动性工人的名义工资相近，由于价格指数效应，那些制造业和服务业集中地区流动性工人的真实工资也将提高。价格指数效应使得那些能够以较低成本进入大的制造业商品市场和服务业商品市场的地区，成为流动性劳动力青睐的迁入地。这反映了集聚力的前向联系机制。

2. 实证检验

实证研究方面，在一篇具有开创性意义的研究中，Crozet（2004）基于价格指数效应导致产业集聚地区工人真实工资较高的理论分析，以产业集聚地区的市场进入性对劳动力流入的引致作用为观测点，检验了产业集聚引致劳动力迁入的假说，验证了前向联系的产业集聚机制。总体上看，对前向联系的实证检验较为缺乏，实证对象也主要局限在欧美国家。Pons et al（2007）和 Paluzie et al（2009）采用 Crozet（2004）的方法，分别研究了市场进入性对西班牙劳动力迁移的影响。Kancs（2005）则构建了一个分析上可解和结构上可估的新经济地理模型，模拟和预测 3 个波罗的海国家的劳动力迁移，揭示了新经济地理学对劳动力迁移决策的解释力。其后，Kancs（2011）利用该模型研究了欧盟国家之间及各国内部的劳动力迁移，验证了前向联系的存在性。国内关于前向联系的实证检验更为缺乏，唐颂和黄亮雄（2013）借鉴 Crozet 的方法，对 1990—2010 年中国省际劳动力流动的决定因素进行了实证检验。王永培和晏维龙（2013）则直接利用了 Crozet 模型的简化形式，检验了新经济地理因素对 2005—2010 年中国省际劳动力流动的影响。敖荣军等（2015）利用 1982—2010 年全国 4 次人口普查和 3 次人口抽样调查提供的劳动力就业和省际迁移数据，对省际劳动力迁移机制的实证分析验证了新经济地理学模型中前向联系的存在性。敖荣军等（2016）则基于对湖北省县级区域人口迁入的决定因素的实证研究，揭示了产业集聚对人口迁入的引致作用。

（三）后向联系机制

1. 理论机制

后向联系将厂商吸引至那些对其产品具有大量需求的地区（Head 和 Mayer，2004a）。在 Krugman（1991a）的经典模型中，消费者向中心地区的集中所产生的本地市场效应（home market effects）扩大了该地区的市场规模，提高了该地区的对大量差异化商品的市场进入性。为了降低运输成本和获得规模经济，厂商进一步向中心地区集中。

本地市场效应最早在国际贸易研究中提出来。Krugman（1980）在垄断竞争框架下解读了本地市场效应对产业集中的作用机制。假设两种产品，每种产品都有许多差异化的品种，所有品种产品的生产和需求都是对称性的，每个品种产品的生产都在规模收益递增技术下以一个固定成本和单位劳动投入的不变边际成本生产。产品贸易需承担"冰川"型贸易成本。有两个拥有同样劳动力的国家，不同在于它们的消费结构。假设有两种消费者，每类消费者只消费其中一种产品的所有差异化商品。国家之间的唯一差异也在于一个国家的人口由那些只消费一种产品的所有差异化商品的人口构成，而另一个国家则由那些只消费另一种产品的所有差异化商品的人口构成。

假设每个厂商以边际成本固定加成法定价以实现利润最大化，并且可以自由进入市场。在均衡状态下，尽管存在贸易成本，所有市场的每个厂商的产出水平都是相同的。这意味着，可以以每个国家生产每种产品的生产量来描述市场均衡。以 μ 代表本国相对于外国生产某种产品的所有差异化商品的生产量，λ 代表本国相对于外国的对该种产品的需求比例，$\sigma<1$ 代表进口产品的需求量与国内市场相应品种产品的生产量的比率。在非完全专业化状态时，本国的相对生产量就可以写为：

$$\mu = \frac{\lambda - \sigma}{1 - \lambda\sigma}$$

如果 $\lambda = 1$，说明所有国家的消费模式完全相同，并且生产同样数量的差异化商品。但是，如果本国相对于外国的对某种产品的需求比例稍微上升（$\lambda > 1$），即出现了所谓的超常需求时，则本国相对于外国的生产量将更大比例增加（$\mu > 1$），本地市场效应使得其成为该产品的净出口国。Davis 和 Weinstein（1996）对该式求导得到：

$$\frac{\partial \mu}{\partial \lambda} = \frac{1 - \sigma^2}{(1 - \lambda\sigma)^2} > 1$$

这个公式很明显地反映出，那些对某种产品具有大的本地市场的国家将是这种产品的净出口国，即这种产品的生产将集中至这个国家。Head 和 Mayer（2004a）指出，当两国具有对称结构时（$\lambda = 1$），就得到了经典的本地市场效应（Classic HME）：

$$\frac{\partial \mu}{\partial \lambda} = \frac{1 + \sigma}{1 - \sigma} > 1$$

关于在规模收益递增和垄断竞争框架下出现本地市场效应的原因，Krugman（1980）将其归结为，企业为了实现规模经济和减少运输成本而定位于大的市场。Davis 和 Weinstein（2003）则进行了具体的说明：在存在贸易成本的情况下，厂商有定位于需求较大的市场的激励。这同时意味着越来越多的厂商将离开较小的市场，因为过高的贸易成本使得它们无法通过出口的方式将产品输入较大的市场。因此，超常需求将促使厂商不断进入较大市场追求剩余，从而产生本地市场效应（钱学锋和梁琦，2007）。

2. 实证检验

实证研究方面，Davis 和 Weinstein（1996）将要素禀赋理论、本地市场效应理论内嵌至新经济地理模型的分析框架，检验要素禀赋优势和规模报酬递增对生产空间结构和贸易的影响，并基于 OECD 制造业产品的结构数据予以实证分析，但所得结果并不支持生产和贸易中存在着显著的本地市场效应的结论：要素禀赋能解释 90% 的生产结构的地域差异，本地市场效应只能解释剩余的 10%。Davis 和 Weinstein（1999）又研究了决定日本国内各地区生产结构的本地市场效应，发现日本19个制造业部门中有8个存在着显著的本地市场效应。Davis 和 Weinstein（1999）认为，之所以会出现与他们对 OECD 国家研究的不一致的结果，主要是两个原因：第一是贸易成本，一国区域间的交易成本和市场壁垒要弱于国家之间的交易成本和市场壁垒，较低但严格为正的贸易成本能引致更强的集聚和弱化无形的市场保护效应；第二是生产要素的流动性，一国区域间的生产要素的流动性要比国家间的更具有活力，这种强流动性能够强化本地市场效应。基于此，他们认为本地市场效应更能决定一国内部产业的空间结构。Davis 和 Weinstein（2003）基于其1996年使用的 OECD 的数据，重新检验了产业发展中的本地市场效应。由于引入了市场进入性变量，并以引力模型估计，得到了与之前不同的结论：虽然比较优势在决定产业结构的广度和质量方面具有重要的作用，但是以规模报酬递增和交易成本为特征的本地市场效应更能对一国的生产的空间结构和贸易产生影响。

　　Davis 和 Weinstein（1996，1999，2003）开创的检验本地市场效应的方法论被后来的大量研究直接采用。这些研究把地区面临的"超常需求"作为一个关键变量引入模型，观察其对地区生产的影响，揭示本地市场效应的存在性及其对产业地区集中的影响。如 Claver et al.（2011）利用西班牙1965—1995年17个地区9个部门的数据，验证了本地市场效应对产业集聚的驱动作用。张帆和潘佐红（2006）利用1997年31个省区19个产业的数据，验证了本地市场效应在决定我国生产的省区间分布起到了显著的作用。范剑勇和谢强强（2010）利用1997年的8个大地区30个部门的数据，检验了本地市场效应对我国制造业集聚的作用机制。冯伟和徐康宁（2012）利用我国2004—2009年29个省区市22个制造业细分行业的面板数据，检验了我国产业发展中的本地市场效应的存在性及其特点。

　　Davis 等开创的实证方法对数据的需求较高，因此还有一些实证研究，采用了较为简洁的办法，直接把反映地区市场进入性的变量引入模型，观察其对生产或贸易的地区结构的影响，检验本地市场效应。如 Redding 和 Venables（2004）采用世界银行提供的1992—1996年101个国家的相关数据，揭示了市场进入性对地区出口量的显著影响。Head 和

Mayer（2004b）利用1984—1995年间日本18个行业的452个企业在欧盟57个地区分布的数据，分别考察了哈里斯型市场潜力（Harris，1954）和克鲁格曼型市场潜力（Krugman，1992）对企业区位选择的影响，发现虽然市场进入性不是决定企业区位选择的全部原因，但的确是其中的一个重要影响因素。国内研究方面，刘修岩等（2007）较早考察本地市场效应的产业集聚机制，他们利用1999—2004年210个地级城市的面板数据，采用工具变量法解决内生性问题后，分析了Harris型市场潜力等因素与制造业空间集聚程度之间的关系，验证了本地市场对制造业空间集聚的显著促进作用。冯伟（2011）利用1998—2009年我国29个省区的面板数据，考察了Harris型市场潜力对工业省际分布的影响，发现本地市场规模对产业集聚具有显著的促进作用。赵增耀和夏斌（2012）利用2004—2010年我国30个省区的面板数据，考察了Harris型市场潜力对工业集聚的影响，发现国内市场潜能和工业集聚之间呈现U型关系，只有当国内市场潜力跨越某一门槛值时，工业空间集聚效应才会显著。王永培（2013）利用1995—2009年间我国31个省区20个两位数制造业的数据，考察了Harris型市场潜力对制造业地区分布的影响，验证了本地市场效应的产业集聚机制。

第三节　产业集聚的经济效应

自Marshall（1890）提出集聚经济的三个微观基础（知识溢出、劳动力共享和中间投入品共享）以来，关于产业集聚与地区经济增长的关系一直是经济学界关注的焦点之一。一方面，正如前文关于产业集聚动力机制的回顾，马歇尔外部性被视为是产业集聚的驱动因素；另一方面，马歇尔外部性又被新增长理论视为经济增长的驱动因素，集聚所产生的知识溢出效应、收益递增等在新经济增长理论模型中被内生化，成为经济增长的重要推动力。总之，产业集聚和经济增长互为因果、相互强化。产业集聚在促进地区经济增长的同时，对地区之间的收入差距会带来怎样的影响？研究者对这个问题的回答并不一致。世界银行2009年的研究报告《重塑经济地理》指出："发展活动并非给所有地区都带来经济繁荣；市场青睐于某些地区，而忽视另一些地区。然而，使生产活动分散化并不一定促进繁荣。经济上取得成功的国家一方面促进生产活动的集中化，另一方面通过实行各种政策来使各地区人民生活水平（包括营养、教育、健康、卫生）平等化。要获得经济集中化和社会平等化这两个方面的效益，就需要采取有利于实现经济一体化的政策行动。"其潜台词很明确：若要实现经济增长，必须促进产业集聚；地区差距因此可能会扩大，所以必须依靠外生的政府力量缩小地区差距。

一 产业集聚对地区经济增长的影响

（一）理论机制

产业集聚与经济增长之间内生互动的关系为大量研究者所证实（Baldwin 和 Forslid，2000；Martin 和 Ottaviano，2001；Fujita 和 Thisse，2003），但是集聚与增长之间互动机制的研究却由于相关的理论难以技术化处理而较为滞后（罗能生等，2009）。一方面，尽管 Marshall 早在 19 世纪就指出了经济活动空间集聚的现象，但是后来的主流经济学一直关注资源、要素、技术等因素对经济增长的作用机制，空间因素未能进入一般均衡的分析框架。其结果是，集聚尽管已经是现代经济活动最为突出的空间特征，仍然为新增长理论所忽视。另一方面，生产活动的地区集中与经济增长之间存在的协同共生关系虽然为经济地理学重视和研究，但是其以描述和归纳为主要特点的分析方法显然无法驾驭不完全竞争和规模收益递增，也就不能很好地将空间因素模型化，并对地区经济增长进行动态分析。

20 世纪 90 年代，新经济地理学兴起，空间因素开始进入主流经济学家的研究视野，被纳入一般均衡的分析框架。新经济地理学以垄断竞争和规模收益递增为基石的分析框架与新增长理论的分析框架是一致的，这就为两个理论体系融合阐释集聚与增长之间的互动机制奠定了基础。90 年代中后期，新经济地理学开始向经典模型引入内生增长机制，把静态模型动态化，解释了产业集聚影响地区经济增长的机制：产业集聚所产生的金融外部性和技术外部性降低了地区创新成本和生产成本，提高了地区生产效率，因而刺激了地区经济增长；由于知识溢出的本地化、贸易成本和规模收益递增，工业部门会继续向市场规模大和创新活动集中的地区集聚。

　　Englmann 和 Walz（1995）把 Romer（1990）及 Grossman 和 Helpman（1991）模型的内生增长机制引入 Krugman（1991a）的中心外围模型，构建了一个两地区、四部门的动态模型，探讨了产业集中的经济增长效应。其中，每个地区都有技能劳动力和非技能劳动力两种生产要素，其中技能劳动力是可流动的，非技能劳动力不具流动性。以劳动力投入生产两种最终产品，分别是传统产品和工业产品。另外，还有一个本地生产者服务部门（不在地区间流动）和一个研发部门。在仅有本地化的知识溢出时，如果一个地区在非贸易的生产者服务业具有初始的优势，这个地区将成为产业集中地区；如果仅有本地化的知识溢出，流动性劳动力会迁往该地区形成产业集中地区，一旦技能劳动力的收益不变，迁移就会停止；在地区之间存在完全的知识溢出时，外围地区可能出现蛙跳式的追赶，所有地区都会实现快速的经济增长。

　　Baldwin 和 Forslid（2000）通过把 Romer（1990）的产品创新型内生增长理论引入 Krugman（1991a）的中心—外围模型，分析了长期经济增长和产业分布的互动机制。其模型中，劳动力在地区工资差异的引导下自由流动。增长理论把人力资本、知识资本以及物质资本视为长期增长的源泉，为了融入内生增长因素，他们向模型中引入了资本要素。资本被视为创新知识的载体，并且因为资本体现为生产设施和设备，故不能在地区间自由流动。分析的结果表明，在贸易成本高的情况下，不仅中心—外围模型中前向联系和后向联系会引发人口流动与产业集聚的累积循环，而且由于地区间没有知识溢出，所以经济增长也成为产业集聚的强化因素。但是，随着地区一体化推进，地区间贸易成本下降，中心地区向外围地区的知识溢出程度提高，因而会促进外围地区的经济增长。因此，长期来看，产业集聚有利于所有地区的经济增长。

　　Martin 和 Ottaviano（2001）融合了 Krugman（1991a）和 Venables（1996）的新经济地理模型与 Romer（1990）及 Grossman 和 Helpman（1991）的新增长模型，分析了集聚与增长之间相互强化的机制。为了专门分析增长对集聚的影响，其模型中劳动力被假设为不仅不在地区间流动,也不在地区内的部门间流动。每个地区都生产同质化和异质化两类产品,所有产品都是最终消费品,但是差异化产品又被作为创新部门的中间投入。由于贸易成本和递增规模报酬的相互作用,差异化产品的生产部门将会向着较大的市场集聚。集聚促进集聚区的经济增长,这是因为节省了交易成本而降低了该地区的创新成本和生产成本;经济增长促进集聚,这是因为随着初期创新者的扩张,新厂商倾向于选址在其邻近地区。集聚与增长之间相互强化的关系被其总结为:那些导致集聚的增长促进集聚。产业集聚意味着所有的知识创新和大部分生产活动将集中在中心地区。然而,随着新厂商持续在中心地区创立,它们中的一些厂商会将生产活动转移向竞争不太激烈的外围地区,从而促进外围地区的经济增长。

Fujita 和 Thisse(2003)使用了 Baldwin 和 Forslid(2000)的相似假设,建立了一个新经济地理动态模型。在他们的模型中,假定研发部门使用熟练劳动和知识资本进行创新,这些创新产品然后作为制造业部门的投入品,并且假定熟练劳动力可以自由地迁移。在这些假定条件下,研发部门是产业集聚力的重要因素,它的地区集中强化了中心—外围模型中的累积循环:所有的研发活动总是集中在一个地区,这个地区也因此会容纳绝对份额的产业份额。这意味着,集聚与增长是相互强化的。集聚的确可以带来更快的经济增长。如果集聚引发的经济增长效应足够强大的话,甚至那些外围地区的福利也可得以改善,尽管中心地区和外围地区的居民之间的绝对收入差距会增大。

Baldwin 和 Martin(2004)将 Grossman 和 Helpman(1991)的内生增长机制引入自由资本模型(FC),探讨了在技术全球化前提下,集聚对经济增长的影响。他们引入了资本生产部门以构建增长模型,其中新知识、新技术等创新因素包含在物质资本内。运用一般均衡的方法比较分析完全资本流动和资本流动受限两类条件下,企业生产的空间分布规律及其对区域经济增长的影响。结果表明,当贸易成本较高时,如果资本流动受限,不管地区初始资本的存量差异,产业将在两地区对称分布。同时,区际经济增长收敛;如果资本完全流动,资本的初始配置决定了产业将向资本充裕地区集聚,资本充裕地区经济增长快于资本缺乏地区。随着贸易成本下降并低于一定的临界值时，不管地区初始资本的存量差异，在资本不能完全流动和资本完全流动两种环境下，都将导致产业在地区间非对称分布（罗能生等，2009）。即资本丰裕地区将集中大多数产业并表现出较高的增长率，资本相对缺乏地区只有少量产业活动，经济增长速度也相对缓慢。

Accetturo（2010）引入拥挤成本（congestion costs）扩展了Fujita和Thisse（2002）的融入了本地化知识溢出和非流动性专利的Rome型内生增长机制的自由企业家模型（FE），其中的一个重要假设是技能劳动力可以自由流动，但是其流动性受通勤成本的影响，通勤成本是随其距中央商务区的距离而递增的线性函数。分析的结果表明，如果中心地区的拥挤严重阻碍了知识创造的话，它就会影响经济体的长期经济增长；只要中心地区的拥挤成本足够大，外围地区的经济增长将加速并开始追赶中心地区；如果拥挤成本严重降低经济体的经济增长速度的话，产业集聚可能并不会导致经济体总体福利的帕累托改进。

（二）实证研究

总体上看，理论研究对产业集聚的经济增长效应基本都持积极和肯定的判断，产业集聚不仅促进了中心地区的经济增长，而且也有利于经济体的经济增长，至少有利于提高经济体的总体福利水平。与理论研究相比，实证研究成果更为丰富。这些研究主要集中在三个方面，即通过考察产业集聚对地区劳动生产率、经济增长率以及知识溢出等的影响，检验产业集聚对地区经济增长的影响。

1. 产业集聚对地区生产率的影响

Ciccone和Hall（1996）考察了1988年美国各州就业密度与劳均州内生产总值的相关性。为了解决集聚与增长的内生性关系，采取了工具变量法估计模型。实证检验的结果揭示了经济活动空间集聚对地区劳动生产率的正向影响：地区就业密度提高一倍可以使劳动生产率提高6%。随后，Ciccone和Hall（2002）又检验了80年代后期的五个欧洲国家共628个Nuts[①]-3尺度地区的就业密度与劳均产出的相关性，在考虑了就业空

[①] Nomenclature of terriforal units of slatislics（简称NUTS）即标准地域统计单元，是欧盟统计局建立的服务于区域统计的经济地域划分系统。

间分布的内生性和空间固定效应后，回归结果显示，劳动生产率对就业密度的弹性为4.5%，要比美国的产业集聚效应小一些，后者的劳动生产率对就业密度的弹性为5%。

Broersma 和 Oosterhaven（2009）以 1990—2001 年荷兰 40 个 Nuts – 3 尺度地区为对象，分别采用水平方程和增长方程，考察了多样化、本地化以及集聚经济对生产率及其变化的影响。结果发现，多样化、本地化和集聚经济对荷兰生产率产生了非常强烈的影响，三种外部性解释了地区生产率及其增长率的近一半的原因。就劳动生产率而言，以就业密度衡量的集聚经济导致了地区生产率增长，就业密度高的地区，生产率的增长率也较高。然而，某地区集聚的生产率效应会被其邻近地区的就业密度效应所降低：如果一个地区被就业密度高的地区包围，该地区就业密度对生产率的提高作用会溢出到其周边地区。因此，如果不考虑周边地区，某地区的集聚经济效应会降低。就劳动生产率的增长而言，集聚也产生了重要影响，但是由于拥挤问题导致的规模收益递减，这种影响却是不利的。即集聚程度高的地区，其生产率的增长率较低。相应地，由于溢出效应，周边地区的就业密度也会降低该地区就业密度对生产率不利影响的程度。这项关于集聚对生产率变化的研究，揭示了产业集聚伴生的拥挤问题对地区增长的影响，非常值得借鉴。

Gardiner et al（2011）利用 1980—2007 年欧盟 14 个国家的面板数据，采用固定效应最小二乘法拟合增长回归模型，考察了产业集聚对地区生产率增长率的影响。他们采用了两个指标衡量产业集聚：一是调整后的地理集中指数（AGC），该指数基于 Spiezia（2002）构造的地理集中指数构建，并以就业量作为计算依据；二是地区经济潜力（EP），以地区 GDP 为计算依据。在区域尺度上，他们分别采用了欧盟 14 个国家的 Nuts – 1、Nuts – 2 和 Nuts – 3 三个尺度的地区。回归结果显示出，在不同的区域尺度上，采用不同的集聚测度指标，产业集聚对劳动生产率增长率的影响存在非常大的差异：经济潜力在所有的情况下都对劳动生产率的增长率产生了显著的正向促进作用；但是，就业地理集中指数在 Nuts – 1 和 Nuts – 2 区域尺度上对劳动生产率的增长产生了显著的不利影响，在 Nuts – 3 区域尺度上对劳动生产率增长的影响方向与理论预期一致，但是在统计意义上并不显著。

与之前许多实证研究采用横截面数据或面板数据不同，Ushifusa 和 Tomohara（2013）采用时间序列数据，以向量自回归模型检验了 1980—2003 年日本北九州市就业密度对生产率的动态影响，结果不仅验证了集聚对生产率的促进作用，也揭示了集聚效应的持续性。该研究发现，集聚对北九州市生产率增长的贡献要大于 Ciccone（1996，2002）研究中得出的集聚对美国和欧洲国家生产率增长的贡献。他们认为，原因可能在于传统制造业导致的环境污染引发了集聚的负外部性，因此降低了欧美产业集聚的生产率效应。然而，因为严格的环境管制，北九州市的环境质量已经大大提高，所以并没有出现产业集聚的负外部性。因此，该研究认为，产业集聚对北九州市经济增长的正向影响仍将继续提高。

国内方面，近年来也有一些研究基于国内省级或地级尺度的区域数据，探讨了产业集聚对生产率的影响。范剑勇（2006）利用 2004 年地级城市和副省级城市的数据，发现大陆地区非农产业劳动生产率对非农就业密度的弹性系数为 8.8% 左右，高于同时期欧美国家的 5% 左右的水平。陈良文等（2008）利用第一次经济普查数据的实证分析表明，劳动生产率与经济密度之间存在显著的正向关系，劳动生产率对单位面积上产出和单位面积上就业的弹性分别为 11.8% 和 16.2%。王良举和陈甬军（2013）的研究认为，就业规模更大的城市中的企业具有更高的生产率，中国城市中存在显著的集聚经济效应。在大部分研究指出我国的产业集聚对生产率带来了正向的促进作用的同时，也有少量的研究揭示了我国东南沿海地区一些制造业行业，尤其是劳动密集型行业过度集聚对生产率的负面影响，如唐根年等（2009，2010）、汪彩君和唐根年（2011）。这些对我国的实证研究基本没有考虑集聚与增长之间的内生互动关系，Ke（2010）对中国城市产业集聚与劳动生产率之间的因果关系研究中，采用了联立方程的方法估计集聚和生产率的决定因素，很好地解决了内生性问题。该研究利用 2005 年我国 617 个城市的数据，采用空间滞后模型分析的结果表明，工业生产的空间集中是我国大的工业城市及其邻近地区城市较高生产率的重要原因，而源自工业生产集中的较高的生产率又导致了这些城市的工业生产的进一步集聚。当控制了工业生产部门的规模以后，该研究发现就业密度对城市生产率产生了负面的影响。

2. 产业集聚对地区经济增长的影响

以上以生产率作为反映经济增长的指标，检验集聚对增长影响的研究非常普遍。与之相比，以国内生产总值反映经济增长，更为直接地考察产业集聚对地区经济增长影响的实证研究比较少。Brülhart 和 Sbergami（2009）分别使用全球样本（105 个国家 1960—2000 年的数据）和欧盟国家样本（16 个国家 1975—2000 年的数据）建立了动态面板数据模型，基于增长回归，以人均 GDP 为经济增长指标，考察了经济集聚对经济增长率的影响。在全球样本中，他们用一个国家 75 万人口以上城市的人口份额和最大城市的人口份额作为经济集聚的代理变量。为了消除内生性问题，采用系统广义矩方法（GMM）拟合模型，结果显示了城市化经济对经济增长显著的正效应。在欧盟内部国家的样本中，他们使用泰尔指数来衡量集聚，并使用差分的广义矩阵方法消除内生性。结果显示，制造业集聚的经济增长效应随着国家收入水平的提高逐渐降低，而金融服务业集聚的增长效应却随着收入水平的提高而上升。另外，所有产业的地理集中比相关产业的集中对于经济增长更为重要（刘修岩，2009）。

孙浦阳等（2011）利用全球范围内 85 个国家 1995—2008 年的面板数据，探讨了国家内部经济活动的空间集聚对于经济增长的影响，其中以考察期内 GDP 的平均增长率衡量经济增长速度。采用基于增长回归的动态面板数据模型，分别以最小二乘法和系统动态 GMM 的估计。结果表明，伴随着国家经济的高速发展，集聚的好处将被削弱，国家在经济增长和区域公平之间的权衡可能会逐渐失去相关性，在最贫穷国家实施抑制集聚的经济政策会对经济增长产生破坏性的影响。潘文卿和刘庆（2012）利用我国 2001—2007 年 31 个省区两位数制造业[①]形成的面板数据，构建了基于增长回归的动态面板数据模型，以系统广义矩阵法估计

[①] 《国民经济行业分类》（GB/T 4754—2017）把制造业分为大类，中类和小类，其代码分别是两位数、三位数和四位数。

模型，揭示了制造业集聚对地区人均GDP增长率的正向促进作用。刘修岩等（2012）利用我国4个直辖市以及186个地级城市1999—2008年的数据，采用动态面板数据模型，以系统广义矩阵法估计模型。结果表明，产业集聚对于人均GDP增长和生产率的增长都具有显著的正向促进作用。但是，集聚与其之间的关系都要受到地区经济发展水平的影响。集聚对于短期内人均GDP的增长具有正向促进作用，但这种作用存在一个临界点，当地区经济发展水平达到一定高度后，集聚的增长效应则转变为负方向。覃一冬（2013）利用我国1991—2010年的省际面板数据，采用工具变量二阶段最小二乘法实证分析了经济活动的空间集聚对经济增长的影响作用。结果表明，空间集聚对经济增长具有显著促进作用，并且该影响作用会随运输成本的降低而削弱。

3. 产业集聚对地区知识溢出的影响

空间集聚的人与人之间、企业与企业之间通过面对面的交流产生新知识、促进知识和技术的流动，从而能够提高地区的生产率。关于产业集聚对地区内知识溢出效应的实证研究并不多见。Koo（2005）利用美国159个大中规模都市区三位数行业①形成的面板数据，估计了集聚对知识溢出的影响。由于产业集聚与知识溢出之间存在着内生相互决定的关系，所以该研究采用了由产业集聚决定模型和知识溢出决定模型组成的联立方程，并以三阶段最小二乘法估计模型。结果验证了集聚与溢出之间的内生关系：知识溢出、劳动力池、投入共享以及人口规模影响产业集聚，同时，产业集聚、专业化、多样化、本地竞争以及产业特性显著影响地区内部的知识溢出水平。国内研究方面，乔彬和李国平（2008）采用了与Koo（2005）相类似的方法，基于我国2002年30个省市七个制造业的数据，估计了产业集聚对地区内知识溢出的影响。结果表明，知识溢出、劳动力汇集、投入变量和人口规模是与产业集聚相关的；在省区单元中，产业集聚、专门化、多样化、当地竞争和产业特性明显影响知识溢出水平。

---

① 标准产业分类法（SIC）采用分层分类对国民经济进行划分，依次为部门、行业组、行业和专行业，分别用一位数、两位数、三位数和四位数编码。

二 产业集聚对地区收入差距的影响

关于地区收入或工资差距的研究，主要有两种流行的范式，即新古典增长理论和与新增长理论有着密切联系的新经济地理学（Fingleton，2006）。新古典增长理论基于外生技术进步和边际收益递减的假设，揭示了地区之间收入或工资收敛的趋势。这方面的研究肇始于 Barro 和 Sala-I-Martin（1990，1991，1992）、Mankiw et al.（1992）以及 Bernard 和 Durlauf（1996）等。新经济地理学将垄断竞争、运输成本和规模收益递增联系起来，在对经济活动空间结构动态演化的分析过程中，也对地区工资差距的形成与演变提供了一个全新的分析框架。Fingleton（2006）通过使用英国的工资数据，对基于新古典增长理论的工资方程和基于新经济地理学的工资方程进行对比检验。结果发现：新经济地理模型拒绝了新古典增长模型的假设，但是新古典增长模型却无法拒绝新经济地理模型。如果必须在两者之中选择一个，新经济地理模型是优先的选择项。即，新经济地理学对地区收入或工资差距的解释力要优于新古典增长理论。

（一）理论机制

关于产业集聚对地区收入差距的研究，大多是在新经济地理学框架下展开的。在其经典模型 Krugman（1991a）的中心—外围模型中，唯一可流动的要素——劳动力正是在地区之间的工资差距的影响下向工资较高的地区流动，引发了工人集中与生产集中的累积循环，导致了一个以制造业为中心、一个以农业为外围的经济空间结构的形成。两地之间的名义工资也在这种累积循环中逐渐扩大。尽管后续研究逐渐放松经典模型过于严格的假设，提高了新经济地理学对现实地区经济演化的解释力，并且 Englmann 和 Walz（1995）、Baldwin 和 Forslid（2000）、Martin 和 Ottaviano（2001）以及 Fujita 和 Thisse（2003）等都在理论上证明了，产业集聚不仅加快了中心地区的经济增长，也有利于外围地区的经济增长，所有地区福利水平都会得到提高，但是这些理论研究都没有得出产业集聚会缩小地区之间收入差距的结论。因此，在新经济地理学框架下，产业集聚更有可能扩大而不是缩小地区收入差距。

Krugman（1992）推导了地区工资的决定方程。关于经济体的假设与 Krugman（1991a）的假设完全一样，经济体由一个制造业部门（雇佣可流动的工人，以规模收益递增技术生产差异化的工业商品）和一个农业部门（雇佣不可流动的农民，以规模收益不变生产同质化的农业商品）构成，所有消费者对两类商品都具有一致的柯布—道格拉斯偏好：

$$U = C_M^\mu C_A^{1-\mu}$$

其中，μ 是制造业商品的消费份额，C_A 是农业商品的消费量，C_M 是对称性的制造业商品品种的组合：

$$C_M = \left[\sum_{k=1}^{K} c_k^{(\sigma-1)/\sigma}\right]^{\sigma/(\sigma-1)}$$

其中，σ 是任何两对制造业商品品种之间的不变替代弹性，c_k 代表第 k 种制造业商品的消费量，K 代表制造业商品的品种数量。由于消费者偏好于消费商品的多样化，随着替代弹性 σ 的提高，增加某种制造业商品消费量的意愿下降。

由于农业部门规模收益不变，若取单位产出的劳动力需求为 1，地区 j 农业部门的农业劳动力雇佣量就等于该地区的农产品产量：$L_{Aj} = Q_{Aj}$。由于制造业部门规模收益递增，其生产成本就由一个固定成本和一个不变的边际成本构成。每种产品的厂商的劳动力雇佣量为 $L_{Mjk} = \alpha + bQ_{Mjk}$。

由于制造业产品的生产遵从规模收益递增，每种制造业产品只在一个地区生产。因此，每个地区并不只是生产相同产品，而是生产差异化的制造业产品组合。而且，每个地区提供的产品种类数量与该地区的制造业劳动力成比例。如果由于人口迁入导致一个地区的劳动力供给量增加，该地区提供的制造业产品数量也将增加。

假设农产品在地区间贸易不用承担交易成本，制造业产品在地区间贸易则要承担"冰川"运输成本，即在运输过程中总有一定比例的产品融化掉，只有一部分进入目的地：$v_{ij} = e^{-\tau d_{ij}}$。其中，$\tau$ 是单位距离的运输成本，d_{ij} 是地区 i 和地区 j 之间的距离。

由于可流动工人的迁移动力来自对更高收入的追逐，他们会由低于平均工资的地区向高于平均工资的地区迁移。均衡状态下，工人就不再

有迁移的动机。如果两个地区之间的真实工资相等,工人将停止迁移:

$$\frac{w_i}{P_i^\mu} = \frac{w_j}{P_j^\mu}$$

其中,w 代表名义工资,P 代表制造业商品的价格指数。真实工资受工业地理分布的影响。制造业集中的地区,对于消费者而言对差异化制造业商品的可进入性强,制造业商品的价格指数因此降低,作为消费者的工人的真实工资提高,成为流动性工人青睐的迁入地(前向联系);同时,更多的消费者集中于该地区,对于制造业厂商而言,可以以更低的贸易成本进入这个消费市场,因此有更多的制造业厂商选址于该地区(后向联系)。地区 j 的制造业商品的价格指数是:

$$P_j = \left[\sum_{i=1}^{J} \lambda_i \left(w_i e^{\tau d_{ij}}\right)^{1-\sigma}\right]^{1/(1-\sigma)}$$

价格指数凸显了运输成本的重要性。在那些大量制造业商品需要从远距离的地区输入的地区,价格指数高。λ_i 代表了地区 i 制造业厂商的份额(因此也是制造业产品的生产份额)。在均衡状态下,地区 j 的工资率为:

$$w_j = \left[\sum_{i=1}^{J} Y_i \left(P_i e^{-\tau d_{ij}}\right)^{\sigma-1}\right]^{1/\sigma}$$

其中,Y_i 是地区 i 的收入,反映了地区的购买力,也可以以消费总支出衡量。这个名义工资方程是新经济地理学关于工资空间结构研究的基本方程。地区 j 的名义工资随着该地区及其周边地区收入(购买力)的增加而提高,随着进入周边地区的距离的增加而下降,随着周边地区的制造业商品价格指数的提高而提高。

这个名义工资方程实际上也是一个修正了的市场潜力方程。可以看到,地区 j 的名义工资取决于所有可进入地区 i 的购买力的加权求和,其中权重是一个随地区 j 和地区 i 之间距离递减的函数。这种关系与 Harris 市场潜力函数的内涵是一致的,但是与 Harris 市场潜力函数不同的是,价格指数也进入了这个修正的市场潜力方程中,这反映了来自周边地区生产者的竞争效应。这个市场潜力函数被 Head 和 Mayer(2004a)称为真实市场潜力(Real Market Potential,RMP),相应地,Harris 型市场潜力函数就是名义市场潜力（Normal Market Potential，NMP）。市场潜力的概念意味着一个地区对工人和厂商的吸引力取决于其消费市场的进入性。名义工资方程也反映了新经济地理模型的一个主要假说：市场潜力提高要素价格（Head 和 Mayer，2004a），对这个假说的检验也就成为检验新经济地理学模型的一个主要方向。

（二）实证研究

在新经济地理学框架下，最早对产业集聚的工资空间结构效应的研究始于 Hanson（1998，2005）。Hanson（1998，2005）基于 Helpman（1998）的模型推导了地区的工资决定方程。Helpman 模型与 Krugman（1991a）模型的总体结构相似，主要的不同是关于不可流动要素的假设，Krugman 模型中的农民是不可流动要素，而 Helpman 模型中的不可流动要素是住房。实证检验部分，Hanson（1998，2005）采用美国 1970 年、1980 年和 1990 年 3075 个县的数据，通过建立关于名义工资与市场潜力以及空间距离之间关系的计量模型，发现工资水平与市场潜能存在着显著正相关。采用 Hanson（1998）的基本模型和方法，Mion（2004）对 1991—1998 年意大利 Nuts-3 尺度区域的实证分析，揭示了地区工资与市场潜力的显著正相关性；Brackman et al（2004）利用德国 114 个城市和 32 个村构成的横截面数据，分析了工资水平空间分布的影响因素，支持了新经济地理学的理论判断。Niebuhr（2006）直接根据 Krugman 模型推导的地区工资决定方程，利用欧洲 1995—2000 年 185 个地区数据构成的面板数据的分析结果验证了市场潜力对地区工资正向影响。Moreno-Monroy（2011）利用中国 2005 年 230 个地级市的数据验证了新经济地理模型对工资地区差距的解释力，但是市场潜力对不同地区工资的影响差异很大，在那些经济核心地区如北京、上海和广东及其毗邻地区，市场潜力对工资的正向影响较高。

尽管大部分实证研究验证了市场进入性与地区工资水平的显著正相关，但是也有研究指出这种关系的不确定性。Paredes 和 Iturra（2012）利用智利 2009 年 344 个社区构成的横截面数据，估计了名义市场潜力对工资空间结构的影响。结果表明，对于不同的地区而言，市场潜力对工资的影响方向和程度存在显著的差异。总体上看，市场潜力并不是地区工资的决定性因素：第一类地区，主要是都市区邻近地区，市场潜力对工资虽然显著为正但是弹性很低；第二类地区，市场潜力的影响并不显著；第三类地区，市场潜力与工资水平之间呈现显著的负相关。他们认为，新经济地理模型并不足以解释工资的空间差异。

国内的经验研究方面，尽管关于地区工资差距的研究非常丰富，但是基于新经济地理学框架探讨产业集聚对工资差距影响的研究还较为缺乏，实证分析的方法也还比较简单。其中，有研究基于 Hanson（2005）等的思路和方法，揭示了产业集聚对我国地区收入差距的影响。王小勇（2006）运用1997—2004年我国省级面板数据，检验了新经济地理学的空间工资结构理论，揭示了名义市场潜力对我国工资结构的显著影响。刘修岩等（2007）利用我国1998—2004年地级面板数据，研究了名义市场潜力与地区工资水平之间的关系，揭示了地区市场潜力对工资水平显著的正向影响。杨仁发（2013）利用2003—2010年我国269个地级及以上城市的数据，考察了产业集聚对我国工资差距的影响。除了名义市场潜力外，还引入了地区产业集聚水平和共生集聚水平变量反映产业集聚水平，以更为直接地分析产业集聚对地区工资的影响。研究结果表明，名义市场潜力与地区工资水平存在显著的正相关关系，但是制造业集聚变量对我国地区工资存在显著的负向影响。作者认为，在我国制造业集聚尚未产生拥挤效应背景下，对工资的负面影响可能源于我国制造业的劳动密集型现状以及附加值较低。

另外的一些研究，只是基于新经济地理学关于产业集聚提高地区工资水平的判断，直接把产业集聚水平引入实证模型，并未考虑市场进入性变量，得出的结果也有很大的分歧。王海宁和陈媛媛（2010）利用2004年我国30个省区的36个工业行业数据，考察了产业内集聚和产业间集聚对工资的影响，发现只有产业内集聚可以显著地提高工资水平，而产业间集聚对工资的影响不显著。张文武和梁琦（2011）利用我国1990年、2000年和2007年省级区域的面板数据进行的研究表明，人力资本集中是产业集聚形成的重要因素，人力资本集中度上升会提高地区收入水平；各省市的人力资本分布不均衡有可能导致地区收入差距的进一步扩大。谢里等（2012）以1999—2008年我国29个省区制造业数据构成的面板数据,研究了产业集聚对地区收入差距的影响。结果表明,全国整体层面和东部地区的产业集聚水平提高将有利于缩小地区收入差距,而中部和西部两大地区的产业集聚水平提高将扩大地区收入差距。麻昌港和蒋伏心(2013)对1993—2009年我国省区的分析得出了产业地理集中缩小地区收入差距的结论。

第四节 本章小结

人口流动与产业集聚相互强化是经济空间结构演化的基本动力,已是学术界的共识,相关成果为本书提供了理论与方法上的支持。但是,该领域的研究亟须结合中国经济的特性继续丰富和完善。研究内容上,需要加强相关的理论与实证研究:人口流动对劳动力池形成和发展的影响;人口流动对本地市场效应的影响;产业集聚对人口流动的驱动机制;人口与产业空间匹配性的理论内涵、对区域经济增长和地区收入差距影响的理论解释及实现途径。研究方法上,在分析技术方面,需要基于对时空数据的深度挖掘,纳入空间因素,分析人口和产业的空间分布模式、过程、趋势和空间关联机制。在数据获取方面,需要缩小区域尺度,提高实证分析的精确度。

第三章

湖北省县域工业发展的时空格局

第一节 湖北省区域经济的总体格局

湖北省踞长江中游，洞庭湖以北，东邻安徽，南接江西、湖南，西连重庆、四川，北靠陕西、河南。全省面积18.59万平方千米，占我国大陆土地面积的1.94%。作为中部的中枢，湖北省的经济区位优越，素有"九省通衢"的美誉。湖北省国民经济发展水平较高。2015年，全省地区生产总值29550.19亿元，占全国GDP的4.08%，位居全国第九，中部地区排名第二；全省人均国内生产总值50654元，略高于全国平均水平，位居全国第十三，中部地区排名第一；非农产业增加值占国内生产总值份额达到88.80%，工业增加值占国内生产总值份额达到45.70%。总体上达到工业化中期水平。

一 湖北区域经济发展的战略背景

国家区域发展战略一直是影响湖北省区域经济发展的重要因素。改革开放至20世纪90年代末期，中国总体上推行的是以沿海地区开放开发战略为标志的区域非均衡发展战略。其间，身居中国内地腹心的湖北省在全国的经济地位逐渐下降，地区生产总值占全国国内生产总值的份额由1979年的4.64%持续降低至2003年的3.50%。从2000年起，国家区域发展战略出现重大转向，促进区域协调发展成为区域战略的重要方向，先后制定和实施了西部大开发战略（2000年）、振兴东北地区等老工业基地战略（2002年）和促进中部地区崛起战略（2004年）。国土开发格局相应地由沿海先行进入沿海沿江并重时代,而沿江发展战略也由长三角地区向整个长江流域推进(秦尊文,2012,p.20)。

在国家大力实施区域均衡发展战略的背景下,湖北省经济总量规模快速增长,经济发展水平快速提高。2000年至2013年期间,湖北省地区生产总值由3545.39亿元增加至24668.49亿元,按不变价计算,年均增长11.97%,较同期内全国生产总值9.95%的年均增长率高出2.02个百分点;全省人均地区生产总值由6293.41元增加至42612.7元,按不变价计算,年均增长11.72%,较同期全国人均国内生产总值9.34%的年均增长率高出2.38个百分点。湖北省的经济地位逐步回升,地区生产总值在全国国内生产总值的份额由2003年的3.50%持续提高至2013年的4.34%。当前,国家正大力实施新型城镇化和新型工业化战略,长江经济带建设和长江中游城市群建设也已经付诸实施,湖北省正向中部地区国家增长极的发展目标迈进。

(一) 中部地区崛起战略

中部地区包括山西、安徽、江西、河南、湖北、湖南中部六省区,国土面积102.75万平方千米,占全国国土总面积的10.7%。早在20世纪80年代中后期,以夏振坤、张培刚等为代表的学者就开始提出"中部崛起"战略(秦尊文,2005)。1988年12月,湖北省第五次党代会提出湖北省要奋力在中部崛起。之后,随着国家先后实施浦东开发战略(1992年)、西部大开发战略(2000年)以及振兴东北老工业基地战略(2002年)等,中部地区塌陷的态势日益明显。在这样的背景下,中部崛起的呼声越来越高,终于引起国家高层的重视。2004年3月,温家宝总理在全国人大十届二次会议上所作的政府工作报告中首次明确提出要"促进中部地区崛起"。

2006年4月国务院出台了《关于促进中部地区崛起的若干意见》,指出中部地区要建设成为"全国重要的粮食生产基地、能源原材料基地、现代装备制造及高技术产业基地和综合交通运输枢纽",在发挥承东启西和产业发展优势中崛起,实现中部地区经济社会全面协调可持续发展。自此,促进中部地区崛起战略由地区战略上升为国家战略。2009年9月23日,国务院常务会议通过《促进中部地区崛起规划》,2012年7月25

日，国务院常务会议通过《国务院关于大力实施促进中部地区崛起战略的若干意见》，提出："引导人口和产业集聚发展，促进经济合理布局。重点推进太原城市群、皖江城市带、鄱阳湖生态经济区、中原经济区、武汉城市圈、环长株潭城市群等重点区域发展，形成带动中部地区崛起的核心地带和全国重要的经济增长极。"①

作为中部的中枢，湖北历来都是承担国家战略的中心区域。其"居中通衢"的区位优势在中部崛起战略大力推进的背景下重新彰显，湖北被视为促进中部地区崛起的关键区域和战略枢纽。2005年8月，时任总书记、国家主席胡锦涛考察湖北时就强调："要全力以赴推动经济社会发展上台阶，使湖北真正成为促进中部地区崛起的重要战略支点。"2013年7月，习近平总书记在湖北调研时提出："把湖北建设成为中部地区崛起重要战略支点，在转变经济发展方式上走在全国前列"。"中部崛起战略支点"，是党中央从国家战略层面对湖北省发展的科学定位，是湖北省肩负的崇高历史使命。"建成支点、走在前列"，在2013年10月召开的湖北省委十届三次全体（扩大）会议上被确定为湖北省社会经济发展的最高战略和目标。所谓支点，就是国家战略的重点、着力点，国家政策杠杆的"撬点"；中部崛起重要战略支点的战略定位，意味着把湖北省建设成为中部地区国家增长极的必要性和紧迫性。

（二）长江经济带战略

长江经济带覆盖上海、江苏、浙江、安徽、江西、湖北、湖南、重庆、四川、云南、贵州11省市，面积约205万平方千米。长江经济带横跨我国东中西三大区域，具有独特优势和巨大发展潜力。长江经济带战略构想从20世纪80年代就开始被提出，当时的重要代表人物之一是国务院发展研究中心原主任马洪，他在80年代初提出我国"一线（沿海一线）一轴（长江）"战略构想。随后，中国生产力经济学会提出"长江产业密集带"战略构想，称其是以长江流域若干超级城市或特大城市为中心，通过辐射、联结各自腹地的大中小型城市和农村组成经济区。

---

① 中华人民共和国中央人民政府：《国务院关于大力实施促进中部地区崛起战略的若干意见》，http：//www.gov.cn/zhengce/content/2012-08/31/content_1147.htm。

1984年9月，陆大道在乌鲁木齐"全国经济地理与国土规划学术讨论会"上作了"2000年我国工业生产力布局总图的科学基础"的报告，初步提出"点—轴开发"理论，将"海岸经济带"和"长江经济带"构成的"T"字型轴线作为构成我国国土开发和经济布局的宏观战略（陆大道，1986）。1985年5月至1987年，当时的国家计委组织编制了《全国国土总体规划纲要》，作为未来15年中国国土开发和经济布局基本框架的"T"字型战略被明确地写进了"纲要"（陆大道，2014）。

然而，改革开放以来，我国大力推进以出口导向型为主的外向型经济发展战略。在这一战略背景下，沿海地区由于对海外市场具有较高进入性，成为我国区域开发和经济布局的重点区域。沿海优先发展成为我国基本的区域战略，沿海经济带的经济实力快速提高，长江经济带的整体开发和发展则遭到严重忽视。其间，虽然在20世纪90年代，随着浦东开发和三峡工程建设等重大决策的相继实施，国家提出发展"长江三角洲及长江沿江地区经济"的战略构想，但是，强调以浦东开发、三峡建设等大型工程为发展契机，重点是发挥上海对流域其他地区或城市的辐射带动作用，长江流域的整体开发并没有被很好地启动，长江经济带基本上淡出了人们的视野。

21世纪以来，随着国际政治经济环境的变化、我国社会经济结构的变迁以及国内地区经济差距的持续扩大，以投资和出口拉动经济增长的外向型经济模式的不可持续发展问题日益突出。扩大内需，发挥内需拉动经济增长的作用，逐渐成为我国经济战略的主导方向。2010年10月，党的十七届五中全会通过的《中共中央关于制定国民经济和社会发展第十二个五年规划的建议》提出："坚持扩大内需特别是消费需求的战略，必须充分挖掘我国内需的巨大潜力，着力破解制约扩大内需的体制机制障碍，加快形成消费、投资、出口协调拉动经济增长新局面。"在这样的背景下，长江流域整体开发和发展的必要性不言而喻，这是因为长江流域经济腹地广阔，中上游地区蕴含着巨大的内需潜力。因此，2012年党的十八大以后，长江经济带发展战略快速上升为国家区域战略。

2012年12月，李克强副总理视察江西九江，强调重视长江地区发展。2013年3月，李克强总理视察上海，勉励上海港发挥长江黄金水道的龙头作用，辐射带动沿江港口和中上游腹地发展。2013年7月，习近平总书记视察湖北时指出："长江流域要加强合作，发挥内河航运作用，努力把全流域打造成黄金水道。"2013年9月21日，李克强总理在发改委呈报件上批示："依托长江这条横贯东西的黄金水道，带动中上游腹地发展，促进中西部地区有序承接沿海产业转移，打造中国经济新的支撑带"。2013年9月23日，国家发改委会同交通部在北京召开《依托长江建设中国经济新支撑带指导意见》研究起草工作动员会议。2014年3月5日，国务院总理李克强在《政府工作报告》中提出，"把培育新的区域经济带作为推动发展的战略支撑"，"依托黄金水道，建设长江经济带"。2014年4月25日，中共中央政治局会议提出"推动京津冀协同发展和长江经济带发展"。2014年4月28日，李克强总理在重庆召开长江经济带11省市座谈会，研究依托黄金水道建设长江经济带问题。2014年9月25日，国务院正式发布《国务院关于依托黄金水道推动长江经济带发展的指导意见》，指出"依托黄金水道推动长江经济带发展，打造中国经济新支撑带，是党中央、国务院审时度势，谋划中国经济新棋局作出的既利当前又惠长远的重大战略决策"。2014年12月，中央经济工作会议指出，要完善区域政策，促进各地区协调发展、协同发展、共同发展；要重点实施"一带一路"、京津冀协同发展、长江经济带三大战略。

（三）新型城镇化战略

改革开放以来，在经济快速发展的推动下，中国城市化水平快速提高。全国人口城镇化率由1978年的18%提升至2012年的52.57%，年均提升约1个百分点，进入了以城市社会为主的新阶段（宁越敏，2014）。尤其在1995年以后，城镇化水平年均提升1.3~1.5个百分点，远高于同等城镇化水平时期西方发达国家的城镇化增速。然而，我国城镇化进程中的问题依然严峻，主要表现为"低的初级成本、低的发展质量"两方面（王凯，2013）。低的初级成本体现在通过廉价的土地要素、劳动力要素投入来换取工业化资本。低的发展质量主要体现在：基本公共服务没有覆盖所有的城镇常住人口；城乡差距和地区差距持续扩大，城镇化的社会成本日益提高；城镇粗放开发建设，能源资源消耗巨大，生态环境问题日益突出。

从 2003 年党的十六大开始，中央逐渐明晰新型城镇化的发展思路，从"走中国特色城镇化道路"到党的十八大明确新型城镇化的发展路径，新型城镇化已达到理论的集大成。2014 年 3 月，中共中央、国务院印发《国家新型城镇化规划（2014—2020 年）》，标志着新型城镇化正式由概念变为行动，新型城镇化进入全面建设阶段。2003 年 10 月，党的十六大报告首次明确提出新型城镇化的雏形——"走中国特色城镇化道路"，并将大中城市与小城镇的协调发展作为其初步内涵。2005 年 10 月全国人大十六届五中全会通过的《中共中央关于制定国民经济和社会发展第十一个五年规划的建议》第一次使用"工业化、城镇化、市场化、国际化"概念，将新型城镇化摆到了国家战略的层面，奠定了新型城镇化的地位。2007 年 10 月，党的十七大报告将新型城镇化列入"新五化"范畴，全国新城镇建设进入崭新阶段，明确了新型城镇化的内涵，提出了新型城镇化的指导思想与建设路径。

2011 年 3 月发布的"国民经济和社会发展第十二个五年规划纲要"提出：坚持走中国特色城镇化道路，科学制定城镇化发展规划，促进城镇化健康发展。新型城镇化开始全面指导全国城乡建设。2012 年 11 月，党的十八大报告肯定了新型城镇化的建设成果，指出"城镇化水平明显提高，城乡发展协调性增强"，并提出"坚持走中国特色新型工业化、信息化、城镇化、农业现代化道路，推动信息化和工业化深度融合、工业化和城镇化良性互动、城镇化和农业现代化相互协调，促进工业化、信息化、城镇化、农业现代化同步发展"。党的十八大报告肯定了新型城镇化、信息化、新型工业化及农业现代化的新四化道路，并为未来新型城镇化与信息化、新型工业化、农业现代化的综合协调发展提供了明确的方向。

2014 年 3 月，作为指导全国城镇化健康发展的宏观性、战略性、基础性规划——《国家新型城镇化规划（2014—2020 年）》[①] 正式发布，指出要"紧紧围绕全面提高城镇化质量，加快转变城镇化发展方式，以人的城镇化为核心，有序推进农业转移人口市民化；以城市群为主体形态，

---

① 国务院印发《国家新型城镇化规划（2014—2020 年）》，http://www.gov.cn/gongbao/content/2014/content_ 2644805.htm。

推动大中小城市和小城镇协调发展；以综合承载能力为支撑，提升城市可持续发展水平；以体制机制创新为保障，通过改革释放城镇化发展潜力，走以人为本、四化同步、优化布局、生态文明、文化传承的中国特色新型城镇化道路，促进经济转型升级和社会和谐进步"。

《国家新型城镇化规划》提出要优化城镇发展格局，"加快培育成渝、中原、长江中游、哈长等城市群，使之成为推动国土空间均衡开发、引领区域经济发展的重要增长极"。其中，长江中游城市群是以武汉城市圈、环长株潭城市群、环鄱阳湖城市群为主体形成的特大型城市群，国土面积约31.7万平方千米，2014年实现地区生产总值6万亿元，年末总人口1.21亿人，分别约占全国的3.3%、8.8%、8.8%。长江中游城市群承东启西、连南接北，是长江经济带的重要组成部分，也是实施促进中部地区崛起战略、全方位深化改革开放和推进新型城镇化的重点区域，在我国区域发展格局中占有重要地位。①

根据《国家新型城镇化规划》《国务院关于大力实施促进中部地区崛起战略的若干意见》关于"鼓励和支持武汉城市圈、长株潭城市群和环鄱阳湖城市群开展战略合作，促进长江中游城市群一体化发展"的精神和《国务院关于依托黄金水道推动长江经济带发展的指导意见》，《长江中游城市群发展规划（2015—2020）》已经编制完成，其对武汉城市圈的发展定位为："全国重要的综合交通运输枢纽、先进制造业和高技术产业基地、中部地区现代服务业中心。"该规划的实施，对于促进武汉城市圈新型城镇化发展、促进武汉城市圈一体化、优化湖北省区域经济空间结构以及城镇体系结构具有深远影响。

二 "两圈两带"的区域经济格局

"两圈两带"是湖北省区域经济发展的宏观格局。这一格局的形成是湖北省区域经济差异的客观结果，也是湖北省促进区域经济格局优化和区域经济一体化的主观推进的结果。所谓"两圈两带"是指武汉城市圈、鄂西生态文化旅游圈、湖北长江经济带和湖北汉江生态经济带，覆盖全

---

① 《长江中游城市群发展规划》。

省，构筑起圈圈互动、圈带互动的区域发展格局。其中，武汉城市圈是长江中游城市群一体化的发动机，是湖北"建成支点、走在前列"的主要支撑，是实施"两圈两带"战略的龙头；鄂西生态文化旅游圈是湖北区域协调发展的重要补充；湖北长江经济带是体现流域特色、是国家长江经济支撑带的重要组成部分；湖北汉江生态经济带是对接湖北长江经济带、融入长江经济支撑带的重要抓手。[①]

（一）武汉城市圈

武汉城市圈由湖北省东部地区的武汉、黄石、鄂州、孝感、黄冈、咸宁、仙桃、潜江和天门九个城市构成，土地面积5.8052万平方千米，2015年常住人口3120.62万人，地区生产总值18535.51亿元，分别占全省的31.22%、53.33%和59.68%。人均GDP 59699元，是全省人均GDP平均水平的1.18倍，是湖北省人口和非农经济活动集中程度较高的地区。武汉城市圈长期作为国家粮棉油主产区之一，形成了较坚实的农业基础；初步建成了门类较齐全，以钢铁、汽车、电子信息、装备制造、轻纺、建材、化工为主的现代工业体系；以物流、现代商贸、信息通信、房地产、旅游和文化产业为主的现代服务业已初具规模。

武汉城市圈作为官方战略发端于21世纪初。2001年，湖北省社科院专家陈文科、秦尊文等提出武汉城市圈理念，得到了湖北省、武汉市政府的高度重视。其后，在湖北省以及圈内九个城市政府的支持下，湖北省社科院、湖北省政府发展研究中心、武汉市政府研究室等智囊机构的专家学者密集开展了武汉城市圈的系列研究。2004年4月，中共湖北省委办公厅、湖北省人民政府办公厅转发《省发展改革委员会关于加快推进武汉城市圈建设的若干意见》，标志着武汉城市圈不仅被正式定名，而且从研究论证阶段进入了全面推进实施阶段。2006年4月国务院出台的《关于促进中部地区崛起的若干意见》将武汉城市圈列为四个重点发展的城市群之首，表明武汉城市圈已经上升至国家决策层次。2007年12月，武汉城市圈被批准为"全国资源节约型和环境友好型社会建设综合配套改革试验区"，标志着武汉城市圈上升为国家区域战略（秦尊文，2012，

---

① 引自秦尊文于2015年4月16日在中南民族大学所作的学术报告。

pp.18-19)。

2007年12月，《武汉城市圈总体规划（2006—2020）》经湖北省政府审定通过，将武汉城市圈的发展定位为：以长江经济带为主轴的东中西部互动发展的关键接力点与推进器，内陆地区的先进制造业高地和现代服务业基地以及中部崛起的重要战略支点。2014年2月，国家发改委批复《武汉城市圈区域发展规划（2013—2020）》，要求努力把武汉城市圈建设成为"全国'两型'社会建设示范区、全国自主创新先行区、全国重要的先进制造业和高技术产业基地、全国重要的综合交通运输枢纽、中部地区现代服务业中心和促进中部崛起的重要增长极"。

近年来，基于产业历史基础和比较优势，武汉城市圈圈域城市间工业生产的地域分工体系正在形成，工业一体化程度逐步提高。其中，武汉市为圈域工业的核心增长极与辐射极，重点发展以汽车、钢铁、石油化工、装备制造、轻纺为主体的先进制造业，以电子信息、生物工程与新医药、光机电一体化、新材料及环保产业为主体的高技术产业。黄石市为圈域工业的副中心，重点改造提升冶金、建材、能源等传统产业，培育壮大装备制造、纺织服装、食品饮料、化工等具有一定基础和发展潜力的接续产业，重点发展机电一体化、电子信息、生物制药等高新技术产业。其他七个城市为圈域次中心，其中，鄂州在重点发展钢铁及深加工、医药、建材（水泥）、精细化工、专用机械的同时，积极发展食品、服装、包装等轻型加工工业；黄冈市区重点发展食品饮料、纺织服装、汽车零部件、化工医药等行业；孝感市区重点发展机电、汽车零部件、纺织、食品、金属制品。咸宁市区重点发展绿色食品饮料、新材料、汽车配件、电气电缆及苎麻纺织和生物医药等；仙桃市区在提升纺织服装、无纺布与医用卫材优势的基础上，积极发展医药化工、食品加工、机械电子和汽车零部件等行业；潜江以发展纺织服装、化工、医药、汽车零部件为方向；天门重点发展纺织服装、食品、化工、医药、机电等轻型加工工业。

（二）鄂西生态文化旅游圈

鄂西生态文化旅游圈由湖北省中西部地区的襄阳、荆州、宜昌、十堰、荆门、随州、恩施、神农架八个市州林区构成，土地面积12.7909万平方千米，2015年常住人口2730.88万人，地区生产总值12523.03亿元，分别占全省的68.78%、46.67%和40.32%。人均GDP 45874元，为全省人均GDP平均水平的90.56%。由于受地理环境、交通制约、产业分布等因素的影响，鄂西生态文化旅游圈集老、少、山、边、库区为一体，经济社会发展相对滞后。

鄂西生态文化旅游圈作为官方战略的提出晚于武汉城市圈。2008年7月10日，湖北省委省政府在恩施州召开支持民族地区经济社会发展现场办公会议，时任省委书记罗清泉提出了"鄂西生态文化旅游圈"的概念，范围是以恩施州为核心，包括宜昌和神农架。7月12日，在武汉召开的"湖北旅游发展高层论坛"上，时任省长李鸿忠宣布在加快武汉城市圈一体化发展的基础上，强力打造"鄂西生态文化旅游圈"，其范围扩大到了整个中西部地区的八市州林区（秦尊文，2012，p.19）。鄂西圈发展战略决策的提出，对于发挥湖北省中西部地区比较优势，促进湖北省区域经济协调发展具有非常重要的现实意义。2009年3月，湖北省发改委编制的《鄂西生态文化旅游圈发展总体规划（2009—2020）》正式发布，确立了鄂西圈的建设目标为：通过实施和谐共生、交通先行、绿色主导和品牌引领四大战略，将鄂西圈建成国家生态文化旅游示范区，打造成为生态、文化、旅游和经济社会整体协调发展的"国家典范"。

近年来，鄂西圈经济规模逐步发展壮大，产业结构调整成效显著，产业竞争力明显增强，具有比较优势的电力、汽车、化工、建材、生物医药、特色农业等产业发展格局已经逐步建立。按照圈域现有的产业要素集聚和比较优势，正在建设和形成四大产业区（带），圈域内产业地域分工逐渐清晰化，地区一体化程度逐步提高。一是十襄随汽车工业走廊，即十堰、襄樊、随州的汽车及零部件制造业集群；二是宜荆（门）电力化工产业带，即宜昌、荆门的电力、化工产业集群；三是荆荆襄随现代农业产业区，即荆州、荆门、襄樊、随州的现代农业和农产品深加工产业带；四是宜恩神特色生态产业区，即宜昌、恩施、神农架的特色生态农业、生态林业、生态工业区。

(三) 湖北长江经济带

湖北省踞长江中游，交通枢纽地位突出，是长江经济带发展重要的战略区域。湖北长江经济带包括武汉、黄石、宜昌、荆州、鄂州、黄冈、咸宁、恩施八市州的48个县市区。在20世纪八九十年代长江经济带开放开发的基础上，2008年12月湖北省委九届五次全会提出"要加快湖北长江经济带新一轮开放开发"，自此，湖北长江经济带一线成为全省区域战略布局的主要空间轴线。当前，湖北省正在充分利用国家长江经济带战略提供的机遇，谋划区域经济跨越式发展。

2015年1月，湖北省政府工作报告提出："努力把湖北省长江经济带打造成引领未来发展的强大引擎，使之成为我国经济发展格局中最具发展潜力和生机的新的增长点。"2015年5月29日，湖北省政府发布《湖北省人民政府关于国家长江经济带发展战略的实施意见》，明确湖北省在长江经济带中的发展目标为"承东启西、连南接北的'祖国立交桥'""长江中游核心增长极""内陆开放合作新高地"以及"全国生态文明建设先行区"，提出提升长江中游黄金水道功能、完善长江中游综合立体交通体系、建设产业转型升级支撑带等七个方面的重点任务。长江经济带战略湖北路径正式出炉，长江经济带随之将成为湖北省区域经济空间格局的主轴。

（四）湖北汉江生态经济带

湖北汉江生态经济带是长江经济带的重要组成部分，是湖北省区域经济发展的另一条重要空间轴线。湖北汉江生态经济带覆盖十堰、神农架、襄阳、荆门、随州、孝感、天门、潜江、仙桃、武汉十市（林区）的39个县（市、区），土地面积6.3万平方千米，占全省面积的33.89%。2013年常住人口2236.28万人，地区生产总值10544.9亿元，社会消费品零售总额5042.79亿元，出口贸易总额59.48亿美元，分别占全省的38.6%，42.7%、48.2%和26%。

近年来，汉江生态经济带逐渐成为全省的汽车工业走廊和新兴工业基地。南水北调中线工程实施后，汉江流域湖北段的社会经济发展一直是国家和湖北省关注的焦点。2013年，湖北省社科院专家提出重点进行汉江经济带研究，得到时任省委书记李鸿忠同意批示。2013年10月，湖北省委十届三次会议正式提出，积极推进汉江生态经济带开放开发，推动湖北省"两圈两带"区域发展格局的形成。2015年4月，《湖北汉江生态经济带开放开发总体规划（2014—2025 年）》编制完成，汉江生态经济带整体开放开发进入一个新阶段。

三 "一主两副"的城市空间格局

"一主两副"指的是湖北省以武汉市为省域中心城市、以襄阳市和宜昌市为两个省域副中心城市的总体格局的城镇体系。"一主两副"是对湖北省区域社会经济极化发展特征的抽象概括，是湖北省城镇化水平地域差异的客观结果。湖北省区域经济发展不均衡程度非常高。总体上看，武汉市"一家独大"的现象长期存在，直接导致鄂东地区经济发展水平高于鄂西地区。在鄂西地区，鄂西北的襄阳市和鄂西南的宜昌市社会经济发展速度较快，近年来的社会经济发展水平在17个地市州的排名仅次于武汉市（表3—1），成为鄂西地区的两个中心城市。

可以看到，2015年武汉、宜昌和襄阳的地区生产总值分别达到10905.60亿元、3384.80亿元和3382.12亿元，分别占全省GDP的35.11%、10.90%和10.89%；三市规模以上工业总产值分别为12862.95亿元、5714.37亿元和5879.06亿元，分别占全省规模以上工业总产值的28.08%、12.47%和12.83%。武汉市的社会经济指标基本大多占全省总量的1/3以上，作为全省经济中心、经济增长极的地位是非常明显的。宜昌和襄阳两市合起来的总量也维持在全省总量的1/5及以上，如果置于鄂西地区的背景考察的话，两市的地区生产总值占鄂西生态文化旅游圈的份额分别为27.03%和27.01%，作为鄂西地区的中心性城市实至名归。

表3—1　　　"一主两副"城市在湖北省的社会经济地位

		武汉		宜昌		襄阳	
		2000年	2015年	2000年	2015年	2000年	2015年
常住人口	总量（万人）	831.26	1022.00	414.93	411.50	565.67	561.40
	占全省份额%	13.97	17.62	6.97	7.03	9.51	9.59
	全省排名	1	1	6	6	4	4

续表

		武汉		宜昌		襄阳	
		2000年	2015年	2000年	2015年	2000年	2015年
地区生产总值	总额（亿元）	1206.84	10905.60	379.39	3384.80	415.29	3382.12
	占全省份额%	28.22	35.11	8.87	10.90	9.71	10.89
	全省排名	1	1	3	2	2	3
规模以上工业总产值	总额（亿元）	904.41	12862.95	197.87	5714.37	267.04	5879.06
	占全省份额%	29.51	28.08	6.46	12.47	8.71	12.83
	全省排名	1	1	5	3	2	2
社会消费品零售总额	总额（亿元）	603.06	5102.24	139.03	1089.47	142.41	1165.10
	占全省份额%	33.70	36.50	7.77	7.79	7.96	8.34
	全省排名	1	1	4	3	3	2

资料来源：《湖北省统计年鉴》（2001，2016）。

武汉、宜昌、襄阳的极化发展，一方面导致了省域内区域经济差异扩大，另一方面也必须认识到三市有可能产生的辐射作用。如何发挥区域经济增长极的带动作用，促进区域经济协调发展，是亟须解决的问题。在这样的背景下，"一主两副"也逐渐成为湖北省协调区域经济发展，发挥增长极辐射带动区域经济增长的基本战略布局。作为全省的区域发展战略，"一主两副"的城镇化空间格局已经远远超越了三个城市自身的范畴，而上升为一个覆盖全省的、以中心城市辐射带动区域发展的整体战略，即构建以武汉为省域中心城市，带动宜昌和襄阳两个省域副中心城市发展，依托"一主两副"三个增长极分别发展武汉城市圈、宜（昌）荆（州）荆（门）城市圈、襄（阳）十（堰）随（州）城市带三个城市群，再以这三个城市群带动全省发展，进而使湖北成为促进中部崛起的重要战略支点（秦尊文，2012）。简言之，"一主"带"两副"，"三极"建"三群"，"三群"带全省，全省建支点。

作为官方区域发展战略，"一主两副"发端于21世纪初，之后快速丰富和完善。2011年2月湖北省人大十一届第四次会议通过的《湖北省经济和社会发展第十二个五年规划纲要》（以下简称《规划纲要》）对"一主两副"城镇空间格局进行了详尽的规划和安排。可以预见，湖北省未来的城镇空间格局和区域发展结构"一主两副"的空间特征将日益明显。

《规划纲要》指出,坚持以武汉为全省主中心城市,襄阳、宜昌为省域副中心城市的"一主两副"总体格局,按照"大小多少""三个层次"的城镇化发展思路,把武汉城市圈和"宜荆荆""襄十随"城市群做大做强,把具有一定规模的中小城市(县城)、中心镇做多,形成以武汉城市圈为核心,以城市群和中小城市为支撑,以湖北长江经济带为纽带,具有区域竞争力的城镇空间布局结构。优先支持武汉做大做强,巩固提升中部地区中心城市地位和作用,增强辐射带动能力,把武汉建设成为全国重要的先进制造业中心、现代服务业中心和综合高技术产业基地、综合交通枢纽基地,努力建设全国"两型"社会,建设综合配套改革试验区和自主创新示范区,争取建设国家中心城市。

加强襄阳、宜昌两个省域副中心城市建设,将其建设成为鄂西南和鄂西北地区经济社会发展的核心增长极,推动鄂西生态文化旅游圈加快发展的引擎。支持襄阳建设成为鄂西北及汉江流域的区域性中心城市,城市人口规模达到200万人,建成区面积达到200平方千米,打造全国重要的汽车及零部件生产基地、新能源汽车产业基地、航空航天产业基地、优质农产品生产加工基地、区域性综合交通枢纽和物流基地,区域性旅游集散地和目的地、国家历史文化名城。支持宜昌建设成为鄂西南及长江中上游的区域性中心城市,城市人口规模达到200万人,建成区面积达到200平方千米,打造沿江经济走廊,建成世界水电旅游名城,全国最大的磷化工产业基地,中部地区重要的生物产业基地、光伏产业基地以及全省重要的食品饮料基地,区域性交通物流枢纽。[①]

第二节 工业发展的县际差异及变化

一 湖北省工业发展概况

湖北省是我国的老工业基地,工业发展基础雄厚,重工业化特点明显。2000年全省规模以上工业中,轻重工业的总产值比为38.42∶61.58,

---

① 《湖北省经济和社会发展第十二个五年规划纲要》。

之后轻重工业比持续提高至 2008 年的 24.86∶75.14。2008 年后，湖北省工业发展的轻重比有所下降。至 2015 年，全省工业的轻重比为 36.70∶63.30。这种重工业化的特点与全国工业发展的重工业化特点是比较一致的。

21 世纪以来，湖北省工业发展速度加快，工业规模快速扩大（图 3—1）。根据《湖北省统计年鉴》提供的数据，2000—2015 年，湖北省规模以上工业企业单位数由 6282 个增加至 16413 个[①]，年均增长 6.61%。其中，规模以上制造业企业单位数由 5722 个增加至 15364 个，年均增长 6.81%。规模以上工业总产值由 3064.43 亿元增加至 45809.57 亿元，年均增长 17.85%（以工业品出厂价格指数把 2000 年和 2015 年的工业生产总值现价缩减为 1990 年不变价，下同）。其中，规模以上制造业总产值由 2776.38 亿元增加至 42770.51 亿元，年均增长 18.08%。制造业规模较为稳定地保持在工业经济规模的 90% 以上。这反映出，湖北省工业经济明显的规模化趋势，以及湖北省制造业在工业经济中较为稳固的产业地位。

从工业发展的行业结构来看，湖北省已经基本形成以交通运输设备、机械、冶金、电子、食品、纺织、化工等为支柱行业的门类齐全的现代工业体系。按照《国民经济行业分类标准（GB/T4754—2011）》的口径，以 2015 年规模以上工业总产值为指标（表 3—2），在全省主要的 35 个大类行业中，排名前十位的依次为交通运输设备制造业、农副食品加工业、化学原料及化学制品业、非金属矿物制品业、纺织业、电子及通信设备制造业、黑色金属冶炼及压延加工业、电气机械及器材制造业、饮料制造业和电力热力生产和供应业，分别占全省规模以上工业总产值的 14.72%、10.75%、9.30%、7.09%、5.02%、4.79%、4.61%、4.19%、3.84% 和 3.46%。总体上看，2000—2013 年 14 年间，这十个大

---

① 2010—2011 年规模以上工业企业个数骤降的主要原因是统计口径的变化。统计制度上，规模以上工业的口径存在年际变化，2000—2006 年为全部国有工业及年销售收入 500 万元以上非国有工业企业，2007—2010 年为主营业务收入 500 万元以上工业企业，2011 年起为主营业务收入 2000 万元及以上的工业法人企业。由于数据不可获得，未剔除因统计制度变化所导致的规模以上工业经济指标的年际差异。

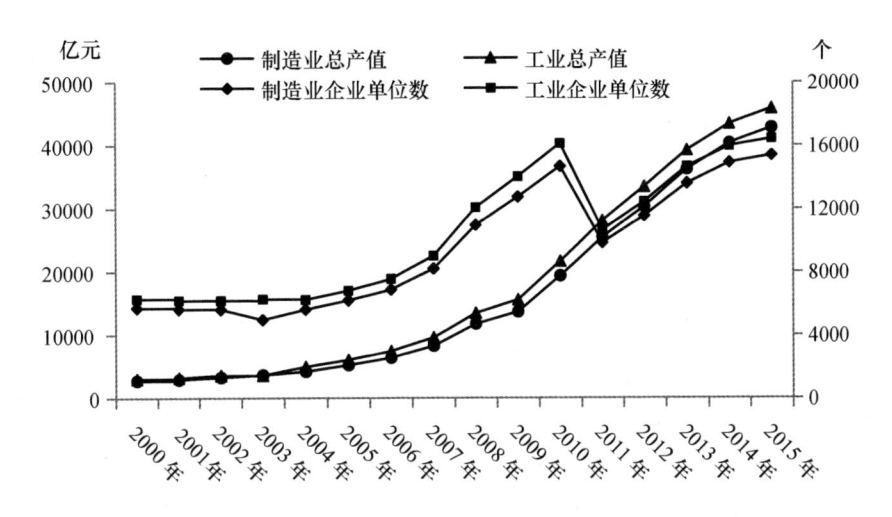

```
       亿元       ●─制造业总产值        ▲─工业总产值                          个
50000            ◆─制造业企业单位数    ■─工业企业单位数                    20000
```

图 3—1　湖北省工业发展进程

类行业规模以上工业总产值占全省规模以上工业总产值的份额达到了 67.79%。

表 3—2　　　　　　湖北省工业的行业结构（2015 年）

代码	名称	总额（亿元）	份额（%）	2000—2015 年年均增长（%）
B06	煤炭采选	106.09	0.23	21.28
B07	石油和天然气开采	40.31	0.09	-1.27
B08	黑色金属矿采选	334.56	0.74	20.02
B09	有色金属矿采选	53.73	0.12	9.68
B10	非金属矿采选	643.69	1.42	21.05
C13	农副食品加工	4879.01	10.75	22.07
C14	食品制造	1216.24	2.68	23.65
C15	饮料制造	1740.57	3.84	21.00
C16	烟草加工	678.51	1.50	12.05
C17	纺织业	2279.44	5.02	14.19
C18	纺织服装、服饰	992.67	2.19	14.73
C19	皮革毛皮羽绒及其制品	222.76	0.49	19.69

续表

代码	名称	总额（亿元）	份额（%）	2000—2015年年均增长（%）
C20	木材加工及竹藤棕草制品	456.17	1.01	21.04
C21	家具制造	192.92	0.43	19.29
C22	造纸及纸制品	572.52	1.26	15.34
C23	印刷业	380.80	0.84	18.23
C24	文教体育用品制造	276.86	0.61	28.91
C25	石油加工及炼焦	754.50	1.66	8.94
C26	化学原料及化学制品	4220.90	9.30	20.90
C27	医药制造	1126.86	2.48	16.20
C28	化学纤维制造	76.61	0.17	7.40
C29	橡胶和塑料制品	1222.03	2.69	19.53
C30	非金属矿物制品	3219.03	7.09	19.89
C31	黑色金属冶炼及压延加工	2093.75	4.61	13.88
C32	有色金属冶炼及压延加工	859.82	1.90	17.23
C33	金属制品	1486.98	3.28	19.16
C34	普通机械制造	1360.91	3.00	17.02
C35	专用设备制造	1139.58	2.51	17.60
C36-37	交通运输设备制造	6681.26	14.73	18.21
C38	电气机械及器材制造	1901.55	4.19	20.70
C39	电子及通信设备制造	2172.86	4.79	21.59
C40	仪器仪表制造	194.48	0.43	16.00
D44	电力、热力生产和供应	1572.14	3.46	14.49
D45	煤气生产和供应	155.12	0.34	24.61
D46	自来水的生产和供应	67.66	0.15	7.80
合计		45372.89	100	17.82

注：首先把2000年和2015年当年价格计的工业总产值分别缩减为1990年不变价计的工业总产值，然后计算年均增长率。

资料来源：《湖北省统计年鉴》（2001、2016）。

从工业发展的地区结构来看，湖北省工业高度集中在武汉、宜昌、襄阳三市。以规模以上工业企业单位数和工业总产值为指标，2015年规模以上工业在湖北省17个地市区的分布极为不均（表3—3）。其中，武汉市规模以上工业企业单位数和工业总产值分别为2558个和12862.95亿元，分别占全省规模以上工业的15.59%和28.08%；其次是襄阳市，规模以上工业企业单位数和工业总产值分别为1826个和5879.06亿元，分别占全省的11.13%和12.83%；宜昌的规模以上工业规模居第三位，企业单位数和工业总产值分别为1543个和5714.37亿元，分别占全省的9.40%和12.47%。武汉、宜昌和襄阳三市的工业占据了全省工业的半壁江山，规模以上工业企业单位数虽然只占全省的36.1%，但是工业总产值却达到了全省的53.39%。荆门、孝感、荆州、黄石和黄冈可以归为一个梯队，这些地区规模以上工业企业单位数和工业总产值占全省的份额均在4%以上。潜江、仙桃、天门、恩施和神农架的工业规模总体偏小。湖北省工业经济发展显著的地区不均衡性特点，为研究产业地理集中的过程机制提供了非常好的实证对象。

表3—3　　　　　　　　　湖北省工业的地市分布（2015年）

	工业企业单位数		工业总产值		
	个数（个）	份额（%）	总额（亿元）	份额（%）	2000—2015年年均增长（%）
武汉	2558	15.59	12862.95	28.08	17.45
黄石	761	4.64	2005.91	4.38	16.68
十堰	976	5.95	1822.54	3.98	12.95
宜昌	1543	9.40	5714.37	12.47	22.23
襄阳	1826	11.13	5879.06	12.83	23.37
鄂州	489	2.98	1286.41	2.81	9.28
荆门	1132	6.90	3089.60	6.74	23.44
孝感	1306	7.96	2671.40	5.83	18.00
荆州	1258	7.66	2368.55	5.17	17.25
黄冈	1493	9.10	1853.61	4.05	15.82
咸宁	867	5.28	1734.86	3.79	21.97
随州	688	4.19	1268.89	2.77	17.83
恩施	557	3.39	404.76	0.88	14.34

续表

	工业企业单位数		工业总产值		
	个数（个）	份额（%）	总额（亿元）	份额（%）	2000—2015年年均增长（%）
仙桃	386	2.35	996.55	2.18	14.81
潜江	267	1.63	1010.00	2.20	17.29
天门	296	1.80	832.75	1.82	12.71
神农架	10	0.06	7.35	0.02	12.18
合计	16413	100	45809.56	100	17.85

注：首先把2000年和2015年当年价格计的工业总产值分别缩减为1990年不变价计的工业总产值，然后计算年均增长率。

资料来源：《湖北省统计年鉴》（2001—2014）。

湖北工业的地区不均衡性在县区尺度上的表现同样非常明显。以84个县区为空间尺度，以规模以上工业总产值作为衡量地区工业发展的指标，首先对全省县区之间工业的总体差异及其变化进行统计分析，然后基于对总体差异的地区构成进行分解，揭示导致全省县际工业总体差异的主导因素。

二 县际差异的总体趋势

（一）测度方法

地区差异可以从两个方面衡量，一是绝对差异，二是相对差异。采用标准差计算湖北省工业的县际绝对差异。其计算公式为：

$$S = \sqrt{\frac{1}{n}\sum_{i=1}^{n}(y_i - \bar{y})^2}, \quad \bar{y} = \frac{1}{n}\sum_{i=1}^{n}y_i$$

其中，$n=83$代表83个县区，y_i代表第i个县区的规模以上工业总产值。为了对湖北省工业的县际绝对差异进行年际比较，首先把2000—2015年各县区规模以上工业总产值的名义值以全省的工业品出厂价格指数折算为以1990年不变价计的真实工业总产值，然后基于真实工业总产值计算工业的县际标准差。

采用两个指标计算相对差异。一是变异系数。该系数是反映地区差异（集中或离散）程度的综合性指标，由于用标准差除以平均值，所以使得工业总产值的绝对数量不重要。计算公式为：

$$CV = \sqrt{\frac{1}{n}\sum_{i=1}^{n}(y_i - \bar{y})^2} \Big/ \bar{p}, \quad \bar{y} = \frac{1}{n}\sum_{i=1}^{n}y_i$$

其中，$n=83$ 代表 83 个县区，y_i 代表第 i 个县区的规模以上工业总产值。另一个指标是基尼系数。基尼系数是最常用的测度区域不均衡程度的指标，产业地理集中实际上就是一种区域不均衡现象，所以大量研究将基尼系数用作测度产业地理集中程度的指标，称之为区位基尼系数。借鉴文玫（2004）等的公式，对湖北省县区尺度的工业发展差距的测度采用如下公式：

$$G = \frac{1}{2N^2\mu}\sum_{i=1}^{n}\sum_{j=1}^{m}|\lambda_i - \lambda_j|$$

其中，λ_i 代表第 i 个县区规模以上工业总产值占全省规模以上工业总产值的份额，$N=83$，表示县区数量，μ 表示 λ_i 的平均值，实际上 $\mu=1/N$。区位基尼系数的取值在 0 和 1 之间，工业活动的地理分布越均匀，区位基尼系数就越小；工业活动的集中程度越高，区位基尼系数就越大。作为两个极端情况，如果区位基尼系数等于 0，说明工业活动在县区间均等分布；如果区位基尼系数等于 1，说明所有工业活动都集中在一个县区。

（二）结果分析

图 3—2 反映了 2000—2015 年湖北省 83 个县区之间规模以上工业总产值的绝对差异和相对差异。其中，标准差的走势反映了湖北省县际工业发展的绝对差异逐渐扩大的趋势，由 2000 年的 43.74 亿元持续扩大至 2008 年的 208.84 亿元，虽然在 2009 年小幅回落至 208.02 亿元，但之后继续持续扩大至 2015 年的 354.67 亿元。

从基尼系数和变异系数的走势可以看到，2000—2015 年间湖北省工业发展的县际相对差异总体上呈缩小趋势。其中，2005 年是相对差异变化的重要节点。2000—2005 年，湖北省工业发展的地区相对差异呈扩大趋势，县际之间规模以上工业总产值的基尼系数和变异系数分别由 0.7040 和 2.5345 持续扩大至 0.7586 和 3.1775。2005 年以后，湖北省工

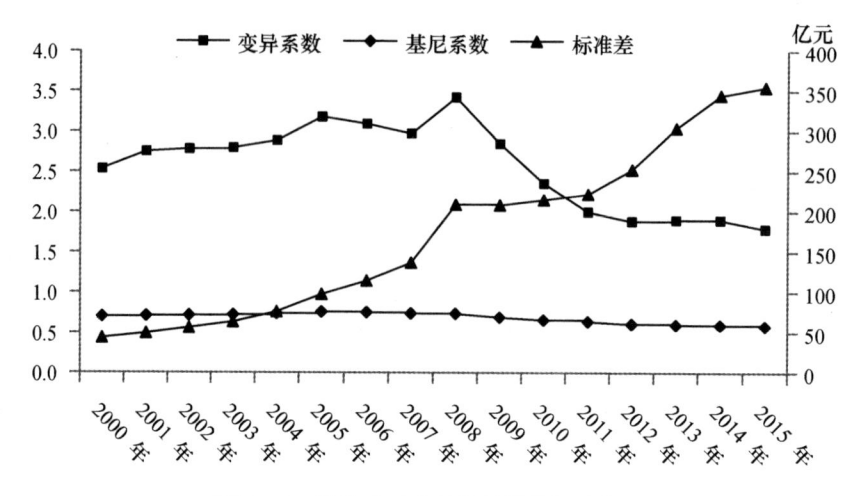

图3—2　湖北省工业县际总体差距及变化

业发展的地区相对差异出现了较为稳定的缩小趋势，基尼系数持续缩小至2015年的0.5804；虽然变异系数的变化有所波动，在2008年急剧扩大至3.4194，但是总体上仍呈缩小趋势，持续减小至2015年的1.7858。另一方面，从基尼系数和变异系数的绝对值来看，21世纪以来湖北省工业发展仍然保持较高的县际差距。

作为衡量地区差异的指标，基尼系数和变异系数的变化实际上也反映了经济活动在地区间分散程度的变化。指数值逐渐增大，说明经济活动的集中程度在提高；相反，指数值逐渐减小，说明经济活动的分散程度在提高。从这个意义上解读，2000—2015年湖北省县区之间规模以上工业总产值的基尼系数和变异系数先扩大再减小的趋势说明，湖北省工业在县区间的分布呈现先集中后分散的趋势。具体而言，2005年之前湖北省工业的县际分布以集中为基本特征，2005年以后则以分散为基本特征。

2000年，湖北省工业高度集中（图3—3a），规模以上工业总产值县际分布的变异系数和基尼系数分别达到了2.5345和0.7040。其中，工业份额排名第一的武汉城区就集中了全省26.49%的规模以上工业；其后，十堰城区、荆门城区、襄阳城区、黄石城区、潜江市、鄂州市、荆州城区、仙桃市、宜昌城区、随州城区和天门市 11 个县区的工业份额在 2% 以上。这 12 个县区主要是地级城市的城区部分，集中了全省 65.87% 的规模以上工业。其他 61 个县区占全省工业份额不到 35%。其中，郧西、竹溪、竹山、孝昌、宣恩、五峰、通山、房县、团风、咸丰、秭归 11 个县区工业总产值占全省的份额均在 0.1% 以下，主要集中在鄂西北、鄂西南以及鄂东边缘地区。总体上看，湖北省工业主要集中在自武汉城区及其邻近的鄂州和黄石城区向西北至襄阳城区和十堰城区一线，向西经仙桃、潜江至宜昌城区一线，以及襄阳城区向南经荆门城区至宜昌城区一线的邻近县区，形似"A 型构架"① 的工业地带；省域边缘地带尤其是鄂西北、鄂西南和鄂东边缘县区的工业发展水平则较低。

图 3—3　湖北省工业的县际分布及变化

---

① 湖北省工业分布的 A 型构架与龚胜生等（2011）指出的湖北省区域发展的 A 型点轴结构较为一致。

2000—2005 年，湖北省工业总体上呈现地区集中化趋势，规模以上工业总产值县际分布的变异系数和基尼系数分别由 2.5345 和 0.7040 提高到 3.1775 和 0.7586。工业经济进一步向工业经济发展水平较高的地区集中是其直接原因。其中，武汉城区的工业份额较 2000 年大幅增加了 7.09%，达到 33.58%。其后，工业份额在 2% 以上的县区数量虽然较 2000 年减少了仙桃、随州城区、汉川和天门这 4 个县区，仅为 8 个，包括襄阳城区、宜昌城区、十堰城区、黄石城区、荆门城区、鄂州、潜江和荆州城区。但是，这 9 个工业份额在 2% 以上县区的工业总份额达到了 66.79%，高于 2000 年工业份额在 2% 以上的 12 个县区占全省的工业总份额。其他 74 个县区占全省工业份额不到 34%。工业份额在 0.1% 以下的县区相较 2000 年增加了 5 个，达到 16 个，包括来凤、巴东、宣恩、咸丰、团风、郧西、江陵、孝昌、建始、房县、保康、竹山、五峰、竹溪、通山、英山等。2000 年以后，湖北省工业分布的地理集中程度提高的一个直接结果是，2005 年湖北省工业经济格局的 A 型构架更为明显，省域边缘地带的工业低水平县区数量在增加（图 3—3b）。

2005—2015 年，湖北省工业县际差异持续缩小，规模以上工业总产值县际分布的变异系数和基尼系数分别由 3.1775 和 0.7586 稳定地下降至 1.7858 和 0.5804，反映出湖北省工业县际分布出现了分散化趋势。其中的直接原因在于，2005 年工业份额较高县区在该期间工业份额普遍大幅下降；与之形成对比的是，2005 年工业份额较低县区的工业份额在该期间普遍提高（图 3—3c）。其中，2005 年工业份额 2% 以上的 9 个县区的工业总份额都出现了大幅下降，由 66.79% 骤降至 38.21%。降幅最大的武汉城区的工业份额较 2005 年减少了 14.93%，仅占全省工业的 18.66%。同时，2005 年工业份额在 2% 以下的 74 个县区中，除了 10 个县区外，至 2015 年工业份额都出现了增加。2005 年工业份额不足 0.1% 的 16 个县区中，除了郧西外，工业份额都有明显增加。这种变化的结果是，2015 年工业份额在 2% 以上的县区较 2005 年减少了荆门城区、荆州城区和黄石城区，新增了大冶、汉川、宜都、夷陵、仙桃、钟祥和随州城区。虽然工业份额 2% 以上县区数量达到了 13 个，但是工业总份额仅为 48.28%，远低于 2005 年 9 个工业份额 2% 以上县区工业 66.79% 的总份额。另外，工业份额不足 0.1% 的县区由 2005 年的 16 个骤减至仅剩郧西、宣恩、竹溪和来凤 4 个（图 3—3d）。

总体上看，2000—2015 年湖北省工业的县际差距逐渐缩小，呈现分散化趋势。尽管如此，湖北省工业县际分布的宏观格局并没有发生根本性的转变。全省规模以上工业仍呈 A 字型构架，即主要集中于自武汉城区及其邻近的鄂州和黄石城区向西北至襄阳城区和十堰城区一线县区，向西经仙桃、潜江至宜昌城区一线县区，以及襄阳城区向南经荆门城区至宜昌城区一线县区，以及这 3 条线包夹起来的中部地域县区；省域边缘地带尤其是鄂西北、鄂西南、鄂南以及鄂东边缘县区作为全省工业空间格局的外围地区的地位日益突出。

三 县际差异的地区构成

"两圈两带"的宏观经济格局和"一主两副"的城市空间格局是湖北省区域经济总体格局的基本特征，也是湖北省区域经济发展的基本战略布局。据此，把湖北省划分为三大地区：一是以省域中心城市武汉市为中心的武汉城市圈，包括武汉、黄石、鄂州、孝感、黄冈、咸宁、仙桃、潜江、天门九市；二是以省域副中心城市襄阳市为中心的鄂西北地区，包括十堰、襄阳、随州三市，即襄十随城市带；三是以省域副中心城市宜昌为中心的鄂西南地区，包括荆州、荆门、宜昌、恩施四市州。基于这种地区划分，可以对湖北省县区间工业发展的总体差异分解为武汉城市圈内部的差异、鄂西北地区内部的差异、鄂西南地区内部的差异，以及这三大地区之间的差异。通过这样的地区分解，可以判断湖北省县区间工业发展总体差异的主导动因，是三大地区之间的差异推动了全省总体差异的变化，还是各地区内部的差异主导了全省总体差异的变化；也可以对三个地区内部的工业生产的一体化程度进行评价。

（一）泰尔指数及分解

泰尔指数具有良好的可分解性，通常被用于总体差异的地区分解。计算泰尔指数涉及权重指标的选取问题，由于主要关注湖北省工业的地理集中程度，以各县区土地面积作为规模以上工业总产值的权重。借鉴 Terrasi（1999）的方法，湖北省县区间工业发展的泰尔指数的分解过程为：

$$I = \sum_{i}^{n} y_i \ln \frac{y_i}{x_i} = \sum_{r=1}^{m} Y_r \ln \frac{Y_r}{X_r} + \sum_{r=1}^{m} Y_r \left[\sum_{i=1}^{n} \left(\frac{y_i}{Y_r} \ln \frac{y_i/Y_r}{x_i/X_r} \right) \right]$$

其中，y_i 和 x_i 分别代表第 i 个县区的规模以上工业总产值和土地面积分别占全省相应指标的份额，Y_r 和 X_r 分别代表第 r 个地区的规模以上工业总产值和土地面积分别占全省相应指标的份额，$n = 83$ 代表 83 个县区，$m = 3$ 代表武汉城市圈、鄂西北地区、鄂西南地区三大地区。

$I = \sum_{i}^{n} y_i \ln \frac{y_i}{x_i}$ 为湖北省县区间工业发展的总体差异；

$I_{br} = \sum_{r=1}^{m} \ln \frac{Y_r}{X_r}$ 为武汉城市圈、鄂西北地区和鄂西南地区三大地区之间的发展差异；

$I_{wr} = \sum_{i=1}^{n} \left(\frac{y_i}{Y_r} \ln \frac{y_i/Y_r}{x_i/X_r} \right)$ $(i \in r)$ 为武汉城市圈、鄂西北地区和鄂西南地区三大地区各自内部县区间的工业发展差异。因此，I_{br}/I 为三大地区间差异对总体差异的贡献，$(Y \cdot I_{wr})/I$ 为三大地区各自的内部差异对总体差异的贡献。

（二）分解结果及分析

图 3—4 反映了 2000—2015 年湖北省全省县区之间以及武汉城市圈、鄂西北地区、鄂西南地区三大地区各自内部县区之间工业发展的差异。全省规模以上工业总产值的泰尔指数曲线走势与图 3—2 中的走势是非常相似的，总体上呈逐渐减小的趋势。其中 2005 年是一个较为明显的分界点。湖北省规模以上工业县际分布的泰尔指数由 2000 年的 1.5421 持续扩大至 2005 年的 1.9424，其后逐渐下降，虽然在 2008 年又有所提高，但之后继续稳定地缩小至 2015 年的 1.0230，为研究期间地区差距最小的年份。

三大地区中，武汉城市圈内部县区之间工业发展差异的走势与全省县区之间工业发展差异的走势最为接近。泰尔指数由 2000 年的 1.5457 持续提高至 2005 年的 1.9865，其后泰尔指数开始减小，虽然在 2008 年有所回升，但是之后同样继续稳定地缩小至 2015 年的 1.0921。这说明，

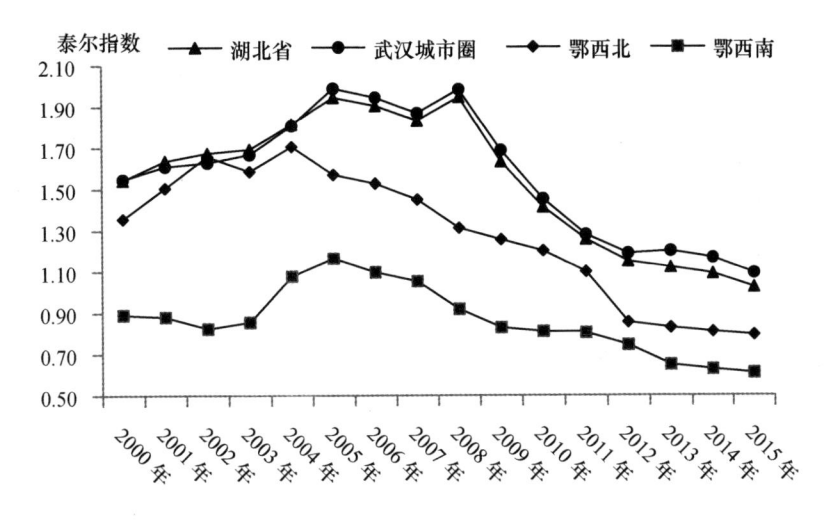

图3—4 湖北全省及三大区内部工业县际差异及变化

2005年后,武汉城市圈内部县区之间工业生产分工体系逐渐完善,工业一体化水平逐渐提高。值得指出的是,2005年以后,武汉城市圈内部县区之间的工业发展差距一直大于全省县区之间的工业发展差距。

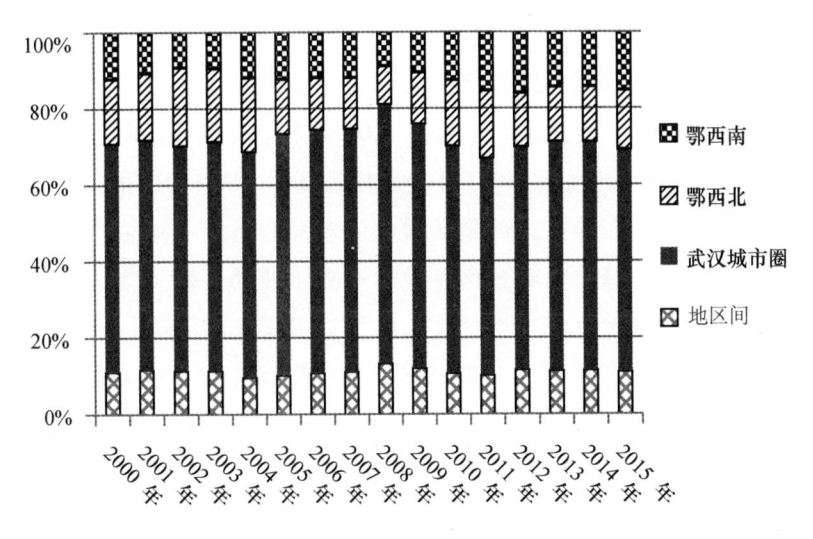

图3—5 湖北省工业县际差异的地区构成

鄂西北地区内部县际工业发展差异总体上也呈现逐渐缩小趋势。其中，2004年是一个明显的分界点。2000—2004年，地区内县际工业泰尔指数由1.3550扩大至1.7039。自2004年开始，该地区内部县际工业发展差异持续缩小，泰尔指数稳定地降低至2015年的0.7926。这说明，2004年以来，鄂西北地区内部县区之间的工业生产分工体系逐渐形成，工业一体化水平逐渐提高。与武汉城市圈内县际差异相比，鄂西北地区内部县际差异基本上一直明显小于武汉城市圈内部县区之间的差距。鄂西南地区内部县际工业发展差距不仅低于全省工业发展县际差距的平均水平，也低于武汉城市圈和鄂西北地区两个地区内部县际差距。2005年也是该区内部县际差距变化的转折年。2000—2005年该区内部工业发展的县际差距总体呈扩大态势，泰尔指数由0.8901在波动中扩大至1.1625。2005年以后，该区内部工业发展的县际差距持续缩小，泰尔指数稳定地降低至2015年的0.6803。

图3—5反映了三大地区各自内部县区之间及三大地区之间的工业发展差异对湖北省工业发展县际总体差异的贡献率及变化情况。可以看到，2000—2015年，武汉城市圈、鄂西北及鄂西南三大地区之间的工业发展差异对全省县际工业发展差异的贡献度一直非常低，从未超过2008年的13.25%。主导湖北省县际工业差异的是三大地区内部县区之间的工业发展差异。其中，武汉城市圈内部的县际工业差异对全省县际工业差异的贡献度一直最高，其中贡献率最高的2008年对全省工业县际差异的贡献率达到了68.18%，最低的2011年贡献率也高达57.21%。由泰尔指数的区域分解可以知道，地区内部差异对总体差异的贡献取决于两方面的因素，即地区内部县际差异和地区工业占全省工业的份额。武汉城市圈内部的县际工业差异对全省工业的县际差异贡献度高的原因一方面在于该区域内部工业的县际差异一直高于鄂西北和鄂西南两个地区内部工业的县际差异，另一方面该区域工业占全省份额也远高于其他两大地区工业占全省的份额。同样的原因，鄂西北地区内部工业的县际差异对全省工业县际差异的贡献率稍高于鄂西南地区内部工业的县际差异对全省工业县际差异的贡献率。

第三节　工业经济的空间集聚及变化

以上关于湖北省县际工业差异的分析揭示了，2000年以来湖北省规模以上工业的县际差异先扩大再逐渐缩小的趋势特征。同时，也初步指出了湖北省规模以上工业的县区分布在2005年之前显著集中和2005年之后逐渐分散的趋势。本部分将采用空间统计分析的方法，对2000—2015年湖北省县域工业的空间集聚性进行检验和分析。应该明确的是，区位基尼系数从总体上考察了湖北省县区工业发展的地理集中度状况，只是揭示了湖北省县区工业在数值上的相对关系，并不能反映湖北省各县区在工业发展上的空间关系，尤其是相互邻近的县区以工业发展规模衡量的空间关系。揭示湖北省工业发展的空间特征，就需要对工业经济的空间自相关性开展专门分析。

空间自相关体现了地理学第一定律，指一个空间单元上的经济现象或属性值与邻近空间单元上同一现象或属性值是相关的、相互依赖的。通过空间自相关分析，可以判断区域内变量分布是否存在空间异质性和相互依赖性。如果某一经济变量的相同属性值的地区分布存在相互依赖性，就表明该经济现象的地区分布具有空间集聚特征；相应地，如果某一经济变量的不同属性值的地区分布显著相关，就表明该经济现象的地区分布具有空间离散特征。采用莫兰指数（Moran'I）计算和检验湖北省工业的县区分布是否具有空间自相关性，是否具有空间集聚性。

一　全局空间自相关

全局空间自相关用于研究整个区域的空间关联模式，检验邻近地区间的相似性或独立性。全域莫兰指数是用来衡量全局空间自相关的常用统计量，计算方法为：

$$I = \frac{\sum_{i=1}^{n}\sum_{j=1}^{n}W_{ij}(Y_i - \bar{Y})(Y_j - \bar{Y})}{S^2\sum_{i=1}^{n}\sum_{j=1}^{n}W_{ij}}, \quad S^2 = \frac{1}{n}\sum_{i=1}^{n}(Y_i - \bar{Y})^2, \quad \bar{Y} = \frac{1}{n}\sum_{i=1}^{n}Y_i, \quad i \neq j$$

其中，I代表全域莫兰指数，Y表示规模以上工业总产值或规模以上工业企业单位数，i 和 j 表示县区，n 表示县区总数。W_{ij} 表示二进制的邻接空间权值矩阵，取一阶权值矩阵，即如果县区 i 和 j 地域邻接，则 $W_{ij}=1$，如果县区 i 和县区 j 在地域上不相邻，则 $W_{ij}=0$。

全域莫兰指数的取值范围为 $-1 \leqslant I \leqslant 1$。若全域莫兰指数值 I 为正，说明各县区间工业发展存在空间正相关，即工业总产值高的县区（或工业总产值低的县区）在空间上显著集聚；并且，全域莫兰指数值 I 越大，工业分布的空间正相关性越强，工业空间集聚程度越高。若全域莫兰指数值 I 为负，说明各县区间工业发展存在空间负相关，即工业总产值高的县区和工业总产值低的县区聚集在一起，工业分布呈现离散特征；并且，全域莫兰指数值 I 越趋近于 -1，工业活动的地理离散度越高。若全域莫兰指数值 I 等于 0，说明工业活动在县区间分布没有空间相关关系，即工业活动在县区间随机分布。

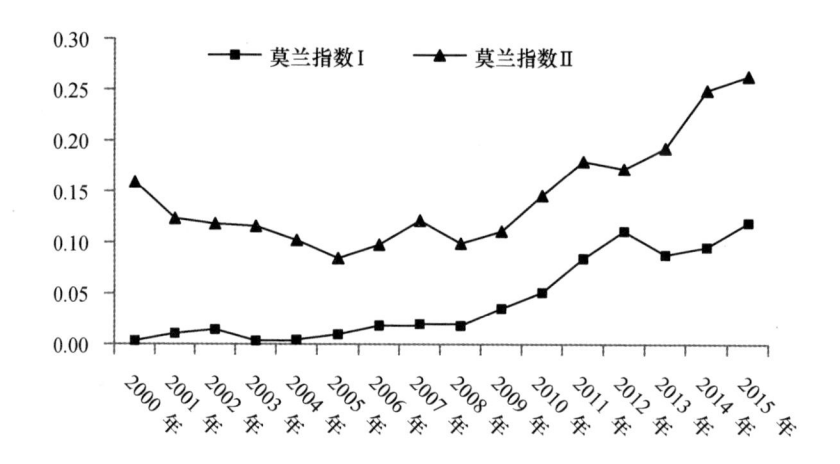

图3—6　湖北省工业县际分布的空间集聚度及变化

图3—6反映了2000—2015年湖北省县区工业发展的空间集聚程度，其中莫兰指数Ⅰ和Ⅱ分别代表以工业总产值和工业企业单位数测度的空间集聚度。需要指出的是，莫兰指数Ⅱ全部通过了显著性水平为5%的统计检验，而莫兰指数Ⅰ在2011年之前全部没有通过5%水平的显著性检验，只是自2011年以后通过了显著性水平为5%的统计检验。

尽管如此，仍可以看到莫兰指数Ⅰ的变化趋势与莫兰指数Ⅱ的变化趋势较为一致，总体上反映出湖北省县区工业的空间集聚度先下降后提高的态势。以工业企业单位数为测度指标，莫兰指数由2000年的0.1591缓慢减小至2005年的0.0843，而后又在波动中扩大至2015年的0.2633；以工业总产值为测度指标，莫兰指数则由2011年的0.0842逐渐扩大至2015年的0.1194。

综合考虑两种测度指标的计算结果，可以判断：2000—2015年湖北省县区工业发展具有显著的空间集聚性，空间集聚度呈现先下降后提高的特征，其间，2005年是一个转折点，2000—2005年湖北省县区工业集聚度逐渐下降，2005—2015年湖北省县区工业集聚度又逐渐提高。

若将全域莫兰指数和基尼系数相结合综合考察工业分布的地理格局，可以将湖北省县区工业分布分为四种类型，即集中—集聚、集中—离散、分散—离散以及分散—集聚。图3—7分别绘制了2000—2015年每年度以工业总产值为指标测度的区位基尼系数Ⅰ和全域莫兰指数Ⅰ、以工业企业单位数为指标测度的基尼系数Ⅱ和全域莫兰指数Ⅱ的对应关系。其中，横坐标轴和纵坐标轴的参考线分别为基尼系数和莫兰指数的平均值。可以较为清晰地看到，2000—2015年湖北省县区工业分布格局呈现由集中—离散型向分散—离散型，最终向分散—集聚型变化的趋势。这说明，一方面，湖北省各县级区域之间工业发展的总体差距在逐渐缩小，工业分布存在分散化趋势；另一方面，工业活动并不是由工业较发达地区向所有工业欠发达地区等比例地扩散，而是主要向工业基础相对较好、地域相互邻近的县区扩散和集中。

二 局域空间自相关

全域莫兰指数从区域总体上揭示了工业活动的空间相关特征，仅反映了区域内相似工业发展水平县区的集聚性及程度，不能识别工业发展在哪些县区集聚，不能识别究竟是工业总产值高的县区集聚还是工总产值低的县区集聚。若要识别不同类型的空间集聚模式，即是工业发展水平高的县区集聚还是工业水平低的县区集聚，就必须开展局域空间自相关分析，常用的方法是局域空间关联指数（Local Indicators of Spatial Asso-

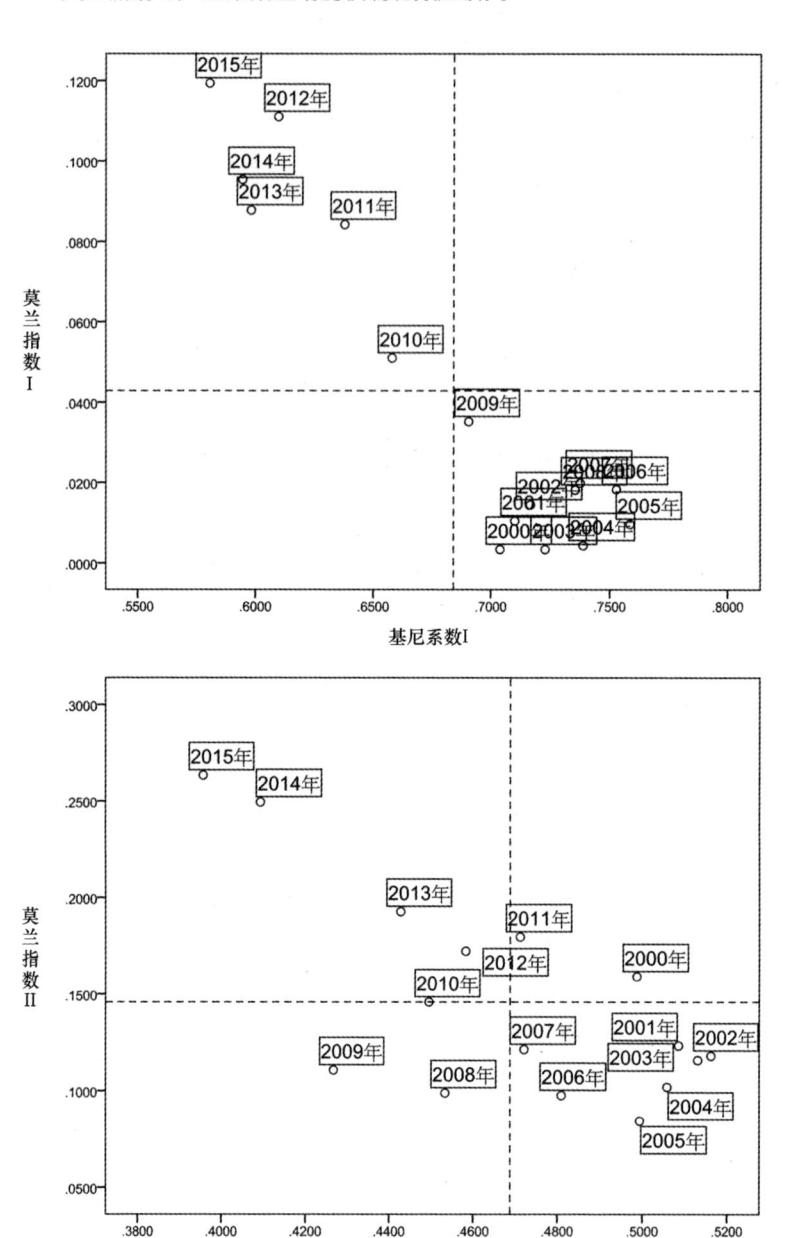

图 3—7　湖北省工业县际分布的基尼系数与全域莫兰指数的对应关系

ciation，LISA），包括局域莫兰指数（Local *Moran′I*）和局域 Geary 指数，用来度量每个区域单元与其周边地区的属性值之间的显著空间聚集程度。

局域莫兰指数是全域莫兰指数的局部化版本，计算方法如下：

$$I_i = \frac{Y_i - \bar{Y}}{S^2} \sum_{j=1}^{n} W_{ij}(Y_j - \bar{Y}), \ i \neq j$$

其中，I_i 代表局域莫兰指数，其他变量的含义与全域莫兰指数公式中相应指标的含义相同。当局域莫兰指数 $I_i > 0$ 且通过显著性检验时，表示县区 i 与其周边县区的工业发展具有正空间相关性，并且局域莫兰指数值越大，正空间相关性越强。此时，可以判断县区 i 与其周边县区的工业发展呈空间集聚。其中，当县区 i 与其周边县区的工业发展水平都较高时，可以判断此种空间正相关为高值集聚，可用 HH（High – High）表示；当县区 i 与其周边县区的工业发展水平都较低时，可以判断此种空间正相关为低值集聚，可用 LL（Low – Low）表示。当局域莫兰指数 $I_i < 0$ 且通过显著性检验时，表示县区 i 与其周边县区的工业发展具有负空间相关性，并且局域莫兰指数值越大，空间负相关性越强。此时，可以判断县区 i 与其周边县区的工业发展呈空间离散，或空间离群。空间离散又可以分为两种类型，即县区 i 的工业发展水平相对于其周边县区较低，可用 LH（Low – High）表示；县区 i 的工业发展水平相对于其周边县区较高，可用 HL（High – Low）表示。

局域莫兰指数可以莫兰指数散点图和 LISA 地图的形式进行可视化表达，以便更好地观察局部地区的空间集聚特征。其中，莫兰指数散点图有四个象限，分别对应县区 i 与其周边县区在工业发展上的四种空间空间联系类型：①第一象限是右上象限，为高高集聚（HH），表示县区 i 与其周边县区的工业发展水平都较高，二者的空间差异较小；②第三象限是左下象限，为低低集聚（LL），表示县区 i 与其周边县区的工业发展水平都较低；③第二象限是左上象限，为低高集聚（LH），表示县区 i 相对于其周边县区的工业发展水平较低；④第四象限是右下象限，为高低集聚（HL），表示县区 i 相对于其周边县区工业发展水平高。在 LISA 地图中，这四种局域空间联系类型实现了更为直观的表达。

主要考察 2000 年和 2015 年的局部自相关状况，梳理 2000 年至 2015 年湖北省县区工业空间集聚模式的变化。图 3—8 分别列出了这两个年度的以规模以上工业企业单位数测度的湖北省县区工业的局域莫兰指数散

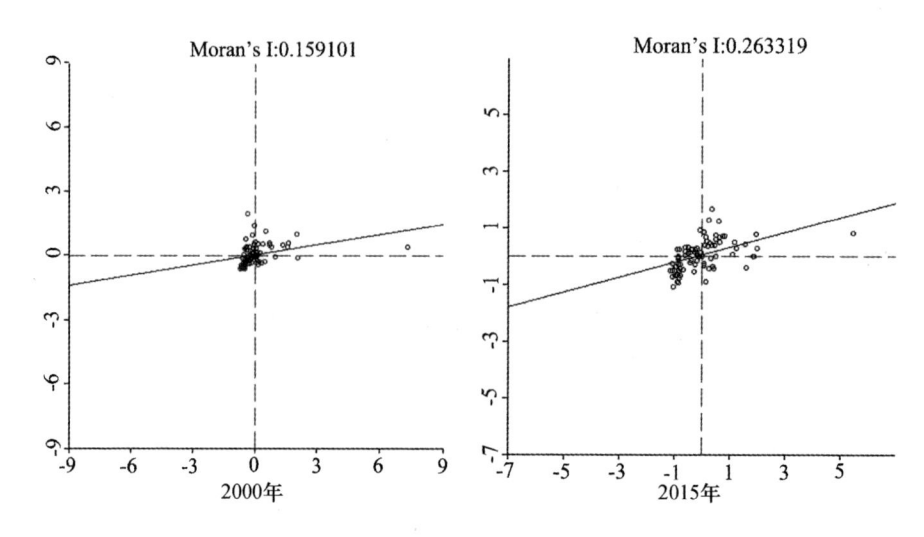

图 3—8　湖北省工业县际分布的莫兰指数散点图

点图。可以看到，落入第二象限和第四象限的县区数量比较少，大部分县区集中于第一象限和第三象限。其中，2000 年落入第一象限的县区有 12 个，这些县区表现出高高集聚的特点；落入第三象限的县区有 30 个，这些县区表现出低低集聚的特征。落入第二象限和第四象限的县区各有 20 个和 9 个，它们分别属于高低集聚和低高集聚类型，实为全省工业县际分布的离散区域。2015 年，落入第一象限和第三象限的县区分别为 24 个和 26 个，较 2000 年增加 8 个，而落入第二象限和第四象限的县区减少到了 21 个，表明全省工业县际分布的集聚程度提高。这说明，湖北省县区工业发展的空间依赖性显著，规模以上工业企业单位数多的地区之间相互邻接，规模以上工业企业单位数较少的呈相互邻接。工业空间集聚的特征跃然可见。

图 3—9 分别列出了 2000 年和 2015 年的以规模以上工业企业单位数测度的湖北省县区工业的 LISA 地图。在 0.05 的显著水平上，湖北省工业分布存在着显著的局部空间集聚现象。只不过在工业分布由集中—集聚向分散—集聚的变化过程中，湖北省工业局部集聚模式有明显的变化。具体而言：（1）2000—2015 年，湖北省工业规模的高值集聚区有所扩大。2000 年，全省规模以上工业的高值集聚区主要集中在武汉市周边及其向

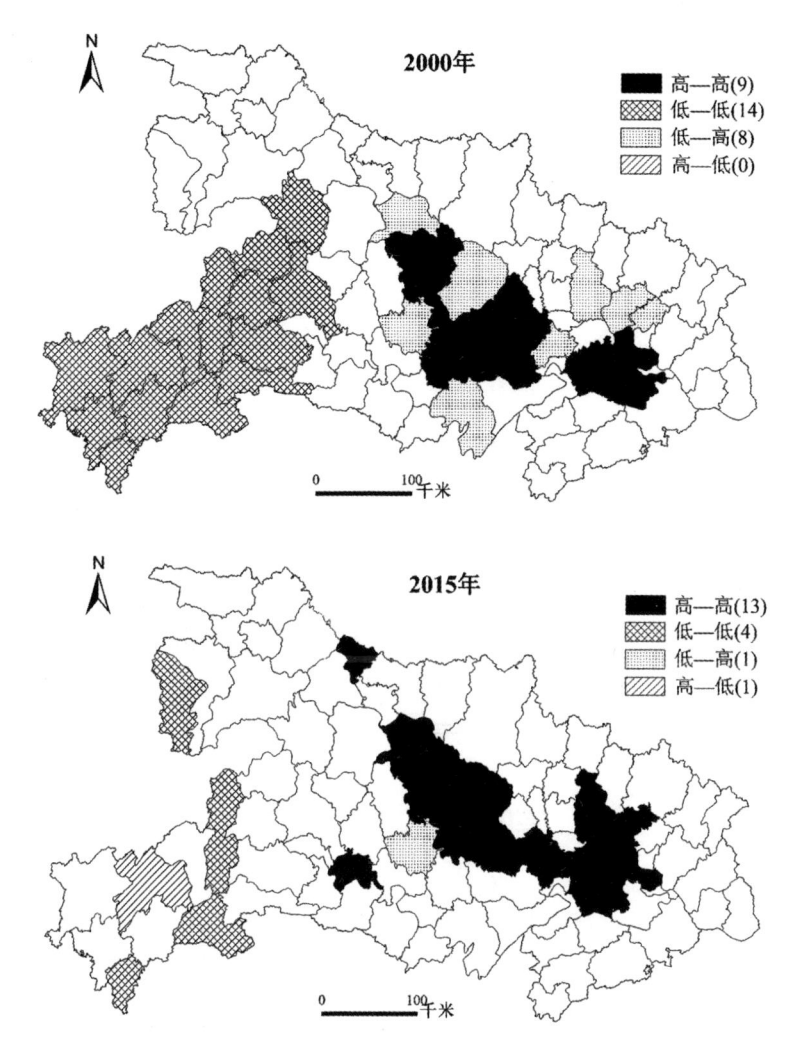

图3—9 湖北省工业县际分布的 LISA 地图

西延伸的中部几个县区,包括钟祥、天门、潜江、仙桃、江夏、鄂州、大冶、应城、汉川 9 个县区。随着全省工业扩散,至 2015 年规模以上工业的高值集聚区不再仅仅局限于中部地域,鄂西北的襄阳城区周边和鄂西南的宜昌城区周边也进入了高值集聚区,包括蔡甸、武汉城区、江夏、新洲、黄陂、鄂州、汉川、天门、京山、钟祥、老河口、枝江、宜城 13 个县区。(2) 2000—2015 年,湖北省工业规模的低值集聚区有所缩小。2000 年,全省规模以上工业的低值集聚区在鄂西南地区连片分布,包括利川、咸丰、来凤、恩施、宣恩、建始、鹤峰、巴东、五峰、长阳、秭归、兴山、保康、夷陵 14 个县区。随着全省工业扩散，工业规模较小县区的工业经济发展速度加快，至 2015 年低值集聚区虽仍主要分布在鄂西地区，但是缩小到只剩竹溪、巴东、鹤峰、来凤 4 个县区。另外，相对于周边县区，恩施工业快速发展，进入了高低集聚区。(3) 2000—2015 年低高集聚区的变化也在一定程度上反映了湖北省工业分布由集中—集聚向分散—集聚的特征。2000 年低高集聚区围绕高高集聚区连片分布，包括宜城、京山、沙洋、监利、蔡甸、黄陂、新洲、团风 8 个县区。至 2015 年，其中的京山、蔡甸、黄陂、新洲 4 个县区进入了高高集聚区，其他县区进入离散区，低高集聚区只剩下了沙洋一县。

总之，2000—2015 年湖北省工业县际分布的空间集聚程度显著提高。武汉周边及其向西延伸的中部地域是最主要的工业集聚区，鄂西北的襄阳周边及鄂西南的宜昌周边则是两个次级的工业集聚区。省域边缘县区，尤其是鄂西南、鄂南、鄂西北边缘地带则是全省工业空间格局的外围地区。

第四节　本章小结

本章在梳理湖北省区域经济总体格局的基础上，重点对 2000—2015 年湖北省县区工业的空间格局的变化过程进行了统计分析。21 世纪以来，在中部崛起战略、长江经济带战略以及新型城镇化战略等国家区域发展战略的推进下，湖北省区域经济的"圈带"结构日渐清晰，并因此决定了湖北省县区工业时空格局及演化进程。

本章首先统计分析了湖北省工业发展的县际差异，并基于此探讨了湖北省县区工业的地理集中度及其变化。结果表明，2000—2015 年湖北省县区之间工业的绝对差异在持续扩大，但是以基尼系数和变异系数衡量的相对差异却呈现先扩大再逐渐缩小的变化趋势。其中，2005 年是湖北省县区工业相对差异变化的重要转折点，2000—2005 年相对差异呈扩大趋势，2005 年以后相对差异出现了较为稳定的缩小趋势。基尼系数的变化实际上也反映了经济活动在地区间分散程度的变化。因此，2000—

2015年湖北省县区之间工业的基尼系数先扩大再减小的趋势说明，湖北省工业在县区间的分布呈现先集中后分散的趋势，即 2005 年之前以集中为基本特征，2005—2015 年则以分散为基本特征。尽管 2000—2015 年县际差距有缩小趋势，但是湖北省工业经济仍主要集中在自武汉城区及其邻近的鄂州和黄石城区向西北至襄阳城区和十堰城区一线，向西经仙桃、潜江至宜昌城区一线，以及襄阳城区向南经荆门城区至宜昌城区一线的邻近县区；省域边缘地带尤其是鄂西北、鄂西南和鄂东边缘县区的工业发展水平则较低。

对湖北省县区工业差异的地区构成的分解结果表明，2000—2015 年间，武汉城市圈、鄂西北及鄂西南三大地区之间的工业发展差异对全省县际工业发展差异的贡献度一直非常低。主导湖北省县际工业差异的是三大地区内部县区之间的工业发展差异。其中，武汉城市圈内部的县际工业差异对全省县际工业差异的贡献度一直比较高，鄂西北地区内部工业的县际差异对全省工业县际差异的贡献度稍高于鄂西南地区内部工业的县际差异对全省工业县际差异的贡献度。

2000—2015 年湖北省县区工业发展具有显著的空间集聚性，空间集聚度呈现先下降后提高的特征，其间，2005 年是一个转折点，2000—2005 年湖北省县区工业集聚度逐渐下降，2005—2015 年工业集聚度又逐渐提高。综合湖北省工业分布县际差异和县区工业分布空间集聚度的结果，可以清晰地看到，2000—2015 年湖北省工业县际分布格局呈现由集中—集聚型向分散—离散型，最终向分散—集聚型变化的趋势。这说明，一方面，湖北省各县级区域之间工业发展的总体差距在逐渐缩小，工业分布存在均衡化趋势；另一方面，工业活动并不是由工业较发达地区向所有工业欠发达地区等比例地扩散，而是主要向工业基础相对较好且地域相互邻近的县区扩散和集中。2000 年，武汉市及其周边县区是全省唯一的工业高值集聚区，2015 年，武汉周边及其向西延伸的中部地域仍为全省最主要的工业高值集聚区，鄂西北的襄阳周边及鄂西南的宜昌周边逐渐成为两个次级的工业高值集聚区，省域边缘县区尤其是鄂西北、鄂西南、鄂南以及鄂东边缘地带则是全省工业空间格局的外围地区。

第四章

湖北省县域迁入人口的时空格局

本章将对2000年以来湖北省内各县级区域接收迁入人口的状况进行统计分析,梳理县际迁入人口总量及结构的空间分布及变化过程,总结湖北省县际迁入人口时空变化的一般规律。根据全国人口普查的统计口径,所谓县际迁入人口指的是,现住地在本县(市)或市区而户口登记地在其他县(市)或市区的人口,其中,其他县(市)或市区包括本省其他县(市)或市区以及外省。基本数据主要来自《2000人口普查分县资料》和《中国2010年人口普查分县资料》,以及《湖北省第五次人口普查机器汇总资料》和《湖北省2010年人口普查资料》。

第一节 县际迁入人口的总量和结构

对国内外区域经济发展的经验观察可以发现,市场经济条件下,人口流动频率与地区社会经济发展总是呈现正相关关系。一个地区的人口流动频率越高,其社会经济发展水平往往越高;反之亦然。如美国以纽约为中心的大西洋沿岸城市群和以芝加哥为中心的北美五大湖区城市群、日本以东京为中心的太平洋沿岸城市群、英国以伦敦为中心的城市群、法国以巴黎为中心的欧洲西北部城市群以及中国以上海为中心的长江三角洲城市群等,不仅是各国乃至是全球经济活动高度集中和经济发展水平最高的地区,也是人口流动频率最高的地区。

改革开放尤其是20世纪90年代以来,中国的经济增长取得了举世瞩目的成就。与此同时,随着以户籍制度为核心的限制人口自由流动制度体系的逐渐松动，国内以追逐更好的就业机会和更高的工资收入为目的的地区间的人口流动规模快速扩大。当然，由于历史、地理等各方面的原因，中国国内的经济增长和人口流动在地区之间并不是均衡分布的。但是，一个基本的特征与前述的经验观察是相符的，即经济较发达地区同时也是人口流动频率较高的地区。

一 迁入人口总量及变化

湖北省是中部地区枢纽，区位条件优越，一直是人口流动较为活跃的省区。21 世纪以来，随着中部崛起战略的实施，湖北省社会经济实现了较快发展，人口迁入规模持续扩大。据中国人口普查资料提供的数据，2000 年，全省县际迁入人口 223.88 万人，占全省常住人口总量的 3.76%。其中，省内县际迁入人口 162.91 万人，省外迁入人口 60.97 万人。2010 年，全省县际迁入人口增加至 480.47 万人，占全省常住人口的比重达到了 8.39%。其中，省内县际迁入人口 379.11 万人，省外迁入人口 101.36 万人。

二 迁入人口结构及变化

人口流动具有显著的选择性。它通常表现为年轻人、技能劳动力的流动性更强。其中，人口流动在受教育程度上的选择性为研究者普遍关注（Borjas et al, 1992；敖荣军，2007）。一般来说，一个人的受教育水平越高，其技能水平也就越高，迁移的可能性越大。接受较高的教育往往意味着，该个体不仅对其技能水平有明确的认识，而且能够更为清楚地认识到收益机会，也能以更快的速度响应区域的不利冲击。如果当前居住区域支付的报酬与其自身技能水平不相配，而其他区域能给其支付更高的技能报酬，他就可能迁往其他区域。对于受较高教育水平的劳动力而言，在有些情况下，不迁移的成本会大大高于低技能劳动力。如面临同样的失业问题。显然，受较高教育水平的劳动力投入了大量的成本用于人力资本积累，而低技能劳动力的人力资本积累成本很低，并且前者比后者有更高的技能报酬。因此，一旦失业，前者所遭受的机会成本损失会更高。正因如此，技能劳动力往往有更高的可能性迁往就业机会更好的地区。迁移选择性导致了人力资本的重新分配。迁移者的受教育水平一般会高于迁出地人口的平均教育水平,甚至高于迁入地人口的平均受教育水平;迁移者的平均年龄要低于非迁移者的平均年龄,低于迁入地人口的平均年龄。因此,迁移提高了迁入区域的平均受教育水平,带来了新的思想,并且成为吸引那些体现新技术投资的因素。总之,人力资本再分配的结果是迁入地人力资本存量较迁出地丰富,人力资本向迁入地持续集中。

表4—1　　　　　　　湖北省县区迁入人口的受教育结构

受教育程度	2000年（%）		2010年（%）	
	迁入人口	常住人口	迁入人口	常住人口
未上过学	3.59	8.90	2.22	5.57
小学	18.32	37.42	14.13	24.37
初中	30.89	36.20	35.18	42.21
高中	28.97	13.36	25.92	17.69
大学及以上	18.22	4.12	22.55	10.16
合计	100	100	100	100

资料来源:《湖北省第五次人口普查机器汇总资料》和《湖北省2010年人口普查资料》。

湖北省人口普查长表数据提供了县级区域迁入人口的受教育结构、职业结构等信息,其中的迁入人口主要包括两个"户口登记在外省的人口"和"户口登记在本省其他乡镇街道的人口"。前者是县级区域县际迁入人口的基本构成,而后者实际上由两部分构成,即来自省内其他县区的迁入人口和县区内部乡镇街道之间的流动人口。严格来说,考察各县级区域的县际迁入人口应该把县区内部乡镇街道之间的流动人口剔除。但是,由于数据的可获得性,无法作出这样的处理。另外,主要考察迁入人口的质量结构,而不是关注迁入人口的总量。基于这样的考虑,将"户口登记在本省其他乡镇街道的人口"直接视为是县区接收的省内的县际迁入人口。

对湖北省县际迁入人口的观察表明,迁入人口在受教育程度上的选择性非常显著（表4—1）。可以看到，县际迁入人口的平均受教育程度要高于本地常住人口的平均受教育程度。总体上看，无论是在迁入人口中还是在常住人口中，受初中教育程度人口的份额都是最高的，这反映了我国人口以初中教育为主的受教育结构特点。但是，以初中教育为界，迁入人口中受初中及以下教育人口所占份额，远低于常住人口中受初中及以下教育人口占6岁及以上总人口的份额；而高中及以上受教育程度较高的人口份额，迁入人口则远高于常住人口。尤其是大学及以上受教育程度人口，2000年全省迁入人口中受大学及以上教育程度人口的份额为18.22%，远高于常住人口中受大学及以上教育程度人口的份额4.12%；2010年全省迁入人口中受大学及以上教育程度人口的份额达到了22.55%，仍然远高于常住人口中受大学及以上教育程度人口的份额10.16%。湖北省县际迁入人口相对于迁入县区常住人口较高的受教育程度，对于区域社会经济发展的影响是不可忽视的。受教育程度较高的县外人口的迁入，无疑有利于提高本县人口的平均受教育程度，增加本县的人力资本存量，促进社会经济发展。

第二节 迁入人口的县际分布及变化

湖北省自然资源、环境质量、社会经济发展以及区位条件等存在显著的县际差异（敖荣军和韦燕生，2011），决定了各县区在接收迁入人口的数量和质量方面的不均衡性。由于人口普查数据提供了全省2000年的100个县级区域和2010年的102个县级区域的迁入人口数据，本部分在分析湖北省各县区接收迁入人口数量和质量的过程中，只是剔除了神农架林区，且未对县区进行合并处理。

一 迁入人口总量的县际差异

以各县区迁入人口占全省县际迁入人口总量的份额为衡量指标，以标准差作为衡量绝对差异的指标，以变异系数和基尼系数为衡量相对差异的指标，计算湖北省迁入人口数量的县际差异。结果表明，无论是绝对差异还是相对差异，湖北省迁入人口数量的县际差异在2000—2010年都有显著扩大的趋势。具体而言，2000年湖北省各县区之间迁入人口占全省迁入人口份额的标准差为0.0161，变异系数为1.6074，基尼系数为0.6565；2010年这三个指标分别扩大为0.0188、1.9169和0.7127。

2000—2010年，湖北省迁入人口县际差异持续扩大的直接原因在于县际迁入人口持续向少数县区集中，尤其是向各地级市的市辖区集中。2000年（图4—1），迁入人口占全省县际迁入人口份额在2%以上的县区一共有14个，全部是地级市的市辖区。仅这14个县区的迁入人口总量就占全省县际迁入人口总量的61.40%，其中，接收迁入人口最多的是武汉市洪山区，占全省县际迁入人口份额达到了8.15%，其次是武汉市硚口区，占全省县际迁入人口份额的8.14%，位列第三位的是武汉市武昌区，占全省县际迁入人口的份额为6.17%，武汉市江汉区位居第四，迁入人口份额为5.55%。仅武汉市这四个区的迁入人口就占到了全省县际迁入人口的近三分之一。其次是襄阳市樊城区、武汉市江岸区、荆州市沙市区、宜昌市西陵区、武汉市汉阳区、宜昌市夷陵区、武汉市东西湖区、荆门市东宝区和十堰市张湾区和茅箭区。总体上看，鄂东地域自孝感城区经武汉至咸宁城区，鄂西地域的荆门城区—荆州城区—宜昌城区和十堰城区及其邻近县区，形成了两个较为明显的迁入人口连片集中区。

2010年（图4—1），全省县际迁入人口继续向市辖区集中，尤其是向武汉市、襄阳市、宜昌市和十堰市的城区集中。迁入人口份额在2%以上的县区仍为14个，但是迁入人口份额较2000年增加了5.8%，达到了67.26%。其中，9个县区是武汉市的市辖区，包括洪山区、硚口区、江汉区、江岸区、江夏区、武昌区、东西湖区、汉阳区和蔡甸区，迁入人口占全省县际迁入人口的份额达到了54.23%。另外，襄阳市樊城区、宜昌市西陵区、十堰市茅箭区和张湾区，以及京山县的迁入人口份额也在2%以上。流动人口较为集中的县区主要是社会经济发展水平较高的地级市（武汉、襄阳、宜昌、十堰、黄石等）的市辖区以及个别的与市辖区邻近的县和县级市。迁入人口向少数县区集中的另一个结果是，接收流动人口较少的县区的数量逐渐增加。2000年，全省共有30个县区迁入人口占省迁入人口的份额在0.2%以下，有10个县区迁入人口份额在0.1%以下。2010年，迁入人口份额在0.2%以下的县区增加到了45个，

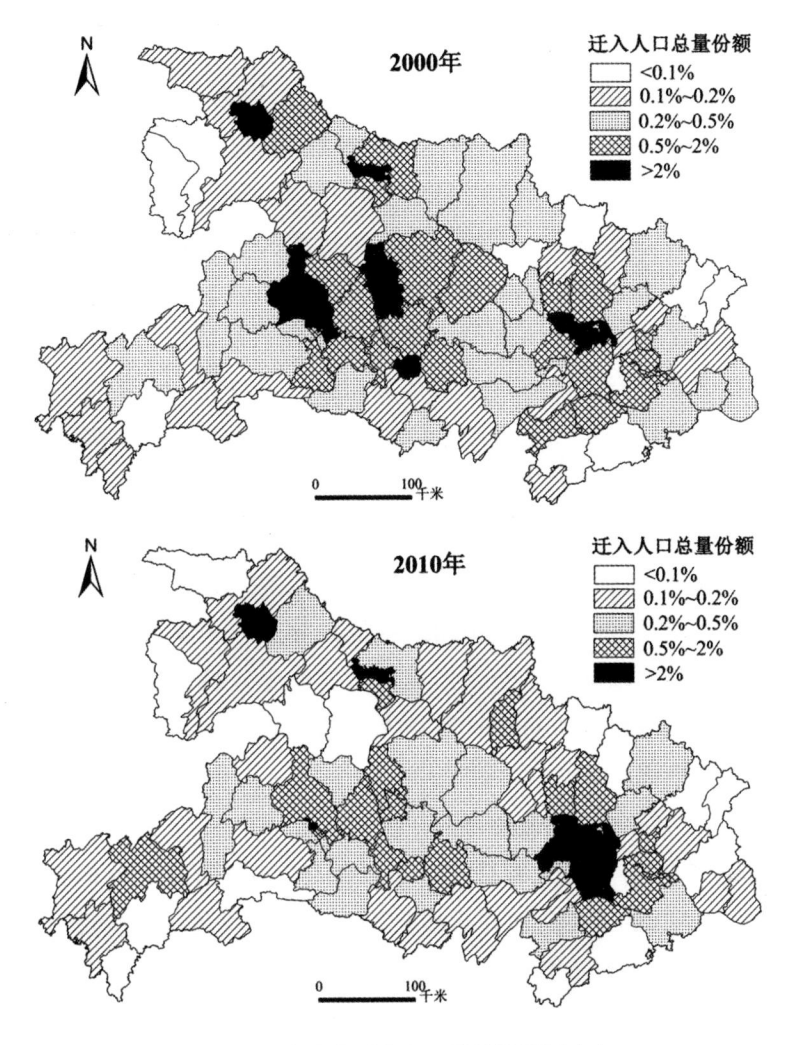

图4—1 湖北省迁入人口总量的县际分布

迁入人口份额在0.1%以下的县区增加到了10个。这些县区主要集中在鄂西南和鄂西北地区。

总体上看,鄂东地域的武汉市及其邻近县区仍是迁入人口总量较多的县区的连片集中区,鄂西地域的高迁入人口连片集中区的范围明显缩小,鄂西北的襄阳城区和十堰城区则是两个高迁入人口孤岛;中部地域和省域边缘县区的迁入人口普遍减少。迁入人口的分布格局与湖北省"一主两副"的城镇空间结构非常吻合。

二 迁入人口质量的县际差异

人口流动具有显著的选择性,导致流动人口的质量结构往往优于迁出地人口的平均质量结构,甚至会优于迁入地人口的质量结构。也正是由于迁移的选择性,人力资本在地区间实现了重新配置,进而对区际经济关系产生深刻的影响。对于迁入地而言,如果迁入人口的质量结构与地区的劳动力需求结构相匹配的话,人口的迁入无疑是有利于地区社会经济发展的。对于迁移者而言,只有迁入那些劳动力需求结构与其质量特征相匹配的地区,其迁移决策才有可能实现收益最大化。因此,迁入人口的质量结构,一方面是迁入地劳动力需求结构对流动人口吸引的结果,另一方面则是迁入地社会经济发展的重要原因之一。相应地,迁入人口质量结构的地区差异,也就可以作为观察社会经济发展以及劳动力需求结构的地区差异的一个重要指标。考虑到研究目的,分别以受大学及以上教育人口和专业技术人员作为技能人口。相应地,以迁入人口中这两类人口的份额作为衡量迁入人口质量结构的衡量指标。

(一) 教育结构的县际差异

2000—2010 年,湖北省县际迁入人口的受教育程度有所提高,并且远高于常住人口的平均受教育程度。2000 年,全省各县区接收的县际迁入人口中受大学及以上教育人口的平均份额为 11.11%,而各县区受大学及以上教育人口占其 6 岁及以上常住人口总量的平均份额仅为 4.49%;2010 年该份额提升至 13.67%,受大学及以上教育人口占 6 岁及以上常住人口总量的平均份额则为 9.23%。

各县区之间迁入人口的受教育结构存在显著的差异。2000 年(图 4—2),全省各县区之间受大学及以上教育的迁入人口占迁入人口份额的变异系数为 0.7456,基尼系数为 0.7135。其中,迁入人口受教育程度最高的是武汉市洪山区,其迁入人口中受大学及以上教育人口份额达到了 51.94%;而迁入人口受教育程度最低的鄂州市梁子湖区,其迁入人口中受大学及以上教育人口的份额仅为 3.53%。迁入人口中受大学及以上教育人口份额在 20% 以上的县区都是地级市的市辖区,依次为武汉市洪山区、武昌区，荆州市荆州区，黄石市黄石港区、下陆区，武汉市江岸区、青山区、江夏区，恩施市宜昌市西陵区，黄冈市黄州区，襄阳市襄城区以及孝感市孝南区13个县区，平均份额为28.56%；迁入人口中受大学及以上教育人口份额在5%以下的县区依次为孝昌县、枝江市、云梦县、嘉鱼县、京山县、公安县、当阳市、应城市和鄂州市梁子湖区9个县区，平均份额仅为4.36%。全省大部分县区迁入人口中受大学及以上教育人口份额在10%—15%之间，包括保康县、宜昌市猇亭区、安陆市、英山县、长阳县、潜江市、竹山县、郧阳区、竹溪县、利川市、团风县、谷城县郧西县、巴东县等58个县区，平均份额为7.13%。

2010年（图4—2），全省迁入人口中受大学及以上教育人口份额的县际差异较2000年有微弱缩减，但仍维持在较高差异水平，各县区之间迁入人口中受大学及以上教育人口份额的变异系数减小为0.6867，基尼系数则为0.7474。其中，迁入人口受教育程度最高的是武汉市江夏区，洪山区次之，两区迁入人口中受大学及以上教育人口份额都超过了50%，分别达到了54.16%和53.04%；而迁入人口受教育程度最低的是崇阳县，其迁入人口中受大学及以上教育人口的份额仅为4.74%。迁入人口中受大学及以上教育人口份额在20%以上的县区由2000年的13个增加到了20个，依次为武汉市江夏区、洪山区、武昌区，黄石市黄石港区，襄阳市襄城区，恩施市，黄冈市黄州区，武汉市蔡甸区、江岸区，宜昌市西陵区，武汉市青山区、东西湖区，孝感市孝南区，宜昌市猇亭区，黄石市下陆区，荆州市荆州区，武汉市新洲区、江汉区和汉阳区，全部为地级市的市辖区，平均份额为29.28%；迁入人口中受大学及以上教育人口份额在5%以下的县区只有云梦县和崇阳县。迁入人口中受大学及以上教育人口份额在10%—15%之间的县区较2000年减少到了51个，包括沙洋县、利川市、保康县、黄梅县、长阳县、石首市、宜城市、竹溪县、孝昌县、大冶市、巴东县、郧西县、钟祥市、鹤峰县、竹山县房县等，平均份额为8.03%。

总体上看，与迁入人口总量的县区分布较为一致的是，湖北省社会经济相对发达的县区接收的县际迁入人口的受教育程度较高，武汉、宜昌、襄阳、十堰、黄石等地级市的市辖区接受县际迁入人口的受教育程

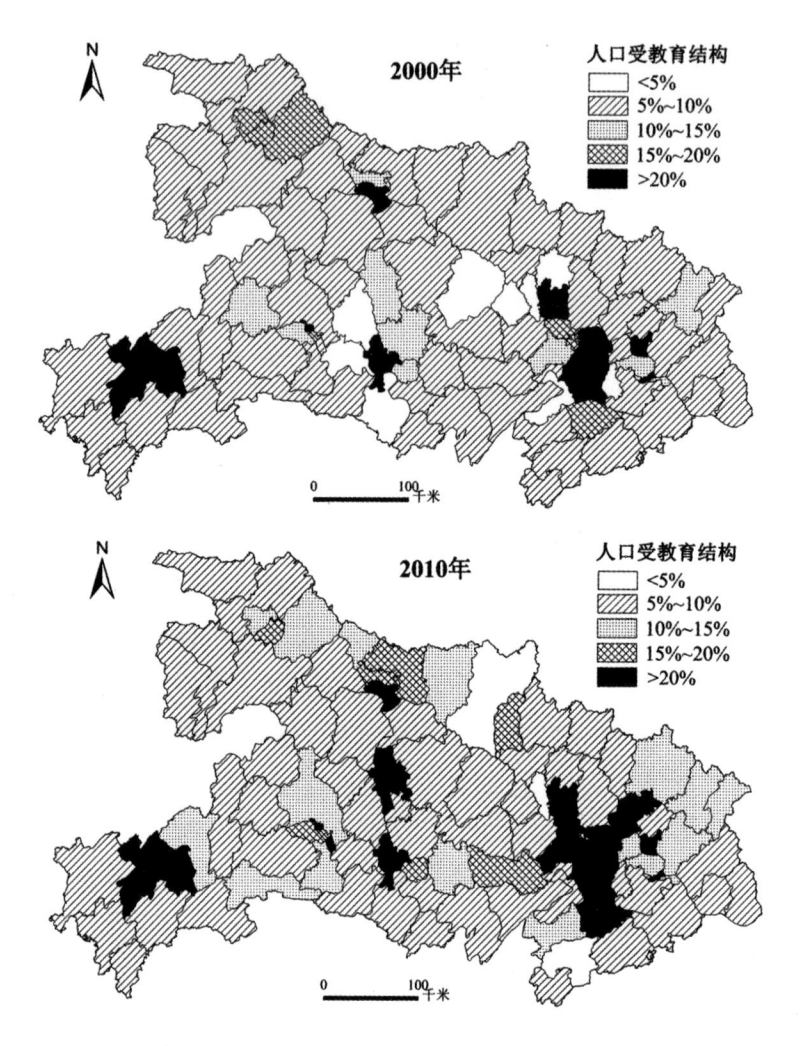

图 4—2 湖北省迁入人口受教育结构的县际差异

度普遍较高。

(二) 技能结构的县际差异

以迁入从业人员中专业技术人员的份额衡量县际迁入人口的技能结构，总体上看，迁入从业人员中专业技术人员的份额要高于从业人员中专业技术人员的份额。迁移的技能选择性，使得迁入人口成为技能劳动力的重要供给来源。2000年，全省各县区从业人员中专业技术人员份额的平均值为7.11%，而迁入从业人员中专业技术人员份额的平均值则为

13.56%；2010年，各县区从业人员中专业技术人员份额的平均值较2000年有所下降，为6.87%，但是迁入从业人员的技能结构仍高于从业人员的技能结构，其专业技术人员份额的平均值为11.40%。

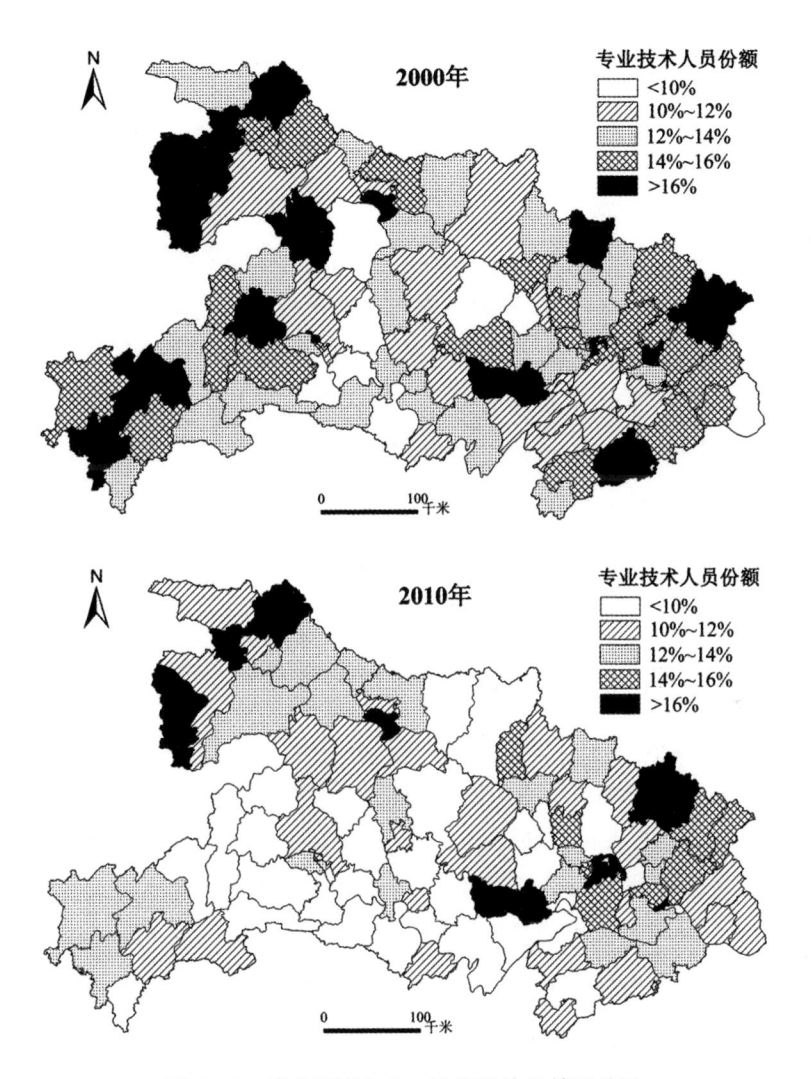

图4—3 湖北省迁入人口技能结构的县际差异

湖北省县区之间迁入从业人员的技能结构存在一定的差异，并有逐渐扩大之势，全省县区之间迁入从业人员中专业技术人员份额的变异系数由2000年的0.2239小幅扩大至2010年的0.3073，基尼系数则由

0.4832 扩大至 0.6240。2000 年（图 4—3），全省迁入从业人员技能结构水平最高的县区为武汉市的武昌区，其迁入从业人员中专业技术人员的份额为 20.25%；而迁入从业人员技能结构水平最低的是武汉市的硚口区，其迁入从业人员中专业技术人员的份额仅为 6.84%。迁入从业人员中专业技术人员份额在 16% 及以上的县区一共有 19 个，依次为武汉市武昌区、黄冈市黄州区、武汉市江岸区、黄石市黄石港区、罗田县、秭归县、大悟县、英山县、通山县、武汉市青山区、宜昌市西陵区、十堰市郧阳区、保康县、咸丰县、竹溪县、襄阳市襄城区、竹山县、仙桃市和恩施市，平均份额为 18%。迁入从业人员中专业技术人员的份额在 10% 以下的一共有 10 个县区，分别是南漳县、黄梅县、京山县、当阳市、公安县、应城市、鄂州市梁子湖区、宜都市、枝江市和武汉市硚口区，平均份额仅为 8.08%。全省大部分县区迁入从业人员占当地从业人员总量的份额为 12%—15%，包括十堰市的张湾区、阳新县、天门市、十堰市的茅箭区、长阳县、黄石市的西塞山区、丹江口市、襄阳市襄阳区、浠水县、武穴市、宜昌市伍家岗区、武汉市洪山区等 42 个县区，平均份额为 13.60%。

2010 年（图 4—3），全省迁入从业人员技能结构水平最高的县区依然是武汉市武昌区，其迁入从业人员中专业技术人员的份额由 2000 年的 20.25% 小幅提升至 21.68%；其次是武汉市洪山区和襄阳市襄城区，其迁入从业人员中专业技术人员的份额都在 20% 以上，分别达到了 21.49% 和 20.51%。迁入从业人员技能结构水平最低的是黄石市铁山区，其迁入从业人员中专业技术人员的份额仅为 3.17%。迁入从业人员中专业技术人员份额在 16% 及以上的县区数量由 2000 年的 19 个减少到了 10 个，依次为武昌区、洪山区、襄城区、江岸区、黄石市下陆区、麻城市、黄石市黄石港区、竹溪县、郧西县和仙桃市，平均份额为 18.31%。迁入从业人员中专业技术人员的份额在 10% 以下的县区数量由 2000 年的 10 个县区增加到了 33 个，分别是长阳县、黄石市西塞山区、钟祥市、松滋市、建始县、潜江市、五峰县、枣阳市、应城市、江陵县、巴东县等，平均份额为 7.72%。迁入从业人员中专业技术人员的份额在 12%—15% 的县区数量由 2000 年的 42 个减少到了 25 个，平均份额为 13.14%。可以看到，全省迁入从业人员技能结构水平较高县区数量的减少、技能水平较低县区数量的增加，导致了全省迁入从业人员的技能结构水平由2000年至2010年的缓慢下降。

第三节　迁入人口的空间集聚及变化

一　迁入人口总量的空间集聚

以上对湖北省县级区域迁入人口的差距分析的结果表明，2000—2010年迁入人口的县际分布差距有扩大的趋势，说明这期间迁入人口具有地区集中的趋势。这里以空间自相关方法，对迁入人口分布的空间关系量化分析，检验各县区迁入人口在空间上是否存在空间集聚性。首先，利用全域莫兰指数测度湖北省县级区域迁入人口总量的全局空间自相关性。结果表明，湖北省2000年和2010年各县区迁入人口总量的全域莫兰指数分别为0.5145和0.4921，说明湖北省各县区迁入人口总量存在着显著的正的空间自相关特性，具有明显的空间集聚特征。但是，全域莫兰指数减小也表明，相对于2000年而言，2010年湖北省各县区迁入人口总量的空间集聚性有所减弱。

其次，以局域莫兰指数散点图和LISA地图考察迁入人口总量县区分布的局域空间自相关性。图4—4绘制了2000年和2010年湖北省各县区迁入人口总量的局域莫兰散点图，其中第一象限为高值集聚，第三象限为低值集聚，第二象限和第四象限为空间离散。可以看到，落入第二象限和第四象限的县区数量比较少，大部分县区集中于第一象限和第三象限。2000年落入第一象限和第三象限的县区分别有9个和51个，落入第二象限和第四象限的县区分别由有11个和16个。至2015年落入第一和第三象限的县区增加到了69个，落入第二象限和第三象限的县区减少到了22个。这说明，湖北省县区迁入人口总量的空间依赖性显著，迁入人口总量多的地区之间相互邻接，迁入人口总量少的也相互邻接。即，迁入人口数量较多县区的周边县区接收的迁入人口数量也较多，而在迁入人口数量较少县区的周边县区接收的迁入人口数量也较少。迁入人口总量的空间集聚的特征跃然可见。

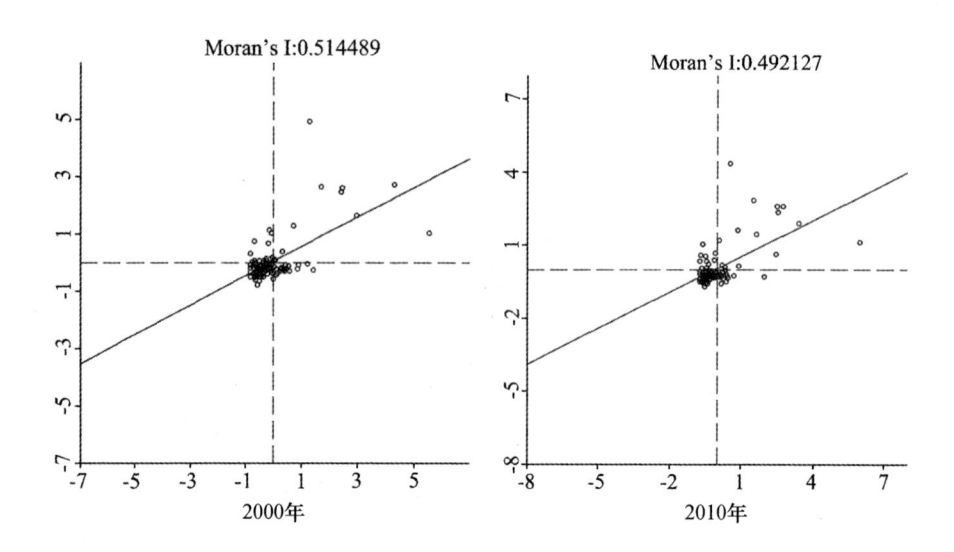

图4—4　湖北省迁入人口县际分布的莫兰指数散点图

图4—5绘制了湖北省县区迁入人口总量的LISA地图。从图中可以更为清晰地识别湖北省县区迁入人口总量的空间集聚模式，即在哪些县区高值集聚，在哪些县区低值集聚。可以看到：（1）武汉市域在2000年和2010年都处于高值集聚区，说明这一地区一直是湖北省县际迁入人口流入的中心地区，并且高值集聚县区由8个增加至了11个。（2）2000年低值集聚区全部集中在鄂西地区，包括来凤、宣恩、鹤峰、五峰、宜都、恩施、巴东、竹山和郧西9个县区，2010年低值集聚区缩小，仅有鄂西的郧西、竹山、巴东、长阳、五峰和宜都6个县区以及鄂东的蕲春1县。这些县区基本处于湖北省边缘不发达地区，交通通达度低，迁入人口数量较少。（3）迁入人口总量的分布出现了一些高低、低高的关联模式区域。2000年，华容、蔡甸和黄陂三县区相对于其周边县区而言，迁入人口较少，故落入低高集聚区。2010年，枣阳的人口迁入数量较多，而周边县区迁入人口数量较少，因此，表现出了高低关联模式。华容等县区位于武汉市域边缘，但是其人口迁入数量较少，因此表现出了低高的关联模式。

总体上看，湖北省县际迁入人口数量呈高高集聚的县区数量要多于呈低低集聚县区的数量，呈低高和高低相关的县区数量更少。大部分县

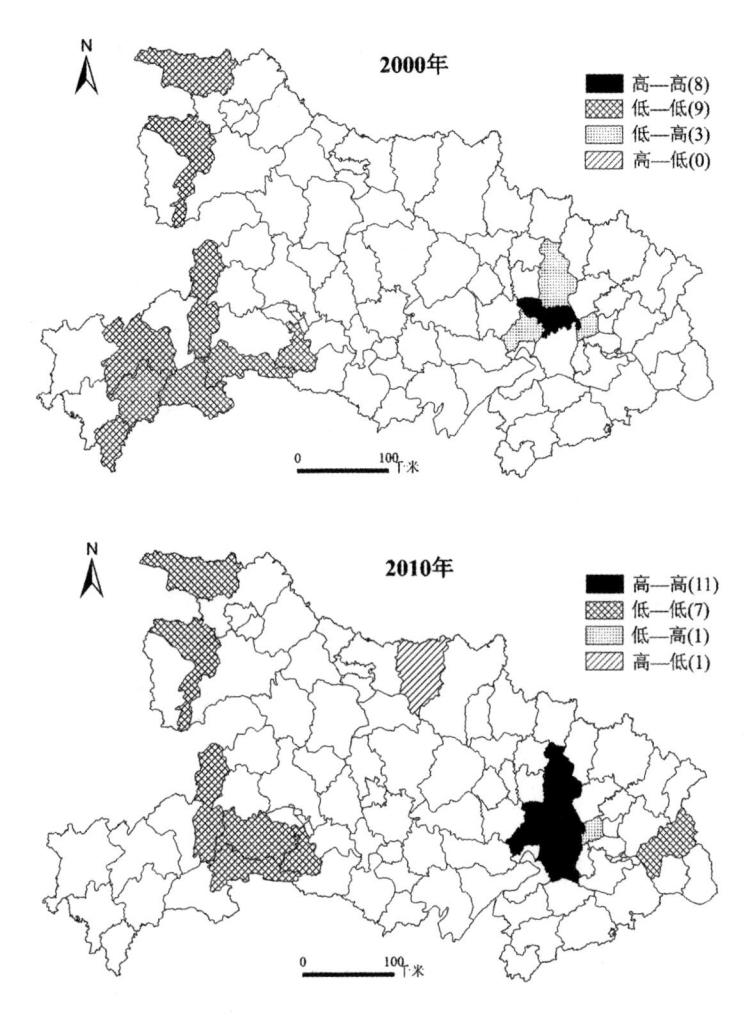

图 4—5　湖北省迁入人口县际分布的 LISA 地图

区与周围县区的空间关联性并不显著，这些县区之间县际迁入人口数量的差异性并不明显。湖北省县际迁入人口的地理分布同样呈现出以武汉及其邻近县区为"中心"、以省域边缘县区为"外围"的空间结构特征。

二　迁入人口质量的空间集聚

（一）迁入人口教育结构的空间关联性

以受大学及以上教育程度人口占迁入人口的份额衡量各县区迁入人口的教育结构，本部分意在探讨各县区在迁入人口受教育程度上的空间关联关系。首先，以全域莫兰指数测度湖北省县级区域迁入人口受教育结构的全局空间自相关性。结果表明，湖北省 2000 年和 2010 年各县区迁入人口总量的全域莫兰指数分别为 0.3289 和 0.2620，说明湖北省各县区迁入人口的受教育结构存在显著的正的空间自相关特性，具有明显的空间集聚特征。但是，全域莫兰指数减小也表明，相对于 2000 年而言，2010 年湖北省各县区迁入人口受教育结构的空间集聚性有所减弱。

其次，以局域莫兰指数散点图和 LISA 地图考察迁入人口受教育结构县区分布的局域空间自相关性。图 4—6 绘制了 2000 年和 2010 年湖北省迁入人口受教育结构县区分布的局域莫兰指数散点图。可以看到，落入第二象限和第四象限的县区数量比较少，大部分县区集中于第一象限和第三象限。这说明，湖北省迁入人口中大学及以上教育程度人口份额高的县区之间相互邻接，大学及以上教育程度份额低的县区之间也相互邻接。即，迁入人口中受大学及以上教育程度人口较多县区的周边县区接收的迁入人口中的受大学及以上教育程度人口的数量也较多，而在迁入人口中受大学及以上教育程度人口数量较少县区的周边县区接收的迁入人口中受大学及以上教育程度人口的数量也较少。

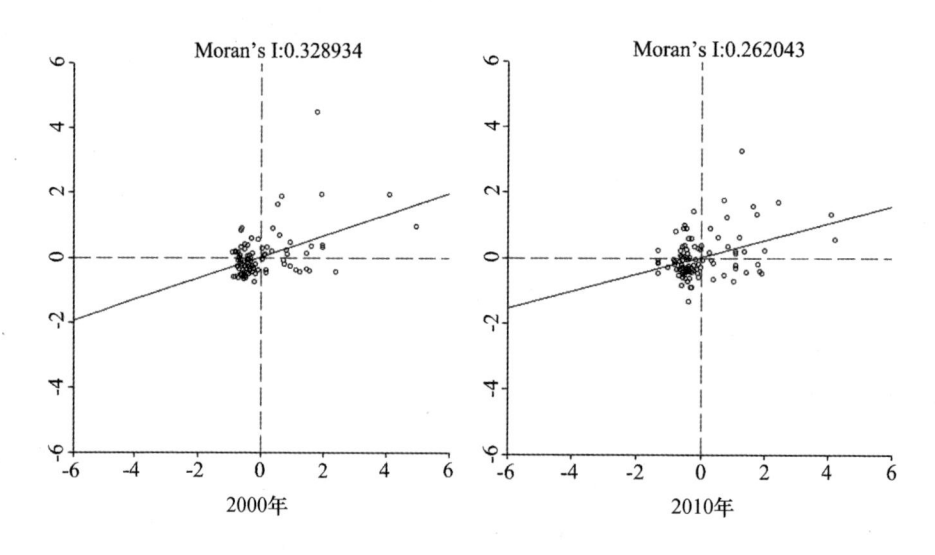

图 4—6　湖北省迁入人口中大学及以上人口份额县际分布的莫兰指数散点图

图 4—7 绘制了湖北省各县区迁入人口中受大学及以上教育程度人口份额的 LISA 地图。可以清晰地看到，在 $p<0.05$ 的显著水平上，湖北省各县区迁入人口中大学及以上教育程度人口份额的分布存在着显著的局部空间集聚现象：(1) 武汉城区迁入人口的受教育程度普遍较高，2000 年和 2010 年武汉的七个城区一直稳定地落在高值集聚区。(2) 低值集聚区的变动比较大。2000 年的低值集聚区主要集中在鄂中地域，包括洪湖、应城、京山、安陆、大悟和曾都等县区以及省域东端的武穴。2010 年的低值集聚区较为分散，包括鄂西的郧西、竹山和五峰，鄂西北的枣阳，鄂南的江陵和鄂东的黄梅。可以看到，这些县区处于鄂西不发达地区，大学及以上人口迁入规模普遍较小，所以呈现出迁入人口受教育程度较低区域的连片集聚态势。(3) 2000 年的华容和黄陂，2010 年的汉南、黄陂、华容、梁子湖以及大冶等县区处于武汉城区边缘，与武汉城区迁入人口较高的受教育程度相比，其迁入人口的受教育程度较低，显示出低高集聚的空间自相关模式。2010 年的荆州和曾都迁入人口受教育程度较高，但是其周边县区迁入人口的受教育程度较低，因此表现出高低集聚的空间自相关模式。

总体上看，湖北省迁入人口的受教育程度呈现显著的空间集聚状态。武汉城区是全省受教育程度较高人口迁入的集聚中心。迁入人口中大学及以上教育程度人口份额呈空间正相关的县区数量要多于呈负相关的县区数量。另外，除了个别县区表现出空间正负相关，大部分县区与其周边县区在迁入人口的受教育结构上并没有显著的空间依赖性，这些县区的迁入人口的受教育程度的差异性也并不显著。

(二) 迁入人口专业技能结构的空间关联性

以专业技术人员占迁入人口的份额衡量各县区迁入人口的专业技能结构，探讨各县区在迁入人口专业技能结构上的空间关联关系。首先，以全域莫兰指数测度湖北省县级区域迁入人口专业技能结构的全局空间自相关性。结果表明，湖北省 2000 年和 2010 年各县区迁入人口总量的全域莫兰指数分别为 0.2100 和 0.1494，说明湖北省各县区迁入人口的专业技能结构存在显著的正的空间自相关特性，具有明显的空间集聚特征。但是，全域莫兰指数减小也表明，相对于 2000 年而言，2010 年湖北省各

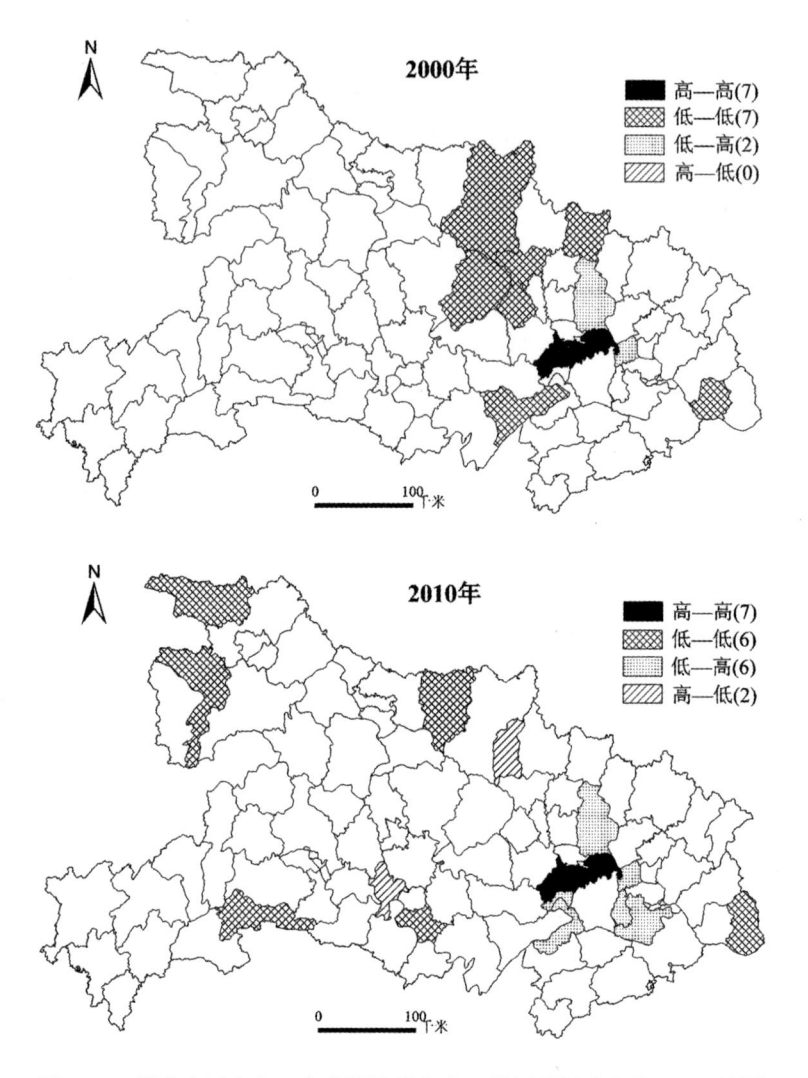

图 4—7　湖北省迁入人口中大学及以上人口份额县际分布的 LISA 地图

县区迁入人口专业技能结构的空间集聚性有所减弱。

其次，以局域莫兰指数散点图和 LISA 地图考察迁入人口专业技能结构县区分布的局域空间自相关性。图 4—8 绘制了 2000 年和 2010 年湖北省各县区迁入人口专业技能结构的局域莫兰指数散点图。可以看到，落入第二象限和第四象限的县区数量比较少，大部分县区集中于第一象限和第三象限。这说明，迁入人口中专业技术人员份额高的县区之间相互邻接，专业技术人员份额低的县区之间也相互邻接。即，迁入人口中专

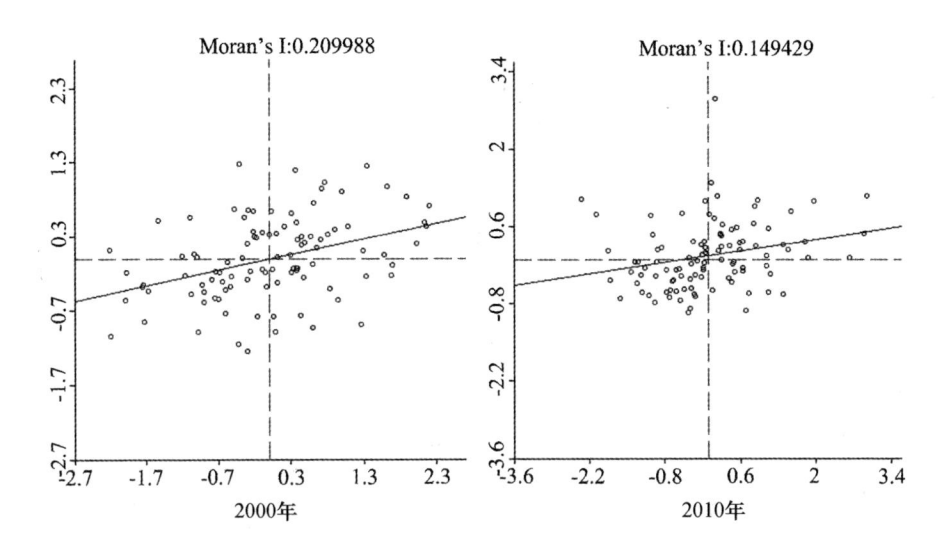

图4—8　湖北省迁入人口中专业技术人员份额县际分布的莫兰指数散点图

业技术人员较多县区的周边县区接收的迁入人口中的专业技术人员的数量也较多，而在迁入人口中专业技术人员数量较少县区的周边县区接收的迁入人口中专业技术人员的数量也较少。

图4—9绘制了湖北省各县区迁入人口中专业技术人员份额的LISA地图。可以清晰地看到，在 $p<0.05$ 的显著水平上，湖北省各县区迁入人口中专业技术人员份额的分布存在显著的局部空间集聚现象：（1）武汉城区迁入人口的专业技能结构普遍较高，表现出迁入人口中专业技术人员份额的高高集聚。这种空间集聚模式在2010年表现得更为明显，高高集聚的县区数量明显增加。另外，2000年鄂东北的罗田、英山、浠水和团风四县区落入高值集聚区，2010年这个高值集聚区仅剩下了罗田，鄂西北的竹山落入了高值集聚区。（2）低值集聚区主要集中在宜昌和荆州地域，2000年，除了江夏外，该地域的当阳、枝江、猇亭、荆州、沙市和松滋六县区属于低低集聚。2010年，江夏退出低值集聚区，鄂西的巴东进入低值集聚区，该地域的宜都、松滋、枝江、夷陵、江陵和石首六县区仍为低低集聚县区。（3）部分县区与周围县区迁入人口的专业技能结构的差距较大，表现出"高低"或"低高"的空间

关联模式。如2000年的保康、东宝、天门和安陆四县区、2010年的东宝、荆州、仙桃三县区显示出"高低"的空间关联模式；2000年的黄陂和2010年硚口、黄陂、华容、下陆、西塞山等则显示出"低高"的空间关联模式。

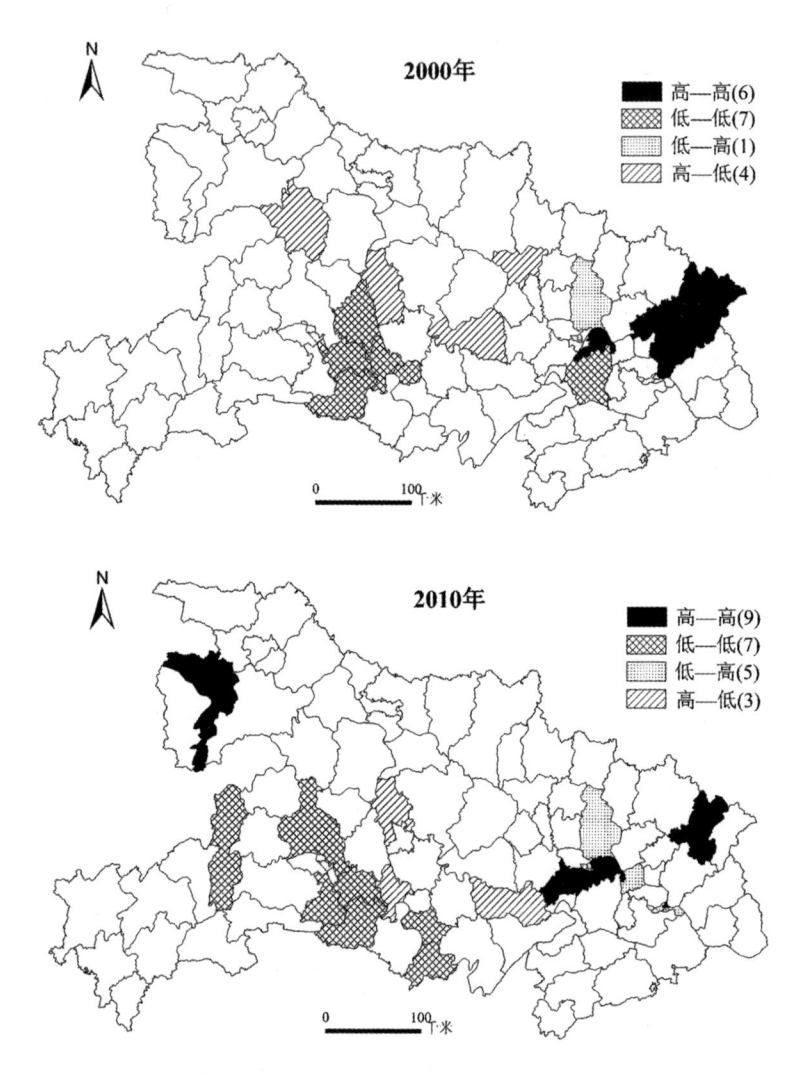

图4—9 湖北省迁入人口中专业技术人员份额县际分布的LISA地图

总体上看，湖北省各县区迁入人口的专业技能结构呈空间正相关的数量要多于呈空间负相关的数量，另有少数县区之间呈正负相关，大部分县区之间在迁入人口的专业技能结构上并没有显著的空间依赖性，相应地，这些县区之间迁入人口的专业技术人员份额差异并不明显。

第四节　本章小结

本章基于湖北省第五次和第六次人口普查资料提供的全省县级区域的迁入人口数据，对湖北省县际迁入人口的时空格局进行了统计分析。21世纪以来，随着湖北社会经济的快速发展，人口迁入和人口流动规模持续扩大。2000年，全省县际迁入人口223.88万人，占全省常住人口总量的3.76%；2010年，全省县际迁入人口增加至480.47万人，占全省常住人口的比重达到了8.39%。由于迁入人口的受教育程度高于当地人口，所以人口流动势必对湖北省区域经济产生重要影响。

对迁入人口总量县际分布的分析表明，由于迁入人口持续向社会经济发展水平较高的武汉、襄阳、宜昌、十堰、黄石等地级市的市辖区及其邻近的县市集中，湖北省县际迁入人口的县际分布差异在2000—2010年呈扩大之势。鄂东地域的武汉市及其邻近县区是高迁入人口县区的连片集中区，鄂西地域的荆门城区—荆州城区—宜昌城区是另一个迁入人口较高的连片集中区，鄂西北的襄阳城区和十堰城区则是两个人口高迁入孤岛；中部地域和省域边缘县区的迁入人口普遍减少。与迁入人口总量的县区分布较为一致的是，社会经济相对发达的县区接收的县际迁入人口的受教育程度较高，武汉、宜昌、襄阳、十堰、黄石等地级市的市辖区接受县际迁入人口的受教育程度普遍较高，各县级区域之间接收迁入人口的受教育程度差异也呈扩大之势。迁入人口一方面是各县区劳动力供给源，另一方面也是各县区消费市场规模扩大的推动力量。迁入总量和结构的县际差异的扩大无疑会对社会经济发展的空间格局产生深远的影响。

在对迁入人口县际分布的差异性进行统计分析后，本章又采用空间统计技术分析了县际迁入人口的空间集聚性。结果表明，无论是迁入人口总量，还是迁移人口的受教育程度和专业技能结构，都呈现显著的空间集聚特征。总体上看，湖北省县际迁入人口的地理分布呈现出以武汉及其邻近县区为"中心"、以省域边缘县区为"外围"的空间结构特征：以武汉城区为核心，其周边县区迁入人口总量和高质量迁入人口呈高高集聚模式，而省域边缘县区的迁入人口总量和高质量迁入人口则呈低低集聚模式。

第五章

人口迁入与产业集聚的互动关系

　　第三章和第四章分别探讨了 2000 年以来湖北省工业经济和迁入人口县际分布的时空格局，揭示了湖北省工业发展和迁入人口呈现同向集聚的态势，即工业经济规模和迁入人口规模都在一定程度上形成了以武汉及其周边县区为中心、以省域边缘县区为外围地区的空间集聚特征。本部分采用数理统计和空间统计方法，实证检验湖北省县域迁入人口与工业发展之间相互促进的互动关系。最后，对人口迁入与产业集聚的互动关系给出初步的理论解释。[①]

第一节　县域迁入人口与工业经济的相关性

一　迁入人口数量与工业规模的相关性

　　正如第三章指出的，2000 年以来，湖北省工业发展的县际差异虽有缩小态势，但无论是绝对差异还是相对差异仍然较为显著。其中的直接原因在于，工业经济向少数地区集中的趋势日趋明显。武汉、宜昌、襄阳、十堰以及黄石、荆州等地级行政区的城区是工业经济高度集中的地区，而鄂西北、鄂西南地区的一些县或县级市的工业经济发挥则相对萎缩。对迁入人口县际分布的数据分析表明，武汉、宜昌、襄阳、十堰以及黄石、荆州等地级行政区的城区也是全省县际迁入人口的主要集中地

[①] 本章核心内容已经发表：敖荣军、梅琳、梁鸽等：《湖北省县域人口迁入与工业集聚的空间关联性研究》，《长江流域资源与环境》2018 年第 3 期。

区，由此直接导致了全省县际迁入人口分布的不均衡。

图5—1反映了2000年和2010年湖北省迁入人口数量和工业经济县际分布的相关性。可以看到，2000年湖北省各县区接收县际迁入人口数量与其工业经济活动规模之间存在显著的正相关。在1%的显著性水平上，以规模以上工业总产值衡量，各县区迁入人口数量对数与工业经济规模对数的Pearson相关性指数为0.742；以规模以上工业企业数衡量，各县区迁入人口数量对数与工业经济规模对数的Pearson相关性指数为0.552。

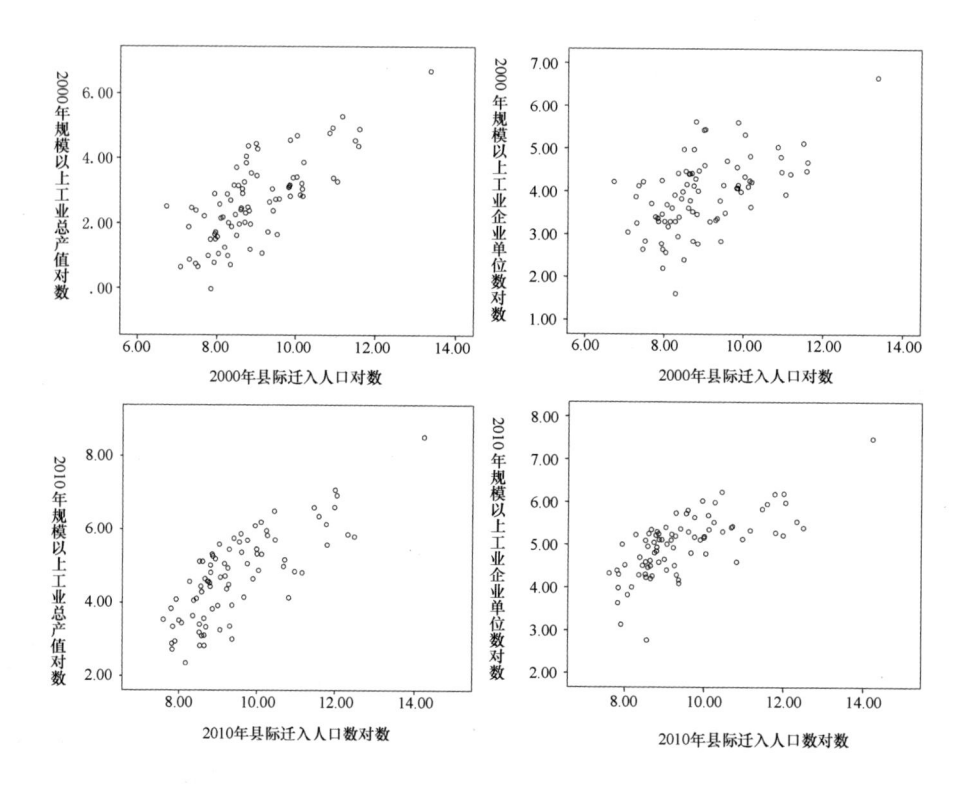

图5—1 湖北省迁入人口与工业经济县际分布的相关性

2010年湖北省各县区接收县际迁入人口数量与其工业经济活动规模之间的相关性程度进一步提高。在1%显著性水平上，各县区迁入人口数量对数与规模以上工业总产值对数的Pearson相关性指数提高到了0.778；

迁入人口数量对数与规模以上工业企业单位数对数的 Pearson 相关性指数提高到了 0.705。

湖北省迁入人口数量与工业经济的县际分布之间存在显著的正相关关系，并且二者的相关性程度随时间逐渐提高。这种空间关系与新经济地理学关于劳动力在价格指数效应机制的作用下向制造业中心地区迁移的迁移模式，具有高度的相似性。

二　迁入人口质量与工业规模的相关性

以大学及以上教育程度人口占迁入人口总量的份额衡量县际迁入人口的质量，如第三章指出的，武汉、宜昌、襄阳、十堰、黄石、荆州等地级市的市辖区接收的迁入人口的受教育程度普遍较高。迁入人口质量县际分布的空间格局显然与全省工业经济县际分布的空间格局有一定的相关性。图 5—2 反映了 2000 年和 2010 年湖北省迁入人口质量和工业经济县际分布的相关性。

2000 年，湖北省各县区接收县际迁入人口质量与其工业经济活动规模之间存在显著的正相关。在 1% 的显著性水平上，以规模以上工业总产值衡量，各县区迁入人口中受大学及以上教育程度人口的份额与工业经济规模对数的 Pearson 相关性指数为 0.296；以规模以上工业企业数衡量，各县区迁入人口中受大学及以上教育程度人口的份额与工业经济规模对数的 Pearson 相关性指数为 0.246。

2010 年，湖北省各县区接收县际迁入人口质量与其工业经济活动规模之间的相关性程度进一步提高。在 1% 显著性水平上，各县区迁入人口中受大学及以上教育程度人口的份额与规模以上工业总产值对数的 Pearson 相关性指数提高到了 0.414；各县区迁入人口中受大学及以上教育程度人口的份额与规模以上工业企业单位数对数的 Pearson 相关性指数提高到了 0.355。

工业经济规模较高的县区接收的县际迁入人口具有较高的受教育水平，一方面，为迁移选择性提供了经验证据。那些受教育程度较高的劳动力，对来自迁移目的地的可能收益更为敏感，能够更为快速地感受并抓住工业经济发展水平较高县区支付较高真实工资的机会，向这些地区

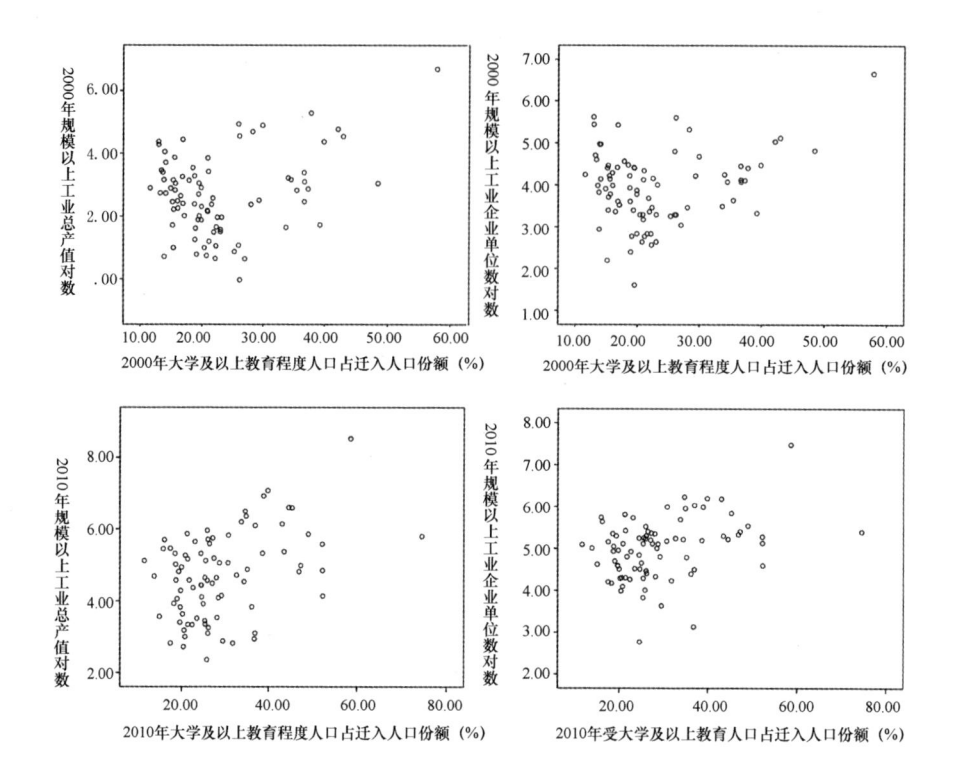

图 5—2 湖北省迁入人口质量与工业经济县际分布的相关性

迁移。另一方面，较高教育程度人口的迁入也会对地区工业经济发展形成更强大的推动力，并因此成为更多的工业企业选址该地区的动因。

第二节 迁入人口与工业规模的空间关联性

传统的数理统计分析仅仅揭示了湖北省县域迁入人口与工业经济之间的数值关系，并不能揭示二者的空间关系。这里采用双变量空间自相关分析方法，对湖北省县域迁入人口与工业规模的空间关联性进行量化分析。

一 双变量全域空间自相关

双变量全域空间自相关用来度量空间单元两个属性值在整体上的空

间关联程度。根据高爽等（2011）的方法，双变量全局莫兰指数的计算公式为：

$$I_{gm} = \frac{n\sum_{i=1}^{n}\sum_{j\neq 1}^{n}W_{ij}\left(\frac{y_{i,g}-\bar{y}_g}{\sigma_g}\right)\left(\frac{y_{j,m}-\bar{y}_m}{\sigma_m}\right)}{(n-1)\sum_{i=1}^{n}\sum_{j\neq 1}^{n}W_{ij}}$$

其中，$y_{i,g}$代表县区i的规模以上工业总产值，$y_{j,m}$代表县区j的迁入人口总量，$\bar{y}_g$和$\bar{y}_m$为均值，σ_g和σ_m为方差。I_{gm}的阈值范围为[-1, 1]，$I_{gm}>0$且通过显著性检验，说明工业经济和迁入人口的县际分布在整体上空间正相关，也即工业和迁入人口具有同向集聚性；$I_{gm}<0$说明工业经济和迁入人口的县际分布在整体上空间负相关，也即工业和迁入人口不具同向集聚性；$I_{gm}=0$则说明工业经济与迁入人口的县际分布之间不存在相关性。

首先，以工业总产值为主要变量，迁入人口为外围变量，计算规模以上工业总产值与县际迁入人口总量的双变量全局空间自相关指数I_{gm}。结果表明，双变量全域莫兰指数在2000年和2010年分别为0.4618和0.5571，且通过显著性检验。这说明，2000年和2010年湖北省县区工业规模与其邻近县区的迁入人口具有显著的空间正相关，并且空间关联程度明显提高，即工业经济规模大的县区，其邻近县区的迁入人口数量也较多；或者工业经济规模小的县区，其邻近县区的迁入人口数量也较少。

其次，以迁入人口为主要变量，工业总产值为外围变量，计算县际迁入人口总量与规模以上工业总产值的双变量全局空间自相关指数I_{mg}。结果表明，双变量全域莫兰指数在2000年和2010年分别为0.3903和0.3993，且通过显著性检验。这说明，2000年和2010年湖北省县区迁入人口与其邻近县区的工业规模具有显著的空间正相关，并且空间关联程度明显提高，即迁入人口数量较多的县区，其邻近县区的工业经济规模大；或者迁入人口数量较少的县区，其邻近县区的工业经济规模也较小。

二 双变量局域空间自相关

全局自相关模型的计算结果是一个单一数值,不能很好地反映不同位置上的空间变异程度,而局部空间关联指标可以用来识别不同空间位置上可能存在的空间关联模式,从而可以观察空间局部不平稳性,发现变量之间的空间异质性。双变量局域空间自相关分析可以揭示每个空间单元的某个属性值与其邻近空间单元的另一个属性值的关联程度。根据 Auselin et al(2002)的定义,双变量局域莫兰指数的计算公式为:

$$I_{i,gm} = \frac{y_{i,g} - \bar{y}_g}{\sigma_g} \sum_{j=1}^{n} W_{ij} \frac{y_{j,m} - \bar{y}_m}{\sigma_m} \text{ 和 } I_{i,mg} = \frac{y_{i,m} - \bar{y}_m}{\sigma_m} \sum_{j=1}^{n} W_{ij} \frac{y_{j,g} - \bar{y}_g}{\sigma_g}$$

其中,$I_{i,gm}>0$ 且通过显著性检验,说明县区 i 的工业规模与其邻近县区的迁入人口量正相关,$I_{i,gm}<0$ 说明县区 i 的工业规模与其邻近县区的迁入人口量负相关,$I_{i,gm}=0$ 则说明县区 i 的工业规模与其邻近县区的迁入人口量不相关。相应地,$I_{i,mg}>0$ 说明县区 i 的迁入人口量与其邻近县区的工业规模正相关,$I_{i,mg}<0$ 说明县区 i 的迁入人口量与其邻近县区的工业规模负相关,$I_{i,mg}=0$ 说明县区 i 的迁入人口与其邻近县区的工业规模不相关。

首先,计算规模以上工业总产值与县际迁入人口总量的双变量空间局域自相关指数 $I_{i,gm}$,并绘制为工业经济规模与迁入人口总量的双变量 LISA 集聚图(图5—3)。可以看出,湖北省工业规模与迁入人口的县际分布存在显著的局部空间关联性。总体上看,工业经济规模与迁入人口总量的空间同质性显著,即高高集聚和低低集聚的正相关区域分布较多。2000年,规模以上工业总产值和迁入人口总量的高高集聚区主要分布在武汉市的江岸、江汉、硚口、汉阳、武昌、青山和洪山共7个城区;2010年又增加了东西湖、蔡甸和江夏3个区。这些县区工业经济规模大,且邻近县区迁入人口总量多。2000年,规模以上工业总产值和迁入人口总量的低低集聚区主要包括鄂西北的竹山,鄂西南的来凤、恩施、巴东,以及鄂东的广水、麻城和通城7个县区;2010年广水、

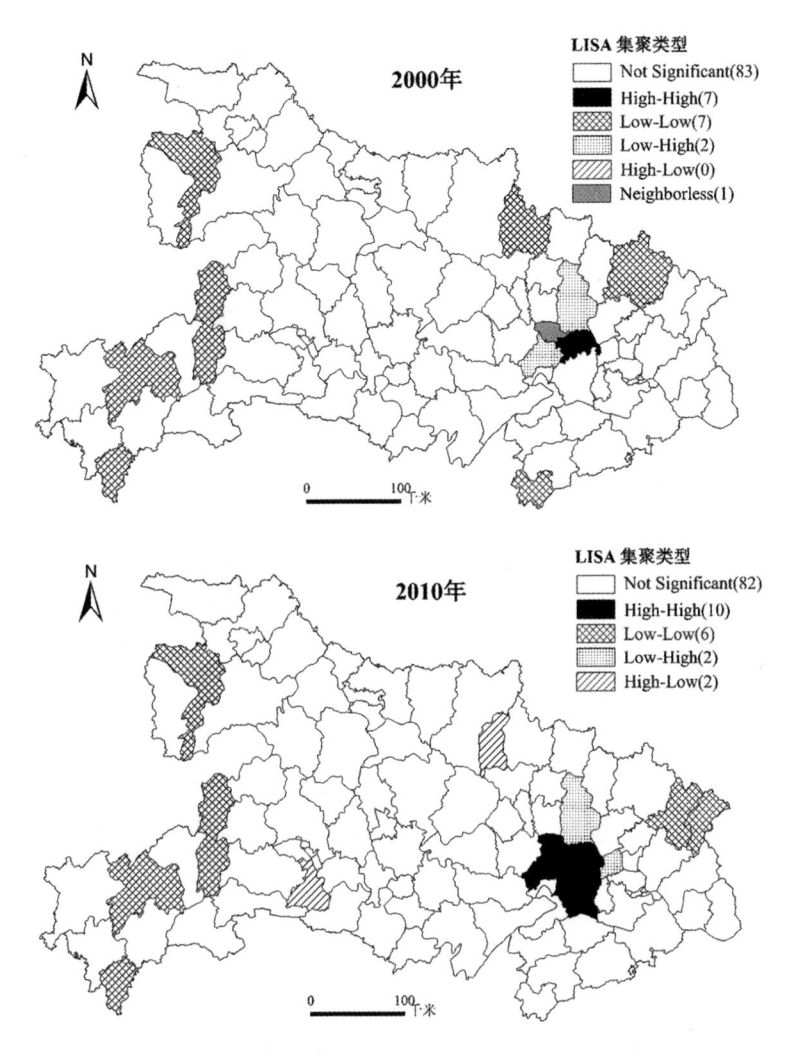

图 5—3　湖北省工业经济与迁入人口县际分布的空间关联性

麻城和通城退出低低集聚区，但是鄂东的罗田和英山又进入了低低集聚区。这些县区工业经济规模较小，且邻近县区的迁入人口数量也较少。2000年，武汉市的黄陂和蔡甸两区处于低高关联模式区，虽然其工业水平较低，但邻近城区的迁入人口较多。2010年鄂州的华容取代武汉的蔡甸，成为低高关联模式区。宜昌宜都和随州曾都为工业总产值与迁入人口的高低关联模式，表明这些县区工业经济规模较高，但是邻近县区迁入人口总量较少。

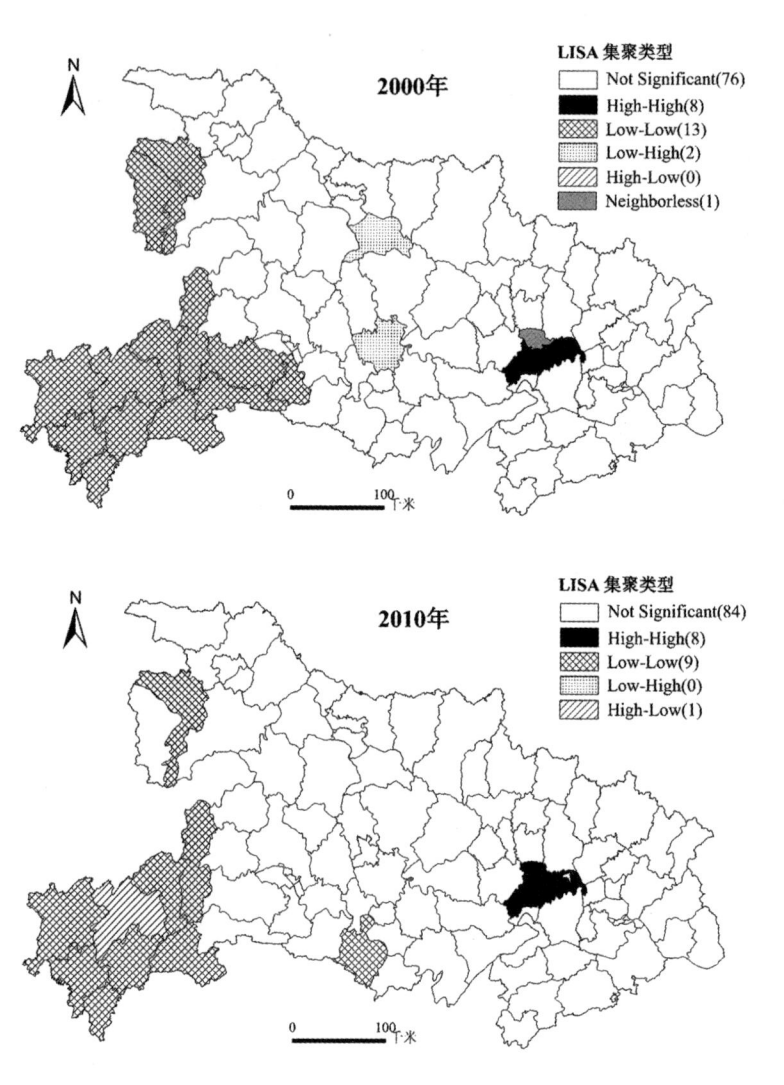

图5—4 湖北省迁入人口与工业经济县际分布的空间关联性

其次,计算县际迁入人口总量与规模以上工业总产值的双变量空间局域自相关指数 $I_{i,mg}$,并绘制为迁入人口总量与工业经济规模的双变量LISA集聚图(图5—4)。可以看出,湖北省迁入人口与工业经济的县际分布存在着显著的局部空间关联性。2000年,迁入人口与工业经济的高高关联区主要分布在武汉市的江岸、江汉、硚口、蔡甸、汉阳、武昌、青山和洪山8个城区;2010年,青山退出高高关联区,东西湖进入高高关联区。这些县区迁入人口数量多，其邻近县区的工业经济规模也较高。2000年，迁入人口与工业经济的低低关联区主要分布在鄂西北的竹溪和竹山、鄂西南的利川、咸丰、来凤、恩施、宣恩、建始、鹤峰、巴东、长阳、五峰和宜都共13个县区；2010年，竹溪、恩施、长阳、五峰和宜都5个县区退出低低关联区，荆州公安进入低低关联区，由此形成了9个低低关联县区。这些县区迁入人口数量少，其邻近县区的工业经济规模也较小。2000年，襄阳宜城和荆门沙洋属于低高关联模式，表明其迁入人口数量少，但邻近县区工业发展水平较高。2010年，恩施市进入高低集聚模式。

第三节　人口迁入与工业集聚互动关系检验

以上数据分析揭示了湖北省县域人口迁入与工业规模之间的空间相关关系，这是否意味着二者存在相互促进的互动关系呢？为了检验这个问题，这里采用基于面板数据的联立方程模型，考察二者的互动关系。

一　基于面板数据的联立方程模型

为了避免人口流动与产业集聚之间可能存在的内生性及相互作用关系导致估计结果出现偏误，以得到一致性估计结果，构建一个包含人口迁移和产业集聚的面板数据联立方程模型，考察它们之间是否存在互动关系：

人口迁入方程：$\ln IM_{it} = \alpha_0 + \alpha_1 \ln A_{it} + \alpha_2 \ln w_{it} + \alpha_3 \ln s_{it} + \alpha_4 d_i + \varepsilon_{it}$

产业集聚方程：$\ln A_{it} = \beta_0 + \beta_1 \ln IM_{it} + \beta_2 \ln mp_{it} + \beta_3 \ln lp_{it} + \beta_4 d_i + \delta_{it}$

其中，i代表县区，t代表年份，IM代表县际迁入人口总量，A代表产业集聚度，以县区规模以上工业总产值占全省规模以上工业总产值的百分比份额衡量。w代表预期工资，以就业率与城镇在职职工平均工资的乘积衡量，就业率则以就业人员总量占经济活动人口总量的份额衡量。mp代表本地市场效应，以社会零售品销售总额衡量。lp代表劳动力池。劳动力池效应的存在源于风险分担和供求匹配机制，借鉴Helsley和

Strange（1990）的思想，以技能劳动力占就业人员的百分比份额衡量，技能劳动力则以专业技术人员衡量。s 代表社会发展水平，以医疗机构床位数衡量。d 代表地区哑变量，用于控制那些未观测到的、随空间变化因素对模型估计的影响，如果观察区域是地级城市的市辖区或者省辖行政单位的话，取 $d=1$，否则 $d=0$。ε 和 δ 是随机扰动项。采用2000年和2010年湖北省各县区构成的面板数据，以两阶段最小二乘回归法拟合联立方程模型，计量检验人口迁入与产业集聚之间的相互作用关系。

二 结果分析

表5—1列出了联立方程拟合的结果。首先，观察人口迁入方程的估计结果。可以看到，两个方程的拟合结果非常理想，分别可以解释湖北省县区全部县际迁入人口和省内县际迁入人口原因的67.20%和66.88%；所有解释变量的回归系数的拟合值符合理论预期。其中，县区产业集聚水平对迁入人口数量具有显著的正向影响。在其他条件不变的情况下，县区规模以上工业总产值占全省的百分比份额每提高1%，该县区接纳全部县际迁入人口的数量增加0.5449%，接纳省内县际迁入人口的数量增加0.6023%。这一结果验证了产业集聚引致人口迁入的假说，地区产业集聚水平的提高有利于吸引流动性劳动力迁入。其他的影响因素中，地区预期工资每增加1%，接纳全部县际迁入人口和省内县际迁入人口的数量分别增加0.3998%和0.4110%，验证了地区收入水平对人口迁入具有的显著正向影响；地区医疗机构床位数每增加1%，接纳全部县际迁入人口和省内县际迁入人口的数量将分别增加0.2832%和0.2094%，验证了地区社会发展水平与人口迁入的显著正相关关系；区域哑变量回归系数显著为正，说明在其他条件不变的情况下，流动人口更青睐于迁入各地市的市辖区和省直辖行政单位。

表 5—1　　　　　人口迁入与产业集聚的联立方程模型估计结果

	人口迁入方程的估计结果			
	全部县际迁入人口 ln IM		省内县际迁入人口 ln IM	
C	5.5516*	(0.8098)	5.5710*	(0.8898)
ln A	0.5449*	(0.0694)	0.6023*	(0.0763)
ln w	0.3998*	(0.0872)	0.4110*	(0.0959)
ln s	0.2832**	(0.1107)	0.2094***	(0.1216)
d	0.7940*	(0.1387)	0.9996*	(0.1525)
R^2	0.6720		0.6688	
$\bar{R}^2$	0.6653		0.6621	
样本	202		202	
	产业集聚方程的估计结果			
	ln A		ln A	
C	-4.9990*	(0.4603)	-4.6837*	(0.3889)
ln IM	0.2940*	(0.0763)	0.2678*	(0.0690)
ln mp	0.3305*	(0.0615)	0.3448*	(0.0592)
ln lp	0.2918***	(0.1710)	0.2985***	(0.1693)
d	0.3305**	(0.1507)	0.2966***	(0.1520)
R^2	0.6125		0.6129	
$\bar{R}^2$	0.6046		0.6050	
样本	202		202	

注：*表示显著性水平为1%，**表示显著性水平为5%，***表示显著性水平为10%；括号内为回归系数估计值的标准误。

其次，观察产业集聚方程的估计结果。可以看到，两个方程分别可以解释湖北省县区产业集聚原因的61.25%和61.29%。其中，地区迁入人口对产业集聚水平具有显著的正向影响。在其他条件不变的情况下，县区接纳的全部县际迁入人口每增加1%，该县区规模以上工业总产值占全省的百分比份额将提高0.2940%；如果接纳的省内县际迁入人口增加1%，其工业总产值的百分比份额将提高0.2678%。这一结果验证了迁入人口对地区产业集聚的强化作用，地区吸纳的人口越多，越有利于吸引非农产业向该地区布局。其他的影响地区产业集聚水平的因素中，社会零售品销售额每增加1%，在分别控制全部县际迁入人口和省内迁入人口因素的情况下，地区工业总产值的百分比份额分别提高0.3305%和0.3448%，验证了本地市场效应对产业集聚的影响，本地消费市场规模的扩大对非农产业进入形成直接的吸引力；如果专业技术人员占就业人员总量的百分比份额提高1%，地区工业总产值的百分比份额将分别提高0.2918%和0.2985%，验证了劳动力池对产业集聚的影响，地区技能劳动力禀赋越高，对非农产业的吸引力越强。两个模型中，区域哑变量的回归系数拟合值均显著为正，说明在其他条件不变的情况下，产业区位选择显著地青睐各地市的市辖区和省直辖行政单位。

三 理论解释

以上关于湖北省县域迁入人口与工业经济之间的空间关联性分析以及互动关系的实证检验，揭示了人口迁入与产业集聚之间存在相互促进的互动关系。实际上，马歇尔外部性理论已经蕴含了人口迁入与产业集聚之间存在相互强化关系的思想：人口集中提高了本地劳动力供需的匹配性，本地产业因为拥有了"一个稳定的技能市场"而获得巨大收益（Marshel，1890），从而强化产业集聚。Myrdal（1957）则较早指出，生产要素流动遵循"循环累积"的因果关系机制，产业集聚存在自我强化的趋势。Krugman（1991b）揭示了劳动力池的分担风险效应对集聚的驱动作用，即厂商集聚在劳动市场汇集的地方可以降低市场经营不确定性带来的工资成本负担，而大量劳动力汇集则保证工资不随市场景况而改变。20世纪90年代新经济地理学兴起，人口流动与产业集聚相互强化的累积循环首次在Krugman（1991b）的中心—外围模型中模型化，劳动力迁入与产业空间集聚之间的相互强化关系被视为经济空间结构演化的基本动力。在其经典模型中，Krugman（1991a）将经济空间格局演化归结为集聚力和分散力的博弈，其中的集聚力是借由成本和需求联系引发的累积循环。一是前向联系导致人口向厂商集中地区流动。基本逻辑在于，一旦某个地区由于偶然事件或外部冲击获得了比较优势，厂商便开始向这一地区集中。厂商集中所产生的价格指数效应使该地区的制造业商品价格指数降低，从而提高了该地区工人的真实工资，为了降低交易成本和获得多样化的商品消费，工人向该地区流动。二是后向联系导致厂商向人口集中地区布局。基本逻辑在于，人口集中产生的本地市场效应扩大了该地区的市场规模，为了降低运输成本和获得规模经济，厂商进一步向该地区转移。前向联系与后向联系相互强化，导致人口和厂商持续向中心地区集中，直到该地区的分散力大于集聚力为止。

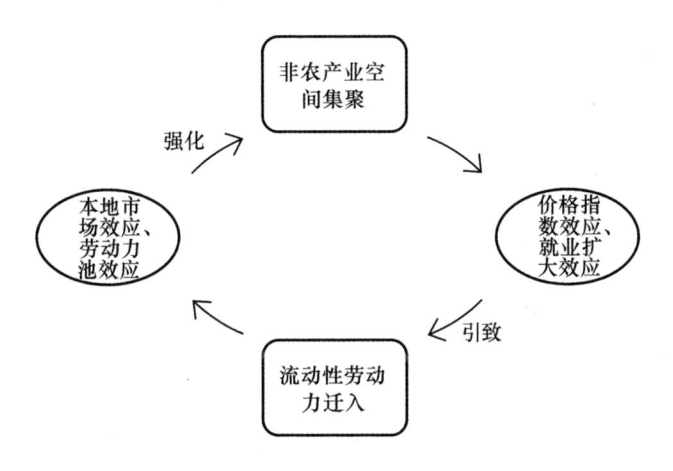

图5—5　人口流动与产业集聚互动过程的理论机制

基于马歇尔外部性理论、新经济地理学理论和人口迁移的推拉理论，图5—5梳理了人口流动与产业集聚相互强化的互动过程及理论机制。集聚力和分散力的时空变化是经济活动空间结构演化的内在动力。其中的集聚力就是人口集聚产生的本地市场效应和劳动力池效应以及厂商集聚产生的价格指数效应；而分散力则是要素过度集中所引发的竞争效应和拥挤效应。人口迁移的推拉理论则将迁移流向和规模归结为地区自然条件、经济增长以及社会发展等因素对流动性人口或劳动力的推力和拉力作用的结果，其中最为主要的因素是地区就业机会和收入水平。与新经济地理学模型相联系，产业集中地区对人口迁移的拉力则主要表现为厂商集聚产生的价格指数效应使得具有差异化消费偏好的劳动力的真实工资水平提高，以及厂商集聚提供的更好的就业机会。人口和产业的过度集中引发的拥挤效应则构成了人口外迁的推力。对这个理论机制进行实证检验是接下来几部分的重要内容。

第四节 本章小结

本章基于第三章和第四章分别关于湖北省县域工业经济和迁入人口时空格局的统计分析结果，采用普通数理统计方法和空间统计分析方法，验证了本章的核心假说：人口迁入与产业集聚存在相互促进的互动关系。

首先，对2000—2015年湖北省县级区域工业发展与迁入人口开展了相关性分析，结果表明，迁入人口数量与工业经济的县际分布之间存在显著的正相关关系，并且二者的相关性程度随时间逐渐提高。另外，工业经济规模较高的县区接收的县际迁入人口具有较高的受教育水平，因此又成为更多的工业企业选址该地区的动力。其次，双变量空间自相关分析的结果显示，湖北省迁入人口和工业经济的县际分布之间存在显著的空间正相关，迁移人口和工业地理集中的同向性非常明显。总体上看，武汉市及其邻近县区一直是迁入人口和工业经济的高高集聚区，鄂西和鄂东地域则是迁入人口和工业经济的主要低低集聚区。再次，采用2000年和2010年湖北省各县区的面板数据拟合联立方程模型的结果，验证了人口迁入与产业集聚之间的正向空间关联，揭示了二者相互促进的互动关系。在其他条件不变的情况下，地区工业集聚度提高1%，其全部迁入人口和省内迁入人口分别增加0.5449%和0.6023%；地区全部迁入人口或省内迁入人口增加1%，其工业集聚度则分别提高0.2940%和0.2678%。最后，基于马歇尔外部性理论、新经济地理学理论和人口迁移的推拉理论，构建了人口迁入与产业集聚相互强化的互动关系理论模型。

第六章

产业集聚引致人口迁入的过程机制

第五章构建了人口迁入与产业集聚互动过程的基本模型，本章将基于新经济地理学经典模型框架，重点分析与检验产业集聚引致人口迁入的理论机制。新经济地理经典模型中，市场进入性是影响劳动力和厂商地理集中的根本因素。作为消费者的劳动力对工业制成品可获得性，即市场进入性是引致劳动力迁移的基本因素。本章通过探讨市场进入性对劳动力迁移决策的影响，理论分析和实证检验产业集聚机制中的前向联系效应，验证产业集聚对劳动力迁移的驱动机制。[①]

第一节 市场进入性引致人口迁移的理论机制

市场进入性思想在 Harris（1954）的市场潜力（market potential）方程中已经被提了出来。新经济地理学通过其精致的模型验证了，不仅厂商，而且劳动力的区位选择都与市场进入性高度相关。厂商倾向于集中在对消费者具有良好进入性的地区（后向联系），同时，劳动力会向那些对生产者具有良好进入性的地区流动（前向联系）。在那些对生产者具有良好进入性的地区，作为消费者的劳动力可以以更低的代价获得多样化的工业制成品，实现消费效用的最大化。因此，对于劳动力而言，所谓的市场进入性指的是对多样化产品的可获得性。

---

① 本章核心内容已发表：敖荣军、蒋亮、张涛等：《湖北省县域迁入人口的空间格局及影响因素》，《长江流域资源与环境》2016 年第 11 期。

一 生产者行为

假设经济体有 R 个地区，每个地区分别生产三种产品，即同质性的农产品（A）、异质性的工业制成品（M）和服务业产品（S）。其中，服务业产品不能在地区间贸易，农产品可以在地区间自由贸易并且不用支付任何运输费用，工业制成品在地区间贸易则需要支付"冰山"型运输成本 τ_{ir}，即工业制成品的运输成本是两地之间距离的递增函数 $\tau_{ir} = Bd_{ij}^{\delta}$。

假设该经济体有两类生产要素，即流动劳动力 L^M 和非流动性农民 L^A。这两类劳动力的供给总量是固定的，通过流动劳动力的流动在地区之间配置。其中，地区 r 的农民占经济体农民总量的份额 ϕ_r 是外生给定的，地区 r 的流动劳动力占经济体流动劳动力总量的份额 λ_r 则随时间变化。因此，每个地区所有要素或部门的充分就业方程为：

$$L_r^A = \phi_r L^A, \sum_k L_{kr}^M + \sum_s L_{sr}^S = \lambda_r L^M \qquad (6\text{—}1)$$

其中，k、s 分别代表异质性工业制成品和服务业产品的种类。相应地，K、S 则分别代表了这两种产品的种类总数。

所有地区拥有相同的偏好和技术。其中，农业部门完全竞争，并且只雇用非流动的农民，在规模收益不变条件下生产同质商品。农产品在地区间的自由贸易不用支付任何成本。因此，农产品价格和非流动性农民的工资在任何地区都是一样的。若取农产品的价格为计价基准单位的话，那么所有地区的农产品价格 $p^A = 1$，而且地区 r 的农业劳动力数量等于农产品生产量，即 $L_r^A = Q_r^A$。

制造业部门和服务业部门都是垄断竞争行业，并且只雇用流动劳动力，在规模收益递增条件下生产差异化商品。如果生产任何一种产品都需要 α 个单位的流动劳动力作为固定成本以及 β 个单位的劳动力作为边际成本，那么任何地区生产任何一种工业制成品或服务业产品的劳动力需求量分别为：

$$L^M = \alpha^M + \beta^M Q^M, \ L^S = \alpha^S + \beta^S Q^S \qquad (6\text{—}2)$$

由于规模经济、消费者对差异产品的偏好以及存在无限种潜在差异产品，没有一家厂商会选择与别的厂商生产同类产品。这意味着，每种产品只在一个地区由一个专业化厂商生产,所以现有厂商的数量与可获得的差异产品的种类数相同。当厂商自由进入时,其均衡利润为零。此时,每种工业制成品的均衡产出为 $Q^{M*}=[\alpha^M(\sigma_M-1)]/\beta^M$,每种服务业产品的均衡产出为 $Q^{S*}=[\alpha^S(\sigma_S-1)]/\beta^S$。既然所有种类的产品都以相同的规模生产,那么地区 r 的制造业部门和服务业部门的劳动力雇佣量分别为:

$$L_r^M = K_r \cdot (\alpha^M + \beta^M Q_r^M), \quad L_r^S = S_r \cdot (\alpha^S + \beta^S Q_r^S) \quad (6—3)$$

所有厂商基于利润最大化定价。若以 w_r 代表地区 r 流动劳动力的工资,则该地区工业制成品和服务业产品的价格分别是:

$$p_r^M = \frac{\sigma_M}{\sigma_M - 1} \cdot \beta^M w_r, \quad p_r^S = \frac{\sigma_S}{\sigma_S - 1} \cdot \beta^S w_r \quad (6—4)$$

利用方程(6—3)和(6—4)可以得到劳动力市场均衡条件下,地区 r 的工业制成品和服务业产品的种类数量:

$$p_r^M = \frac{\sigma_M}{\sigma_M - 1} \cdot \beta^M w_r, \quad p_r^S = \frac{\sigma_S}{\sigma_S - 1} \cdot \beta^S w_r \quad (6—4)$$

$$K_r = L_r^M / (\alpha^M \sigma_M), \quad S_r = L_r^S / (\alpha^S \sigma_S) \quad (6—5)$$

二 消费者行为

假设所有消费者对这三种产品具有一致的柯布—道格拉斯偏好:

$$U = M^\mu S^\varphi A^{1-\mu-\varphi} \quad (6—6)$$

其中,μ 代表工业制成品的支出份额,φ 代表服务产品的支出份额,$1-\mu-\varphi$ 代表农产品的支出份额。A 代表农产品的消费量,B 代表各类工业制成品的消费总量:

$$M = \left[\sum_{k=1}^{K} c_k^{(\sigma_M-1)/\sigma_M}\right]^{\sigma_M/(\sigma_M-1)} \quad (6—7)$$

其中,σ_M 代表任何一对工业制成品种类之间的不变替代弹性,c_k 代表第 k 种工业制成品的消费量,K 代表可获得的工业制成品的种类数。由于消费者热衷于扩大消费商品的品种数,随着 σ_M 的提高,工业制成品之间的替代性增加,扩大工业制成品消费量的意愿下降。

由于服务业产品不能在地区间自由贸易，消费者只能在本地区内部获得服务业产品。因此，消费者可获得的各类服务业产品的消费总量为：

$$S = \left[\sum_{s=1}^{S} c_s^{(\sigma_S-1)/\sigma_S}\right]^{\sigma_S/(\sigma_S-1)} \tag{6—8}$$

其中，σ_S 代表任何一对服务业产品种类之间的替代弹性，c_s 代表第 s 种服务业产品的消费量，S 代表可获得的服务业产品的种类数。同样地，随着 σ_S 的提高，服务业产品之间的替代性增加，扩大服务业产品消费量的意愿下降。

消费者在下面的预算约束下追求效用最大化：

$$Y = p^A A + \sum_{k=1}^{K} p_k^M M_k + \sum_{s=1}^{S} p_s^S S_s \tag{6—9}$$

通过解决消费者的效用最大化问题，可以得到地区 r 对地区 i 生产的一种工业制成品的需求方程：

$$x_r = \mu Y_r \left(p_i^M \tau_{ir}\right)^{-\sigma_M} \left(P_r^M\right)^{\sigma_M - 1} \tag{6—10}$$

其中，

$$P_r^M = \left[\sum_{i=1}^{R} K_i \left(p_i^M \tau_{ir}\right)^{1-\sigma_M}\right]^{1/(1-\sigma_M)} \tag{6—11}$$

代表地区 r 工业制成品的价格指数。相应地，地区 r 服务业产品的价格指数是：

$$P_r^S = \left(S_r^{1/(1-\sigma_S)}\right) \cdot p_r^S \tag{6—12}$$

三 价格指数方程

市场均衡条件下，各地区流动劳动力的真实工资相等，且等于名义工资除以生活成本指数。此时，地区 r 的流动劳动力真实工资可以写为：

$$\omega_r = \frac{w_r}{\left(P_r^A\right)^{1-\mu-\varphi} \left(P_r^M\right)^{\mu} \left(P_r^S\right)^{\varphi}} \tag{6—13}$$

其中，P^A、P^M 和 P^S 分别代表地区 r 的农产品、工业制成品和服务业产品的价格指数。由于 $P^A = 1$，流动劳动力的真实工资方程就成为：

$$\omega_r = \frac{w_r}{\left(P_r^M\right)^{\mu} \left(P_r^S\right)^{\varphi}} \tag{6—14}$$

由 (6—5)、(6—11) 和 (6—12) 可以得到：

$$P_r^M = \left[\sum_{i=1}^{R} K_i \left(p_i^M \tau_{ir}\right)^{1-\sigma_M}\right]^{1/(1-\sigma_M)} = \left[\sum_{i=1}^{R} \frac{L_i^M}{\alpha^M \sigma_M} \left(p_i^M \tau_{ir}\right)^{1-\sigma_M}\right]^{1/(1-\sigma_M)}$$

(6—15)

$$P_r^S = S_r^{1/(1-\sigma_S)} \cdot p_r^S = \left(\frac{L_r^S}{\alpha^S \sigma_S}\right)^{1/(1-\sigma_S)} \cdot p_r^S \qquad (6—16)$$

显然，价格指数方程中的关键参数是差异化产品消费的价格替代弹性 σ。按照新经济地理学模型的经典假设，σ 是一个大于 1 的常数。只要 $\sigma>1$，价格指数效应就是存在的。而且 σ 越接近于 1，差异化产品之间的替代弹性越小，消费者对商品消费种类的多样化欲望越强，制成品和服务业产品的价格指数也就越低；反之，σ 越大，差异化产品之间的替代弹性越大，消费者对商品消费规模的扩大欲望越强，制成品和服务业产品的价格指数也就越高。

工业制成品价格指数方程（6—15）表明，在其他条件不变的情况下，地区 r 的制造业集中程度越高，即该地区流动劳动力份额或工业制成品产量份额越高，其工业制成品的价格指数越低；或者，制造业集中程度高的区域 i 越是邻近地区 r，地区 r 的工业制成品的价格指数越低，其原因在于地区 r 获取工业制成品只需承担较低的运输费用。在新经济地理模型中，这种效应被称为价格指数效应或前向联系。工业制成品的价格指数可以视为地区市场潜力函数的逆函数，后者是以距离为权重，所有地区的市场规模的加权总和。

由服务业产品价格指数方程（6—16）也可以看到，在其他条件不变的情况下，地区 r 生产的服务业产品越多，其服务业产品的价格指数也就越低。观察真实工资方程（6—14），如果所有地区的名义工资相同或相近，在那些工业制成品价格指数低的地区，或是那些服务业产品生产量多的地区，工人的真实工资会比较高。价格指数效应使得那些能够以较低成本获得多样化工业制成品的地区，成为流动劳动力青睐的迁入地。

四 迁移决策机制

在新经济地理学框架下，劳动力之所以向制造业集中地区迁移是因为该地区较高的真实工资，即 $IM = f(\omega)$，其中 IM 代表劳动力迁入量，ω 代表迁入地预期的真实工资，$\partial IM/\partial \omega > 0$，迁入地的真实工资水平越高，劳动力迁入的概率就越高。Lee（1966）系统总结了推拉理论，将影响迁移行为的因素概括为四个方面：与迁入地有关的因素、与迁出地有关的因素、各种中间障碍和个人因素。迁入地存在主导劳动力迁移决策的"拉力"因素，包括更高的收入水平、更好的就业机会以及更好的生活质量等。为了避免模型估计中的内生性问题，假设流动劳动力决定在时期 t 是否迁入地区 r 取决于其对滞后时期 $t-v$ 的地区 r 的拉力因素的比较。基于此，建立柯布—道格拉斯函数形式的地区劳动力迁入的决定机制模型：

$$IM_{r,t} = A \cdot \omega_{r,t-v}^{\alpha} X_{r,t-v}^{\beta} \qquad (6—17)$$

其中，$IM_{r,t}$ 代表时期 t 地区 r 的劳动力迁入量，$\omega_{r,t-v}$ 代表地区 r 滞后期的真实工资，X_{t-v} 代表地区 r 滞后期的生活质量。α 和 β 分别表示真实工资和生活质量水平对劳动力迁入的贡献系数。对方程（6—17）两边取对数，劳动力迁入量的决定方程为：

$$\ln IM_{r,t} = \ln A + \alpha \ln \omega_{r,t-v} + \beta \ln X_{r,t-v}$$

分别将方程（6—4）、（6—14）、（6—15）和（6—16）代入上式，则时期 t 地区 r 的劳动力迁入量的决定方程可以写为：

$$\ln IM_{r,t} = \ln A + \ln\left[\left(L_{r,t-v}^{S}\right)^{\frac{\alpha\varphi}{\sigma_S - 1}}\right] + \ln\left[\sum_{i=1}^{R} L_{i,t-v}^{M} \cdot \left(w_{i,t-v} \cdot \tau_{ir}\right)^{1-\sigma_M}\right]^{\frac{\alpha\mu}{\sigma_M - 1}}$$

$$+ \ln w_{r,t-v}^{\alpha(1-\varphi)} + \ln X_{r,t-v}$$

$$(6—18)$$

方程（6—18）反映了地区劳动力迁入量的决定机制。方程左边的变量表示时期 t 地区 r 的劳动力迁入量。方程右边的第四项是滞后期地区 r 的名义工资，第五项是滞后期地区 r 的生活质量水平。这三个指标集中反映了拉力因素对劳动力决定是否迁入地区 r 的影响。方程（6—18）右边的第二项和第三项反映了地区 r 的市场进入性。其中，第二项是滞后期地区 r 的非自由贸易的服务业产品的价格指数，第三项是滞后期地区 r 的工业制成品的价格指数。

工业制成品的价格指数与市场潜力函数相对应，反映了新经济地理学模型中的前向联系。通过这一项可以看到，劳动力迁移与制造业的区位选择紧密相关。更为重要的是，新经济地理模型的主要参数 σ 能够从这个迁移方程中估计出来。因此，如果经验分析证实了价格指数决定劳动力迁移的话，那就证实了市场进入性对迁移的影响，也就可以据此判断新经济地理学模型所强调的前向联系的存在性。

第二节　市场进入性引致人口迁入的实证检验

关于市场进入性对劳动力迁入的引导效应，当前国内外的实证研究并不多见。在一篇具有开创性意义的研究中，Crozet（2004）基于新经济地理学经典模型，构建了劳动力迁移决策的结构方程，检验了市场进入性对五个欧盟国家劳动力迁移的影响，验证了前向联系机制。其后，Pons ea al.（2007）和 Paluzie et al.（2009）采用同样的方法，分别研究了市场进入性对西班牙长时段历史期间劳动力迁移的影响。Kancs（2005）则构建了一个分析上可解和结构上可估的新经济地理模型，模拟和预测三个波罗的海国家的劳动力迁移，揭示了新经济地理学对劳动力迁移决策的解释力。其后，Kancs（2011）利用该模型研究了欧盟国家之间及各国内部的劳动力迁移，验证了劳动力迁移与市场进入性之间的相互影响。

国内的相关研究更为缺乏，唐颂和黄亮雄（2013）借鉴 Crozet 的方法，对 1990—2010 年中国省际劳动力流动的决定因素进行了实证检验。王永培和晏维龙（2013）则直接利用了 Crozet 模型的简化形式，检验了新经济地理因素对 2005—2010 年中国省际劳动力流动的影响。敖荣军等（2015）利用 1990—2010 年间五个时段的中国省际劳动力迁移数据，实证检验了市场进入性对省际迁移的影响。本部分将基于湖北省县级行政区劳动力迁入情况，实证检验市场进入性对劳动力迁移的影响。

一 实证模型与变量说明

(一) 简化方程

基于方程（6—18）构建两种形式的实证模型。首先，方程（6—18）表明，除了预期工资，地区规模与人口迁入呈正相关关系。基于此，构建一个简化形式的实证模型，观察迁移人口是否像厂商那样会向市场规模较大的地区迁移。为了控制其他因素对迁移决策的影响，防止模型估计偏误，向模型中引入区位控制变量。一是迁入地的社会发展水平，为了控制地区间社会发展水平的差异可能给模型估计带来的偏误。另一个是区域哑变量。迁入地生活的舒适性，包括自然环境、人文环境、政府政策、社会保障等也是迁移决策的影响因素。引入区域哑变量的目的正是为了控制那些未观测到的、随空间变化的因素对模型估计的影响。这样，简化模型就可以写为：

$$\ln IM_{r,t} = \beta_0 + \beta_1 \ln L_{r,t-\upsilon} + \beta_2 \ln w_{r,t-\upsilon} + \beta_3 \ln X_{r,t-\upsilon} + \beta_4 C_r + \varepsilon_{r,t} \tag{6—19}$$

其中，IM 代表县际迁入人口量。L 代表滞后期迁入地的就业总量。基于该模型的基本思想，一个地区人口迁入量与地区就业规模呈正相关，故预计预期 β_1 的估计值显著为正。w 是滞后期迁入地的名义工资，X 是滞后期迁入地 r 的生活质量指标。C 是区域哑变量，如果迁入地 r 是其所属的地级行政区的政府驻地的话，取 $C=1$，否则 $C=0$。ε 是随机扰动项。显然，简化方程模型中的第一项刻画了迁入地生产厂商的集聚程度如何影响劳动力迁入数量。但是，它只是衡量了迁入地产品的可获得性如何影响劳动力迁入，并没有考虑到周边地区生产厂商如何影响本地区对劳动力的吸引力。

(二) 线性化方程

第二个实证模型直接取自理论模型（6—18），引入控制变量后，该实证模型可以写为：

$$\ln IM_{r,t} = \beta_0 + \frac{\mu}{\sigma_M - 1} \ln \left[\sum_{i=1}^{R} L_{i,t-\upsilon}^M \cdot (w_{i,t-\upsilon} \cdot \tau_{ir})^{1-\sigma_M} \right] + \beta_1 \ln L_{r,t-\upsilon}^S \\ + \beta_2 \ln w_{r,t-\upsilon} + \beta_3 \ln X_{r,t-\upsilon} + \beta_4 C_r + \varepsilon_{r,t} \tag{6—20}$$

该模型可以获得新经济地理模型关键参数差异化工业制成品消费替代弹性 σ_M 的估计值。但是，非线性模型可能会存在多个局部最小值，从而影响估计的稳定性。因此，借鉴 Mion（2004）的方法，首先定义 $\tau^{1-\sigma} = \theta d^{-1}$，对方程（6—20）作线性化处理，得到新经济地理的线性模型：

$$\ln IM_{r,t} = \alpha_0 + B_1 \sum_{i=1}^{R} \overline{L}_{i,t-v}^{M} \cdot d_{ir}^{-1} + B_2 \sum_{i=1}^{R} \overline{w}_{i,t-v} \cdot d_{ir}^{-1} + \alpha_1 \ln L_{r,t-v}^{S}$$
$$+ \alpha_2 \ln w_{r,t-v} + \alpha_3 \ln X_{r,t-v} + \alpha_4 C_r + \varepsilon_{r,t}$$

(6—21)

其中，$B_1 = \mu\theta/(\sigma_M - 1)$，$B_2 = -\mu\theta$，$\overline{L}_{i,t-v}^{M} = (L_{i,t-v}^{M} \cdot \ln L_{i,t-v}^{M})/\sum_{i=1}^{R} L_{i,t-v}^{M}$，$\overline{w}_{i,t-v} = (L_{i,t-v}^{M} \cdot \ln w_{i,t-v})/\sum_{i=1}^{R} L_{i,t-v}^{M}$。一旦获得 B_1 和 B_2 的估计值，就可以推算出关键参数 σ_M 的值 $\sigma_M = 1 - B_2/B_1$。

线性模型考虑了迁入地周边地区工业制成品的可获得性对人口迁入的吸引力。根据这个模型考察人口迁入的影响因素，首先必须解决的关键问题是，周边地区的边界在哪里。可以明确的是，湖北省各县区的工业制成品不仅来自省内县区之间的贸易，也可能从国内其他省份甚至国际贸易输入。基于此，与国内外其他以国家作为研究对象的实证分析不同，从两个尺度界定湖北省各县区的周边地区，一是假设湖北省是一个封闭的区域单元，没有对外贸易，仅视湖北省省域内的所有县区为各县区工业制成品的来源地，此时方程（6—21）中的 $i = r = 83$；二是考虑湖北省与周边省区的贸易往来，将湖北省省域内所有县区和省外其他省区视为各县区工业制成品的来源地。此时，方程（6—21）中的 $i \neq r$。考虑到西藏和海南省的特殊性，并没有将这两个省份工业制成品供给对湖北省各县区工业制成品的可获得性的影响纳入分析。另外，基于数据可获得性和研究可操作性的考虑，将湖北省外的其他省份分别作为一个整体考虑，没有将其细分至县级区域。因此，方程（6—21）中的 $r = 83$，$i = 101$。至于国际贸易对湖北省各县区工业制成品可获得性的影响，主要由于数据可获得性的限制，暂时并未考虑。

二　数据来源与处理方法

实证研究的样本是湖北省各县级行政区。考虑到县级行政区迁入劳动力数据以及与迁移数据相匹配的社会经济数据的可获得性，以 2010 年湖北省县级行政区劳动力迁入为实证对象，检验差异化商品的可获得性对人口迁移方向的引导作用。其中，县级行政区的劳动力迁入数据从《湖北省 2010 年人口普查资料（光盘版）》的"按现住地、户口登记地、性别分的户口登记地在外乡镇街道的人口"的条目下获取。县际迁入人口包括了本省其他县（市）区迁入和外省迁入的人口，不包括各县级行政区内部乡镇之间的迁移人口。需要指出的是，考虑到我国目前人口迁移的最主要目的是就业这一现状，未对人口迁移和劳动力迁移进行区分，直接以人口迁移衡量劳动力迁移。

由于人口普查中获取的迁移量实际上是前五年累积的数据，无法精确地知道在五年的时间段中人口流动发生的具体时间点，也即人口流动也许并不会立即对工资水平等变量的差异作出即时的调整。因此，在确定解释变量滞后期的时候，参照已有相关研究的通行做法，将人口普查中关于人口流动统计的起始年作为滞后期。具体而言，2010 年人口普查获取的迁移量实际上是前五年的累积量，故确定滞后期为 5，即 $v=5$。相应地，所有解释变量的初始年为 2005 年。

湖北省各县级区域的就业总量以全社会从业人员（单位为"人"）测度，工业从业人员以工业职工人数（单位为"人"）衡量，服务业从业人员则以第三产业从业人员（单位为"人"）测度，地区名义工资以城镇在岗职工平均工资（单位为"元"）衡量，地区生活质量以万人拥有的卫生医疗机构床位数衡量。所有变量的数据均取自湖北省各市（州）统计年鉴，缺少的数据通过《湖北省统计年鉴》《中国县域统计年鉴》以及《中国区域经济统计年鉴》补充完整。模型估计中所需要的国内其他省份的变量只有工业职工人数和职工平均工资，数据取自《中国统计年鉴》。

关于地区之间距离的测度，湖北省内各县区之间的距离以县区之间的公路交通距离表示，湖北省各县区至国内其他 27 个省份的距离以各县区至省会城市之间的公路交通距离衡量。至于各县区内部的距离，根据 Redding 和 Venables（2004）的方法，取其地理半径的 2/3，即 $d_{rr}=(2/3)\sqrt{A_r/\pi}$，其中 A_r 表示以平方千米为单位的地区 r 的国土面积。

三 模型估计与结果分析

(一) 简化方程的拟合结果

简化模型的估计结果为了解各地区本地产品的可获得性如何影响劳动力迁入提供参照。考虑到各县区社会经济规模存在较大的差异,可能会导致模型误差项出现异方差问题。为了避免有偏估计,采用以国土面积为权重变量的加权最小二乘法估计模型。表6—1列出了简化模型的估计结果。其中,作为衡量地区生产规模的变量,就业项在模型Ⅰ中为全社会从业人员,模型Ⅱ中为第二产业从业人员,模型Ⅲ中为第三产业从业人员。

可以看到,回归方程的显著性都通过了检验,说明解释变量整体对迁入人口的县际分布产生了显著影响;判决系数都在0.55以上,说明可以解释各县区接收县际迁入人口原因的55%以上。名义工资、万人医疗机构床位数的回归系数估计值显著为正,说明地区收入和社会发展水平是人口迁入的重要拉力。区域哑变量系数的估计值显著大于零的结果,与湖北省迁入人口主要集中于地级市市辖区的空间格局特征是相符的。

表6—1　　　　　　　　简化方程的估计结果

	模型Ⅰ	模型Ⅱ	模型Ⅲ
$Constant$	-15.239* (5.723)	-8.551*** (4.685)	-9.724*** (5.236)
$\ln L$	0.714* (0.212)	0.500* (0.124)	0.476* (0.179)
$\ln w$	1.355* (0.512)	1.584* (0.509)	1.152** (0.532)
$\ln X$	0.962* (0.333)	0.939* (0.314)	1.144* (0.333)
C	1.301* (0.282)	0.828* (0.261)	0.982* (0.285)
R^2	0.565	0.591	0.551
$\bar{R}^2$	0.543	0.570	0.528
F值	25.310*	28.173*	23.393*
样本数	83	83	83

注: *表示显著性水平为1%, **表示显著性水平为5%;括号内为回归系数估计值的标准误。

最后，重点考察本地产异化产品的可获得性对人口迁入的影响。可以看到，三个模型中分别衡量地区生产总体规模、工业生产规模和服务业生产规模的全社会从业人员、第二产业从业人员和第三产业从业人员变量的回归系数拟合值都在1%水平上显著地大于0。这说明，在控制了名义工资、社会发展和区位因素等条件后，一个地区的生产规模越大，差异化工业制成品和服务业产品的供给能力越强，对迁移人口的吸引力就越大。其中，期初年地区全社会从业人员增加1%的话，该地区迁入人口总量将增加0.714%；期初年地区第二产业从业人员增加1%的话，该地区迁入人口总量将增加0.500%；期初年地区第三产业从业人员增加1%的话，该地区迁入人口总量将增加0.476%。

（二）线性化方程的拟合结果

为了避免有偏估计，采用以国土面积为权重变量的加权最小二乘法估计新经济地理学的结构线性化模型（6—21）。简化方程仅仅考虑的是当地生产体系的供给能力，并没有考虑周边地区工业制成品供给能力的影响。表6—2列出的NEG线性化方程弥补了这个不足。其中，模型Ⅰ和模型Ⅱ是在湖北省为封闭区域的假设条件下，产品可获得性对人口迁入的影响，模型Ⅲ和模型Ⅳ是在湖北省为开放区域的条件下，产品可获得性对人口迁入的影响。与简化方程相比，线性化方程的拟合优度有了较大程度的提高，表明其对湖北省迁入人口县际分布原因的解释力要优于简化方程。

表6—2　　　　　　　　　　线性化方程估计结果

	模型Ⅰ	模型Ⅱ	模型Ⅲ	模型Ⅳ
$Constant$	-1.195（4.867）	-0.852（4.122）	-0.170（4.896）	-0.314（4.111）
$\ln w$	0.962**（0.454）	0.990**（0.449）	0.895***（0.453）	0.927**（0.448）
$\ln L^S$	0.002（0.177）	—	-0.033（0.178）	—
$\ln X$	0.220（0.281）	—	0.199（0.278）	—
C	0.525***（0.302）	0.560***（0.283）	0.587***（0.299）	0.609**（0.277）
B_1	-2239.570*（414.450）	-2311.325*（384.318）	-2375.673*（412.006）	-2430.008*（370.497）

续表

	模型Ⅰ	模型Ⅱ	模型Ⅲ	模型Ⅳ
B_2	3006.987*	3105.752*	3153.212*	3225.844*
	(548.838)	(505.603)	(544.229)	(487.657)
R^2	0.693	0.690	0.697	0.694
$\overline{R}^2$	0.669	0.674	0.673	0.678
F值	28.568*	43.314*	29.169*	44.149*
样本数	83	83	83	83
σ_M	2.3426	2.3437	2.3273	2.3275

注：*表示显著性水平为1%，**表示显著性水平为5%；括号内为回归系数估计值的标准误。

总体上看，所有变量回归系数的拟合值与理论预期基本一致。地区收入和区位对人口迁入产生了显著的促进作用。尽管万人医疗机构床位数的系数估计值在统计意义上并不显著，但是其大于零的结果还是在一定程度上说明了社会发展水平对人口迁入的正向影响。第三产业从业人员的系数估计值未能通过显著性检验，在剔除这两个变量后，模型Ⅱ和模型Ⅳ的拟合优度有了一定的提升。这也在一定程度上说明了，湖北省正处于快速工业化阶段，工业是影响人口迁入的主导因素。

表6—2列出了根据B1和B2的拟合结果计算的差异化工业制成品的替代弹性σ_M。无论在封闭条件还是在开放条件下，也不管是否剔除影响不显著的解释变量，σ_M都稳健地保持在2.32—2.35。这验证了价格指数效应是显著存在的，即在其他条件不变的情况下，一个地区及其周边地区的生产厂商越集中，那么该地区可获得的工业制成品的种类越多，消费者在该地区就能以较低的真实成本获得多样化产品，因此向该地区迁移。更有意思的发现是，假设湖北省为开放区域时的σ_M要略小于假设湖北省为封闭区域时的σ_M值。如前所述，当σ_M变小时，消费者增加消费产品种类多样化的需求增强，在消费效用最大化的激励下，向厂商集聚区迁移的动力增强。这意味着，区域开放程度的提高、自由贸易壁垒的拆除，有利于提高差异化产品在本地的可获得性，因此有利于提高人口迁入的拉力。而人口迁入规模的扩大对于强化人口和产业同向集聚的累

积循环，促进区域经济增长是非常重要的。

第三节　本章小结

本章重点考察了产业集聚对人口流动方向和规模的影响，意在分析和检验产业集聚对人口迁入的引致作用。新经济地理学经典模型将劳动力区位选择的决策因素归结为对工业制成品的可进入性，即厂商的地理集中所产生的价格指数效应（price index effects）使得中心地区的制造业商品价格指数降低，从而提高了该地区工人的真实工资，为了降低交易成本和获得多样化的商品消费，工人向中心地区流动。基于这个思想，本章基于新经济地理学模型构建了人口迁移决策模型，对市场进入性引致人口流动的理论机制进行了分析。该模型揭示了产业集聚产生的价格指数效应引发劳动力迁入的基本过程，即在其他条件不变的情况下，地区制造业集中程度越高，其工业制成品的价格指数越低；或者，该地区越是邻近制造业集中程度高的区域，其工业制成品的价格指数越低。相应地，该地区工人的真实工资水平也就越高。因此，价格指数效应使得那些能够以较低成本获得多样化工业制成品的地区，成为流动劳动力青睐的迁入地。

最后，利用 2010 年湖北省县级区域人口迁入数据，对市场进入性引致人口迁入的机制进行了实证检验。以县级行政区劳动力迁入为实证对象，检验差异化商品的可获得性对人口迁移方向的引导作用。其中，简化方程估计的结果验证了市场规模对人口迁入的引致作用。新经济地理学的线性化方程则验证了价格指数效应的存在性，差异化工业制成品的替代弹性都稳健地保持在 2.32—2.35，即一个地区及其周边地区的工业产品生产厂商越集中，那么该地区可获得的工业制成品的种类越多；作为消费者的劳动力在该地区就能以较低的真实成本获得多样化的工业制成品产品，因此向该地区迁移。

第七章

人口迁入强化产业集聚的过程机制

第六章构建了人口迁入与产业集聚互动过程的基本模型，本章将基于马歇尔外部性理论中的劳动力池效应和新经济地理学中的本地市场效应，重点分析和检验人口流入强化产业集聚的理论机制。

第一节　人口流动强化产业集聚的理论机制

在马歇尔外部性理论框架下，一些研究揭示了人口集中的劳动力池效应对产业集聚的驱动作用。Overman et al（2010）构建了一个多部门多区域的劳动力池模型，解释了劳动力池的分担风险效应；Wheeler（2001）、Andini et al（2013）、Melo et al（2014）等验证了人口集中提高了工人与厂商的匹配性从而导致产业集聚。Rosenthal et al（2001）、Ellison et al（2010）、何玉梅等（2012）等检验了劳动力池的产业集聚效应。这些研究未考察人口流动对人口集中进而对劳动力池的影响。千慧雄和刘晓燕（2011）作出了有益的尝试，他们基于匹配理论和迁移模型，揭示了人口流动促进劳动力池形成的机理。近年来兴起的新—新经济地理学放松了中心—外围模型对企业、劳动力以及消费偏好同质性的假设。其中，Russek（2009）考虑了移民的异质性，使得集聚力又增加了非技能劳动力流动引发的需求联系。Davis et al（2003）、Claver et al（2011）、刘修岩等（2007）、冯伟等（2012）、赵增耀等（2012）等验证了本地市场效应引致产业集聚的机理。但是，当前对人口流入强化本地市场效应进而强化产业集聚的理论证明和实证检验非常缺乏。

一 人口流入的本地市场效应

中心—外围模型演绎了非农劳动力自由流动下的产业集聚过程。其中,集聚力的形成机制是前向联系(forward linkages)和后向联系(backward linkages)之间的累积循环。前向联系导致作为消费者的工人向厂商集中地区流动,其内在机制是厂商集中产生的价格指数效应;后向联系导致厂商向消费者集中的地区集中,其内在机制是工人集中产生的本地市场效应。如果前向联系和后向联系足够强大,以至于超越了不可流动要素产生的分散力的话,经济活动空间结构演化的结果是以一个以制造业为中心和一个以农业为外围地区的"中心—外围"模式(Fujita 和 Krugman,2004)。

本地市场效应(Home Market Effect)最早在新贸易理论中提出。Krugman(1980)指出,在规模报酬递增和运输成本为正的情况下,那些对某类工业制成品拥有较大国内市场需求的国家,将专业化生产这类工业制成品并成为该产品的净出口国。其模型假设一种生产要素、一种产业部门、两个对称性的国家,在商品自由贸易的条件下,每个国家对该产业部门产品的开支是本国居民和外国居民的消费总和,即:

$$npx = nwL/(n+\sigma n^*) + \sigma nwL^*/(\sigma n + n^*)$$

$$n^* px = \sigma n^* wL/(n+\sigma n^*) + n^* wL^*/(\sigma n + n^*)$$

其中,n 和 p 分别代表本国产品的数量和价格,w 和 L 分别代表本国的工资率和劳动力数量,σ 代表本国居民对外国生产的产品的需求量与对本国生产的该种产品的需求量的比率,星号上标加注的符号则表示外国的相应指标。由于自由贸易,两个国家生产的产品的相对数量就可以表示为:

$$\frac{n}{n^*} = \frac{L/L^* - \sigma}{1 - \sigma L/L^*}$$

显然,如果本国和外国有相等的需求规模(即 $L/L^* = 1$),则本国和外国生产的产品数量相等;如果本国较外国有更大的本土市场规模(即 $L/L^* > 1$),则本国将生产更多的产品,成为该产品的净出口国。在其经典模型中，Krugman（1991a）又阐释了本地市场效应对地区产业集聚的驱动机制：当一个地区在历史和偶然事件的作用下形成了巨大的本地需求，遵从规模报酬递增的厂商为了降低运输成本将倾向于向该地区定位布局，该地区随即成为产业集聚中心。

范剑勇和谢强强（2010）将本地市场效应的产业集聚机制延伸至一国内部。假设一个经济体内部有两个地区、两个生产部门（规模收益递增的现代部门和规模收益不变的传统部门）、两种生产要素（资本和劳动力）。劳动力为同质低技能劳动力且其跨区域流动受到限制，但在同一地区的部门之间可以自由流动；资本可以在两个地区之间自由流动。一个地区拥有的劳动力是其本地需求的唯一来源，本地厂商是该地区产出的唯一来源。现代部门产品在地区之间的贸易存在"冰川"形式的运输成本，但在区域内部的运输成本为零。经过推导，均衡状态下，本地区的资本份额（即产出份额）μ 与劳动力份额（即消费份额）λ 之间的关系为：

$$\mu^* = \frac{1}{2} + \frac{1+\sigma}{1-\sigma}\left(\lambda - \frac{1}{2}\right) > \lambda > \frac{1}{2}$$

其中，$\sigma > 1$ 代表任何一对差异化制成品之间的替代弹性。这揭示了本地市场效应的存在，只要劳动力份额（即消费份额 λ）大于二分之一，该地区的产出份额就大于二分之一。因此，规模较大的地区拥有更高的产出份额，规模较小地区的资本被吸引到市场规模较大的地区，生产活动的空间格局由此呈现集聚趋势。本地市场效应导致产业集聚的内在机制不仅在于厂商生产成本的降低，更重要的在于生产集中所产生的规模经济和集聚经济。从厂商的微观层面而言，本地市场规模的扩大以及随之而来的相同或相似行业的厂商的进入，激烈的市场竞争将导致分工的细化和生产专业化程度提高，每个厂商的生产效率和竞争力因此提高；同时，足够大的市场规模也使得企业更多地投入研发，因为有利可图，技术由此提高。从地区的宏观层面而言，随着厂商的进入，该地区会逐渐形成不断扩大的生产网络以及资源共享与规模化生产的格局，从而引发产业的规模化集聚。产业集聚使得企业的生产成本降低和生产效率提升，并在集聚效应的引致下扩大产品的生产能力，从而使得本地生产的产品在满足本地市场需求的前提下，可以将多余产品销往外地。因而，本地市场效应是形成产业集聚的重要动力机制，也是重要源泉之一。

观察湖北省区域经济发展的实际情况，可以看到，地区市场规模与工业发展之间的高度相关性。基于新经济地理学模型的基本假设，以县区常住人口总量衡量市场规模，以县区规模以上工业总产值衡量工业发展规模；为了体现市场规模对工业集聚的引致作用，比较滞后期一年的常住人口与当年的工业总产值之间的相关性。图 7—1 反映了 2006—2014 年间湖北省各县区市场规模与工业总产值之间的相关性。可以看到，各县区市场规模与工业发展之间存在显著的正相关，即滞后一年的人口规模越高，该县区当年的工业总产值也越高。以 Pearson 相关性系数衡量，2007—2014 年各年度，滞后一年人口规模的对数与当年规模以上工业总产值对数的相关性指数都在 0.5 以上（1% 显著性水平）。其中，2007 年相关性最低，二者的 Pearson 指数为 0.569；相关程度最高的年份是 2014 年，Pearson 指数为 0.643。湖北省各县区人口规模与工业发展之间显著的正相关关系，为本地市场效应的理论机制提供了经验证据。

区际人口流动的直接结果是，地区之间人口数量的比例关系改变。人口净流入地的人口总量相对于人口净流出地而言增加，相反地，人口净流出地的人口总量相对于人口净流入地而言减少。在其他条件不变的情况下，人口规模的区际变化将直接导致消费份额的区际再分布。因人口区际流动而人口规模扩大的地区，其本地市场效应相应提高；人口规模缩小的地区，其本地市场效应因此会减弱。因此，人口流入直接扩大了迁入地的本地市场效应，强化了迁入地对非农经济活动的吸引力，是引致产业集聚的重要力量。

实际上，人口迁入对迁入地人口规模的扩大效应是不言而喻的。如近期的一项研究指出，1996 年以来，乡—城迁移人口增长已经成为中国城市人口增长的主要动力，尤其是 2006 年开始，其对城市化发展的年度贡献率已经超过 1 个百分点（王桂新和黄祖宇，2014）。观察湖北省区域经济发展的实际情况，可以看到，各县区人口迁入率与其人口规模之间

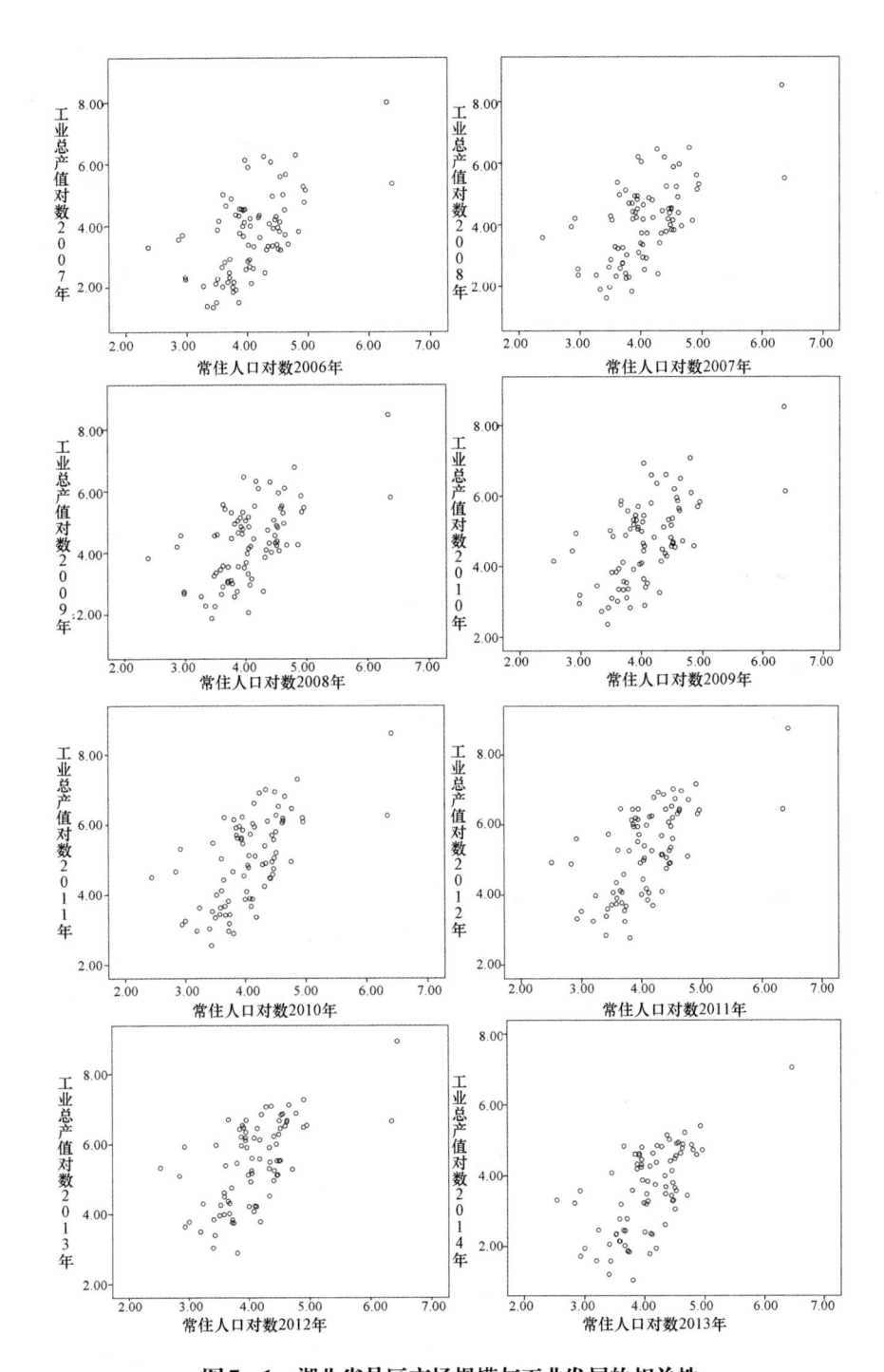

图7—1 湖北省县区市场规模与工业发展的相关性

存在显著的正相关关系。表 7—1 列出了 2000 年和 2010 年湖北省各县区县际迁入人口率（迁入人口数量占常住人口数量的份额）与其常住人口数量之间的相关性。

表 7—1　　　湖北省县区人口迁入率与人口规模之间的相关性

	2000 年县际迁入率	2010 年县际迁入率
2000 年常住人口	0.2080**	—
2010 年常住人口	—	0.3710*
2011 年常住人口	—	0.3807*
2012 年常住人口	—	0.3841*
2013 年常住人口	—	0.3870*

注：* 表示在 1% 水平上显著，** 表示在 10% 水平上显著。

为了体现人口迁入对地区人口规模的影响，不仅考察了迁入人口与当年常住人口的相关性，也考察了其与滞后年份常住人口的相关性。由于 2001—2005 年各县区的常住人口数据无法获取，故没能列出 2000 年迁入人口与滞后年份常住人口的相关性。

总体上看，县际人口迁入起到了促进人口规模扩大的作用，并且人口迁入对县区人口规模影响力的滞后效应较为明显。观察 2010 年县际人口迁入率与常住人口数量的相关性指数，可以看到县际迁入人口与当年常住人口的 Pearson 相关性指数为 0.3710，其与滞后年份常住人口的相关程度稳步提高，与 2013 年常住人口规模的相关系数达到了 0.3870。

二　人口流入的劳动力池效应

劳动力池效应是马歇尔外部性的三个理论机制之一，其形成的直接诱因是人口的地区集中。Marshall（1890）指出，人口集中提供了一个劳动力池，"本地产业将从这个稳定的技能市场中获得巨大的收益"，因此成为产业集聚的重要驱动力。与新经济地理学模型中的本地市场效应相比，劳动力池效应突出强调了人口的劳动力属性，将劳动力的地理集中视为形成劳动力池并进而导致产业集聚的基本因素。劳动力池引致产业集聚的机制表现在两个方面：一是风险分担机制，即厂商集聚在劳动市场汇集的地方可以降低市场经营不确定性带来的工资成本负担，而大量劳动力汇集则保证工资不随市场境况而改变；二是供求匹配机制，即在劳动力汇集的地方，厂商和工人之间寻找彼此所需对象的成本会降低，从而吸引更多厂商和劳动力集聚。

关于劳动力池的风险分担机制，Krugman（1991b）开创性地提出了一个劳动力池模型。其中，流动性工人对预期工资的追逐和厂商对预期利润的追逐，是驱动经济空间结构演化的基本动力。由于地区预期工资和预期利润都取决于劳动力数量和厂商的数量，在一个外生冲击的影响下，经济空间结构演化的最终结果是厂商和流动性工人都集中在一个地区。Overman 和 Puga（2010）基于 Krugman（1991b）的劳动力池模型，构建了一个多部门多区域的劳动力池模型，揭示了劳动力池的分担风险效益对产业集聚的驱动作用。假设有一组产业 $s = 1, 2, \cdots, S$，每个产业都有一些呈离散分布的厂商 $i = 1, 2, \cdots, N$，并且都有一个拥有这个产业特有技能的呈连续分布的劳动力池。厂商和工人都具有躲避风险的特点。当作出区位决策后，每个厂商都会面临一个生产率冲击 ε。这个冲击在各厂商之间不相关，并且有相同的概率分布，其值在 $[-\varepsilon, \varepsilon]$ 之间变化，均值为 0，方差为 σ。厂商能够观测出这些冲击并且决定从其所属产业的本地劳动力池中雇用劳动力。如果厂商 i 的劳动力雇佣量为 l_i，其经营利润可以写为：

$$\pi_i = [\beta + \varepsilon_i] \cdot l_i - \frac{\gamma \cdot l_i^2}{2} - w l_i$$

其中，β 表示劳动的边际产出，γ 反映了报酬递减的程度，ω 表示工资。

假设每个厂商给付的本地工资是给定的，在明确了面临的冲击后，基于边际成本等于工人工资的目标，每个厂商的劳动力需求为 $l_i = (\beta - w - \varepsilon_i)/\gamma$。市场出清时，该地区的劳动力雇佣总量 L 为：

$$L = \sum_{i=1}^{N} l_i = \frac{\beta - w + \sum_{i=1}^{N} \varepsilon_i}{\gamma}$$

据此，可以得到市场出清时的工资为：

$$w = \beta - \gamma \frac{L}{N} + \frac{1}{N}\sum_{i=1}^{N}\varepsilon_i$$

取其期望值就得到劳动力市场出清的预期工资为：

$$E(w) = \beta - \gamma \frac{L}{N}$$

基于厂商的利润方程、劳动力需求方程以及预期工资方程，并且经过算术变换，可以得到厂商的预期利润为：

$$E(\pi) = \frac{\gamma}{2}\left(\frac{L}{N}\right)^2 + \left(1 - \frac{1}{N}\right)\left(\frac{\sigma}{2\gamma}\right)$$

该式右边的第一项是不考虑冲击时的厂商的预期利润，随地区雇佣劳动力总量与厂商数量的比值（L/N）的扩大而增加。第二项反映了劳动力池效应：厂商面对的 σ 越高，劳动力池效应越强。即一个产业面临的厂商特有冲击的异质性越高，劳动力池的收益越大。这意味着，那些面临异质性冲击较多的产业更倾向于集聚。

关于劳动力池的供求匹配机制，Helsley 和 Strange（1990）模型化了技能异质性的工人和劳动力需求异质性的厂商之间的匹配过程如何导致产业集聚。该模型的关键假设是厂商的技术需求以及工人所拥有的技术类型是差异化的。由于信息不对称，厂商只知道自己的技术需求但并不清楚工人所拥有的技术类型，只有当工人的技术类型与厂商的技术需求完全一致时才能进行生产。如果厂商雇用了一个与自身技术需求不匹配的工人，则工人需要进行培训才能进行生产。工人清楚自己属于哪种技术类型和企业的技术需求。企业为满足自身需求的工人提供统一的工资，而如果工人需要培训则自己承担培训成本，工人权衡企业提供的工资和自己支付的培训成本，工人将会选择两者之差最大的企业进行就业。厂商与工人之间的博弈结果显示：工资水平的纳什均衡和均衡厂商数量都是关于工人总数量的递增函数。因此，该模型结果表明一个城市中劳动力数量越多，均衡的厂商数量和均衡的工资水平越高。这意味着劳动力资源的空间集聚是有利的。

劳动力供求匹配的重要性，实际上在劳动力经济学的搜寻—匹配模型中得到了充分的论证和证明。近年来，我国各地普遍出现的"就业难"与"招工难"矛盾性并存的现象，本质上就是劳动力市场供需不匹配，不仅导致了劳动力失业问题，也对经济增长和生产效率提高产生了不利影响（敖荣军，2012）。劳动力池的意义在于，在一个技能异质性劳动力大规模集中的地区，对技能需求同样具有异质性特点的厂商能够以最小成本雇用满足其技能需求的劳动力，因而成为厂商的集中地。大量的研究指出，高技能劳动力一般来讲是能够胜任技能需求水平较低的工作岗位的，但是低技能劳动力是很难胜任技能需求水平较高的工作岗位的。这意味着，高技能劳动力供给量的扩大，有利于提高地区劳动力技能匹配性，从而有利于厂商和地区生产效率的提高。Baumgardner（1988）、Becker 和 Murphy（1992）以及 Duranton（1998）等也指出，大的市场也可能使得高技能工人专业化，从事较少的工作，因此具有较高的生产力。

人口迁入强化劳动力池效应的作用体现在两个方面，一是直接扩大迁入地的劳动力市场规模，二是改善迁入地劳动力市场的技能结构。一方面，人口迁移具有显著的选择性，在我国当前的社会经济背景下，以追逐就业和提高收入为目的的自愿性迁移是最主要的迁移形式。这意味着，迁移人口的劳动参与率和就业率都是很高的，甚至高于迁入地居民的劳动参与率和就业率（张车伟和吴要武，2003）。正因如此，迁入人口将对迁入地的劳动力供给带来直接的扩大效应。另一方面，人口迁移具有的显著的技能选择性使得迁移者往往以受教育程度较高、技能水平较高的劳动力为主。在第四章关于湖北省县际迁入人口的技能结构的分析中，已经揭示了迁入人口具有较高技能水平的事实。2000 年全省迁入人口中受大学及以上教育程度人口的份额为 18.22%，远高于常住人口中受大学及以上教育程度人口的份额 4.12%；2010 年全省迁入人口中受大学及以上教育程度人口的份额达到了 22.55%，仍然远高于常住人口中受大学及以上教育程度人口的份额 10.16%。迁入人口较高的技能水平，无疑有利于改善迁入地劳动力供给的技能结构，提升迁入地劳动力的技能水平，提高迁入地劳动力供给与需求的匹配程度。

第二节　湖北省县级区域本地市场效应测度

本地市场效应强调的是，厂商对消费市场的可进入性追逐而引发向消费市场规模大的地区集中。一个厂商提供的制成品的消费规模不仅取决于本地的消费规模，也受到周边地区消费规模的影响。因此，市场潜力无疑是衡量本地市场效应的最佳指标。一个地区的市场潜力就是所有地区（包括该地区自身）对该地区生产的产品需求之和。Harris（1954）把厂商面对的市场需求界定为其所在地区及其周边所有地区经济规模的距离加权求和，即 $MP_r = \sum_{i=1}^{R}(Y_i/d_{ir})$，其中 R 代表地区的数量，Y_i 代表第 i 个地区的经济规模，d_{ir} 代表地区 i 和 r 之间的距离。Harris 市场潜力（HMP）的优点在于数据易得，计算方便（周伟林等，2011），当前国内相关研究大多基于该方法评估地区市场潜力（刘修岩等，2007；赵耀增和夏斌，2012；王永培，2013；梅志雄等，2014）。但是，HMP 模型没有分析经济主体的行为机制，故其构建的生产地与消费地的空间关系缺乏微观理论的支持；只考虑了消费地的市场规模，忽略了厂商集中的空间竞争效应和规模经济效应等因素的影响。

以 Krugman 等为代表的新经济地理学家基于垄断竞争、规模报酬递增和冰山运输成本，提出了一般均衡框架下的市场潜力模型。一般称之为 Krugman 市场潜力模型，记为 KMP。在其经典模型（Krgman，1991a）中，一个地区的市场潜力取决于该地区对所有消费市场的进入性以及厂商集中所产生的规模经济和空间竞争等因素的综合作用。其中，市场进入性不仅取决于距离，还与开放程度、贸易壁垒等因素有关。KMP 模型拥有精妙的理论演绎的支持，但较为严格的理论假设及对实证数据的庞大需求限制了其在实证分析中的应用。当前国内利用 KMP 模型开展的研究非常少，已有的研究主要以全国为对象，以省区或地级市为空间单元，如石敏俊等（2007）等对中国地级行政区开展了系列实证分析，揭示了市场潜力从沿海向内陆逐级递减的空间格局。丁小燕等（2015）研究了京津冀地区各地级市的市场潜力，揭示了以京津为中心，向外逐渐递减的市场潜力分布格局。但是，该研究将消费地仅限于研究区域以内的各地级市是值得商榷的。作为国内的一个次级区域，其中某地区的制成品不仅可以进入区域内的其他城市，也可能对区域以外的其他地区具有较高的进入性。因此，如果研究对象是国内的某个次级区域，分析该区域内各地区市场潜力的关键前提是合理界定各地区可进入的市场范围。①

一 市场潜力模型的导出

借鉴 Fujita，Krugman 和 Venables（1999）以及 Ottaviano 和 Pinelli（2006）的基本框架，分析 KMP 的基本思想和构建 KMP 模型。假设一个经济体由 R 个地区、两个部门（制造业部门 M 和农业部门 A）和两种生产要素（流动性的工人和非流动性的农民）构成。其中，所有地区在消费者偏好、生产技术、贸易开放性以及生产要素的初始禀赋等方面都是相同的。农业部门是完全竞争行业，在规模收益不变条件下生产同质化的农产品，并且农产品在地区间的自由贸易不用承担运输成本。制造业部门是垄断竞争行业，在规模收益递增条件下生产异质性的工业产品，并且工业产品的自由贸易要承担冰山型运输成本 λ（$\lambda > 1$），即：如果某种工业制成品在其生产地 j 的售价是 p_j，那么这种制成品在消费地的交货价或到岸价就是 $p_{ij} = p_j \lambda_{ij}$。

消费者有相同偏好 $U = M^\mu A^{1-\mu}$，μ 和 $1-\mu$ 分别是工业制成品和农产品的支出份额，$M = \left[\sum_{k=1}^{K} c_k^{(\sigma-1)/\sigma}\right]^{\sigma/(\sigma-1)}$ 和 A 分别是两种产品的消费量，c_k 是第 k 种制成品的消费量，$\sigma > 1$ 是任何一对差异化制成品之间的消费替代弹性。生产者基于利润最大化定价，消费者基于效用最大化决定产品种类组合以及消费量。通过解决效用最大化问题，并经过标准化处理，可以得到消费地 j 的工业制成品的价格指数：

$$G_j = \left[\sum_i^R n_i (w_i T_{ij})^{(1-\sigma)}\right]^{1/(1-\sigma)}$$

---

① 本部分核心内容已发表：敖荣军、蒋亮、梅琳等：《湖北省县区工业市场潜力及空间格局》，《经济地理》2016 年第 6 期；敖荣军、刘巧玉、李家成：《本土市场规模与地区产业发展——基于湖北省县域工业的实证分析》，《江汉论坛》2016 年第 6 期。

其中，n 代表工业制成品的种类数，w 代表工资率。消费地 j 对生产地 i 的制成品的需求即消费量为：

$$c_{ij} = \mu Y_j (p_i T_{ij})^{-\sigma} G_j^{\sigma-1}$$

其中，Y 代表地区总收入。为了达到这样的消费水平，在生产地 i 装运的产品数量必须是它的 T 倍。由此得到地区 i 的制成品向消费地 j 的销售量为：

$$q_{ij} = \mu Y_j p_i^{-\sigma} T_{ij}^{1-\sigma} G_j^{\sigma-1}$$

将所有消费地的销售量加总，就得到生产地 i 的工业制成品的总销量：

$$Q_i = \sum_j^R q_{ij} = \sum_j^R \mu Y_j p_i^{-\sigma} T_{ij}^{1-\sigma} G_j^{\sigma-1} = p_i^{-\sigma} \sum_j^R \mu Y_j T_{ij}^{1-\sigma} G_j^{\sigma-1}$$

显然，生产地 i 的工业制成品的销售量取决于所有地区的收入、价格指数、运输成本以及出厂价。由于所有地区同种产品的交货价与出厂价成比例变化，而且消费者对每种制成品的需求都存在一个不变的价格弹性 σ，所以每种产品相对于出厂价的总需求价格弹性也是 σ，与消费者的空间分布无关。其中，$\sum_j^R \mu Y_j T_{ij}^{1-\sigma} G_j^{\sigma-1}$ 就是作为工业制成品生产地的地区 i 的市场潜力，记为 KMP。将价格指数方程代入后可以写为：

$$KMP_i = \sum_j^R \frac{\mu Y_j T_{ij}^{1-\sigma}}{G_j^{1-\sigma}} = \sum_j^R \frac{\mu Y_j T_{ij}^{1-\sigma}}{\sum_i^R n_i (w_i T_{ij})^{(1-\sigma)}}$$

可以看到，KMP 模型受以下因素的影响。一是生产地 i 的工业制成品对消费地 j 的市场进入性（以 T 反映），不仅取决于地理距离的远近，还取决于地方开放程度、贸易壁垒等人为因素。二是空间竞争的影响，其分母部分表征了来自各地的企业为争夺消费市场 j 所面临的空间竞争程度。由于将价格和规模经济等因素考虑在内，KMP 也被称为"真实市场潜力"（real market potential，RMP）。

二 参数设定及数据处理

(一) 关键参数设定

KMP 模型中有两个非常重要的参数,即差异化制成品之间的替代弹性 σ 和消费者对制成品的消费支出份额 μ。按照新经济地理学模型的基本假设 $\sigma>1$,σ 值越接近于 1,说明消费者对各种差异化产品选择的替代弹性越小,这意味着消费者倾向于追求更多种类的差异化产品,而扩大某一种产品消费规模的意愿下降。因此,为了消费多样化的产品并节约交易成本,消费者更有转移至制成品生产厂商集聚地区的动力。已有的相关实证研究表明,各个国家或地区的 σ 值都表现出随时间逐渐减小的态势。如 Hanson (2005) 对美国产业集中的实证分析中,模型估计的 σ 值在 1970—1980 年的最大值为 2.053,在 1980—1990 年的最小值为 1.745;唐颂和黄亮雄 (2013) 对我国 σ 值的估计结果在 1990 年为 2.0037,2000 年为 1.8254,2010 年为 1.7465。根据这些研究以及本书第六章的研究结果,考虑到湖北省社会经济发展的实际情况,设定 $\sigma=2.3$。

由于新经济地理学模型关于消费者行为的对称性假设,所有地区的消费者具有相同的偏好,所以每个地区制成品的消费支出份额 μ 是常数。KMP 模型中,对制成品消费支出份额取不同的值,虽然会影响每个地区市场潜力的绝对值,但是不会对地区之间市场潜力的相对值产生任何影响。从已有的统计资料中无法获得关于工业制成品消费支出份额的信息,因此,只能根据已有研究提供的经验值给出 μ 值。Crozet (2004) 在对欧洲几个国家的实证分析中,设定工业制成品的消费支出份额为 0.4;Pons et al (2007) 对西班牙的实证分析中,设定制成品支出份额分别等于 0.4 和 0.6。而 Hanson (2005) 在对美国 1970—1990 年产业集中的实证分析中,对 μ 值的估计结果为 0.539—0.873。在对湖北省各县区市场潜力的测算过程中,设定工业制成品的消费支出份额 $\mu=0.6$。

(二) 消费市场确定

KMP 模型实际上衡量的是生产地 i 可以获得的所有消费市场 j 对其工业制成品的总需求。因此,测度工业市场潜力的一个关键前提是合理界定制成品可以进入的消费市场。测度湖北省各县区的市场潜力,即将湖北省的各县区分别作为生产地，考察各县区的工业制成品可以获得的消费市场的规模。一个关键的问题是，湖北省各县区可以进入的消费市场如何确定。

湖北省居中国中部，在国内市场一体化加快的背景下，"九省通衢"的区位优势意味着其对其他省份的市场进入性将大大提高。基于此，假设不仅省内而且外省都对湖北省各县区完全开放，即各县区工业制成品不仅可以进入省内所有县区，也可以进入外省市场。这种条件下的工业市场潜力可以称为国内市场潜力（记为 RMP），实际上是省内市场潜力（记为 RMP1）与外省市场潜力（记为 RMP2）之和。其中，测度 RMP1 的一个假设条件是，湖北省是一个对外封闭的区域，制成品贸易只发生在省内各地区之间。此时，湖北省各县区可以获得的消费市场就是省内所有县区，即制成品的生产地 $i=83$，消费市场 $j=83$。RMP2 则是仅考虑各县区工业制成品自由进入外省市场时的工业市场潜力。考虑到西藏和海南省的特殊性，没有将这两个省份列入湖北省各县区工业制成品可以进入的消费市场。另外，基于数据可获得性和研究可操作性的考虑，将其他省份分别作为一个整体考虑，没有将其细分至县级区域。此时，工业制成品的生产地 $i=83$，而消费市场 $j=28$。

（三）相关数据处理

地区总收入以地区生产总值衡量，工业制成品的种类数以规模以上工业企业个数衡量，工资率以城镇在岗职工平均工资衡量。我国统计制度中关于规模以上工业的统计口径在 2007 年发生了非常大的变化，为了尽可能减少这种主观因素对分析结果的影响，将实证分析的期间范围确定在 2007—2012 年。相应地，所有的数据来自 2008—2013 年的《湖北省统计年鉴》和《中国统计年鉴》，其中缺乏的数据从湖北省各地市州统计年鉴中补齐。

RMP 模型中的运输成本实际上不仅考虑了两地之间的运输距离，也包含了贸易壁垒等因素。在假设所有地区完全对外开放的条件下，仅以随距离变化的运费成本衡量运输成本 $T_{ij}=e^{\tau D_{ij}}$，其中 τ 是单位运费，D 是两地距离。不同运输方式的单位运费不同，主要考虑公路运输方式，并设定单位运费 $\tau=0.8$ 元/t·km，且在研究期内保持不变。距离则以最短公路交通线路长度衡量。首先利用 ArcCatalog 网络分析方法构建各地区间的路网数据集,再通过 ArcMap 成本矩阵测算各地区节点之间最短路径的路网距离,以此衡量地区间的交通通达度。县内距离按 $d_{ii} = (2/3)\sqrt{A_i/\pi}$ 计算,其中 A 表示该县的国土面积。

三 市场潜力的时空格局

随着社会经济发展和市场规模扩大,2007—2012 年湖北省县区工业市场潜力不断提高(表7—2)。全省各县区工业的国内市场潜力平均值由 2007 年的 24.922 增加至 2012 年的 64.728,其中,省内市场潜力由 0.700 增加至 2.291,外省市场潜力则由 24.222 增加至 62.438。但是,市场潜力的空间分布随时间变化并不大。可以看到,变异系数和基尼系数值的年际波动都非常小,县际市场潜力的相对差异变化不大;莫兰指数值的年际变化也很小,市场潜力的空间集散程度基本上保持稳定。基于此,以各县区 2007—2012 年六年间工业市场潜力的平均值分析空间格局。这样也可以在一定程度上减少县级行政区统计数据的年际波动的影响。

表7—2　　　　　湖北省县区工业市场潜力及其空间格局变化

		2007 年	2008 年	2009 年	2010 年	2011 年	2012 年	6 年均值
RMP	均值	24.922	24.899	26.305	30.544	63.217	64.728	39.103
	标准差	2.136	2.125	2.252	2.607	5.271	5.372	3.294
	变异系数	0.086	0.085	0.086	0.085	0.083	0.083	0.084
	基尼系数	0.049	0.048	0.049	0.048	0.047	0.047	0.048
	Moran'I	0.860	0.859	0.859	0.858	0.856	0.856	0.858
RMP1	均值	0.700	0.733	0.819	0.984	2.116	2.291	1.274
	标准差	0.211	0.229	0.253	0.299	0.608	0.675	0.379
	变异系数	0.301	0.312	0.308	0.303	0.288	0.295	0.297
	基尼系数	0.153	0.158	0.157	0.155	0.149	0.152	0.153
	Moran'I	0.500	0.518	0.516	0.511	0.497	0.512	0.508

续表

		2007 年	2008 年	2009 年	2010 年	2011 年	2012 年	6 年均值
RMP2	均值	24.222	24.165	25.486	29.560	61.101	62.438	37.829
	标准差	2.015	1.988	2.102	2.432	4.926	4.977	3.073
	变异系数	0.083	0.082	0.082	0.082	0.081	0.080	0.081
	基尼系数	0.047	0.047	0.047	0.047	0.046	0.045	0.046
	Moran'I	0.853	0.852	0.852	0.851	0.850	0.849	0.850

注：考虑到主要研究的是人口迁移与市场潜力的关系，因为最新人口迁移数据截止到2010年。另外，又考虑到滞后期的因素，本表只计算了截止到2012年的湖北省各县区的市场潜力。

（一）省内市场潜力

在不考虑外省市场需求的情况下，湖北省工业市场潜力的县际相对差异比较大，省内市场潜力县际分布的变异系数和基尼系数分别为0.297和0.153（表7—2）。总体上看，全省各县区工业的省内市场潜力呈现以武汉市及其邻近县区、宜昌城区和襄阳城区为高等级中心，以广大中部地域为次等级区域，以偏居鄂西、鄂南和鄂东边缘地区的县区为低等级区域的空间特征（图7—2），与湖北省"一主两副"的城镇和经济发展空间格局基本一致。其中，武汉城区（包括江岸区、江汉区、硚口区、汉阳区、武昌区、青山区和洪山区）的工业市场潜力值最高，达到3.169；宜昌城区（包括西陵区、伍家岗区、点军区和猇亭区）的潜力值为1.596，排名第12；襄阳城区（包括襄城区和樊城区）的潜力值为1.554，排名第14；鄂西的咸丰县潜力值最低，仅为0.716。

市场潜力高的县区相互邻近，市场潜力低的县区相互邻近，凸显了省内市场潜力县际分布的空间集聚态势。而衡量全局空间自相关程度的莫兰指数值等于0.508（表7—2），也验证了省内市场潜力的县际分布的确具有显著的全域集聚特征。图7—2绘制了省内市场潜力值的LISA地图。在$p<0.05$的显著性水平下，湖北省工业的省内市场潜力分布存在显著的局部空间集聚。武汉及其邻近地区一共11个县区形成了潜力高值集聚区，鄂西北和鄂西南地区一共13个县区形成了潜力低值集聚区，中心—外围格局非常明显。

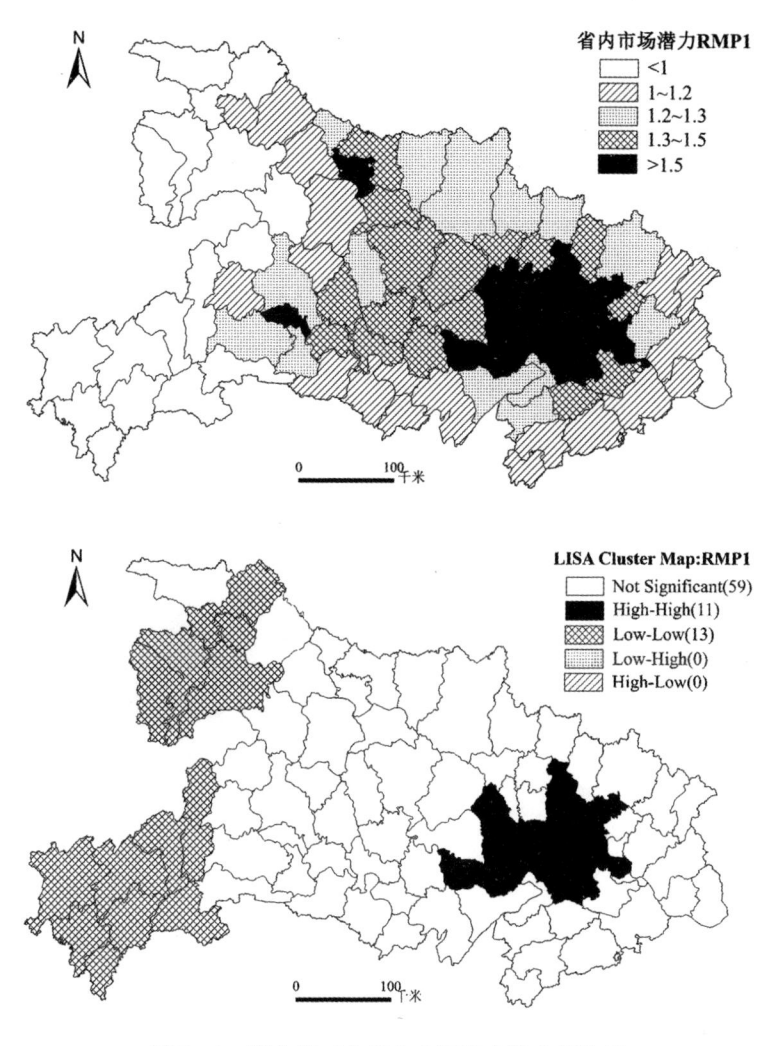

图 7—2　湖北省工业省内市场潜力的空间格局

(二) 国内市场潜力

在考虑外省市场需求的情况下，由于外省市场潜力占国内市场潜力的份额在95%以上（表7—2），故其空间格局主导了国内市场潜力的空间格局。总体上看，外省市场潜力的县际差异很小，直接导致了国内市场潜力较低的县际相对差异，变异系数和基尼系数只有0.084和0.048。

图7—3表明，外省市场潜力明显地由东向西逐渐降低。其中，偏居鄂东边缘的黄冈市各县区以及武汉城区和鄂州市是高值连片集中地区，

而潜力值最高的黄梅县正位于省域最东端；深处鄂西北和鄂西南边缘的恩施州、宜昌市和十堰市的各县区则是低值连片集中地区。外省市场潜力自东向西逐渐降低的基本格局，说明了市场进入性对地区工业市场潜力的直接影响。在完全开放的条件下，鄂东地区由于其在交通距离上对市场规模较大的中国东部经济发达地区的可进入性较高，外省市场潜力普遍较高；随着向西部延伸，对东部地区的进入性逐渐降低，外省市场潜力随之逐渐降低。

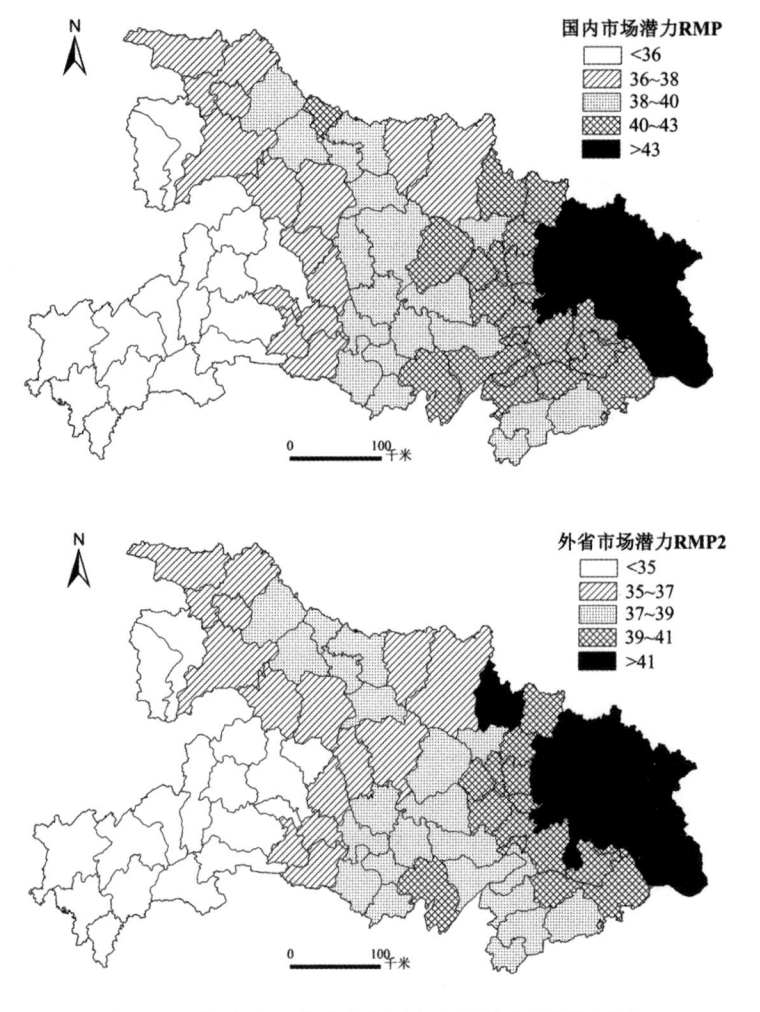

图7—3　湖北省工业外省和国内市场潜力的县际分布

受外省市场潜力空间格局的直接影响，湖北省工业的国内市场潜力也显著地由鄂东向鄂西渐次下降（图7—3）。按照国内市场潜力值可以把各县区分为5个等级：第一等级市场潜力值在43以上，连片集中在鄂东边缘地区，包括黄冈市各县区和武汉市的主城区及新洲区和黄陂区；第二等级市场潜力值在40—43，包括武汉市的东西湖区、汉南区、蔡甸区和江夏区，黄石市，鄂州和孝感全域以及咸宁，荆州和随州的部分县区，在第一等级区域以西对其形成环抱之势；第三等级市场潜力值在38—40，主要分布在第二等级县区以西邻近地域以及鄂西北的襄阳市，包括荆门、咸宁、荆州、襄阳辖属县区以及仙桃、潜江、天门等地区；第四等级市场潜力值在36—38，主要集中在鄂西北和第三等级县区以西邻近地域，包括十堰和宜昌的东部县区以及随州城区；第五等级市场潜力值在36以下，主要集中在恩施州以及宜昌市和十堰市的西部县区。

与省内市场潜力相比，外省市场潜力和国内市场潜力的空间集聚格局也产生了非常大的变化。首先，全域集聚度大幅提高（表7—2），外省市场潜力县际分布的莫兰指数值大幅提高至0.850，在其主导下，国内市场潜力县际分布的莫兰指数值高达0.858。其次，局部空间集聚模式产生了较大变化，高值集聚区明显向东转移。图7—4分别绘制了外省市场潜力和国内市场潜力的LISA地图。可以看到，以武汉、黄冈、黄石和鄂州4市全域为主体的23个鄂东县区形成了工业市场潜力的高值集聚区，以恩施全域以及宜昌和十堰两市的部分县区为主体的16个鄂西县区形成了工业市场潜力的低值集聚区。

四 市场潜力与工业发展

市场潜力是产业和要素区位选择的重要影响因素，大量的实证研究（如周伟林等，2011；刘修岩等，2007；赵耀增和夏斌，2012；王永培，2013）也揭示了地区经济规模与市场潜力的显著正相关。然而，现实中地区经济规模与市场潜力并不完全同步发展。显然，市场规模只是经济发展需求方面的影响因素，资源条件、要素禀赋、技术状况等生产供给能力因素也会直接影响经济规模，由此导致经济规模与市场潜力不相关

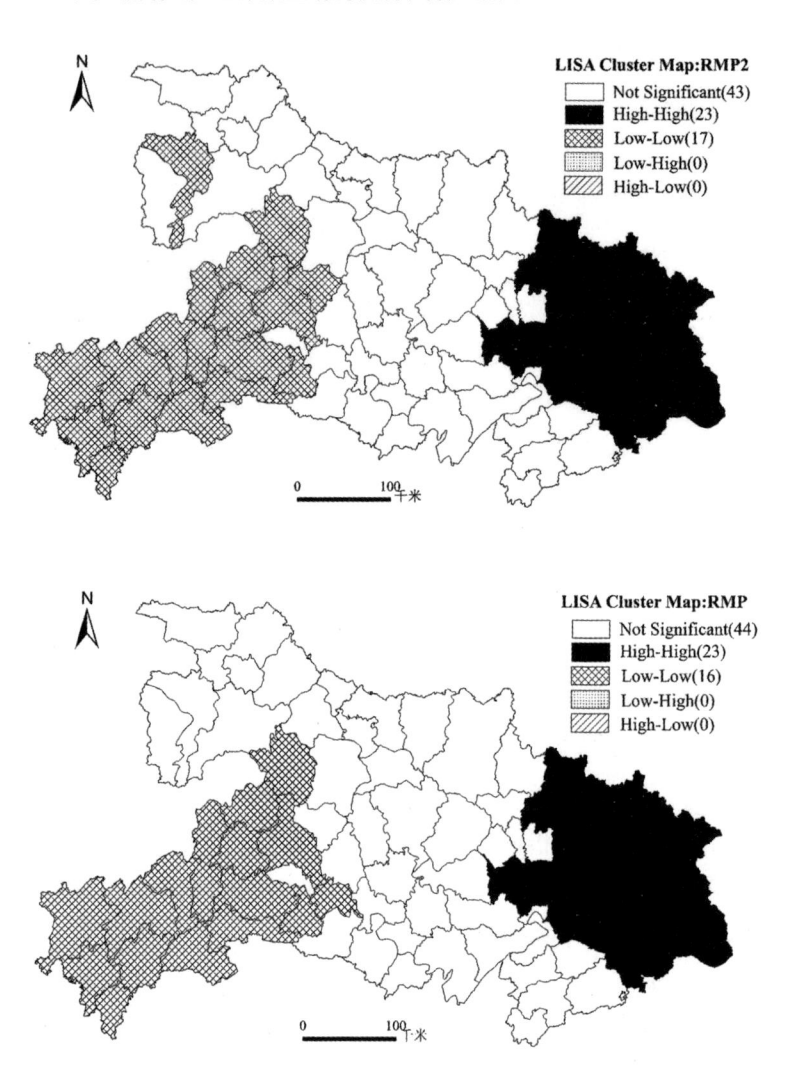

图 7—4　湖北省工业外省市场潜力和国内市场潜力县际分布的 LISA 地图

或负相关。另外，市场进入性是市场潜力能否转化为经济增长动力的关键因素。如果地区工业产品对消费市场的进入性受到限制，市场潜力就不能转化为现实的市场需求，工业发展水平因此会落后于市场潜力水平。一方面，外生性的地理障碍或政策安排，可能降低制成品对周边消费地的进入性，研究者称之为"边界效应"（赵永亮和才国伟，2009）；另一方面，生产地的制成品结构与消费市场的需求特征不一致，也可能降低其制成品对这些消费市场的进入性。

以每个县区2007—2012年人均工业总产值的6年均值作为衡量工业经济水平的基本指标，考察湖北省工业市场潜力与工业发展县际分布之间的相关性。结果发现，人均工业总产值与省内市场潜力显著正相关，Pearson相关系数为0.551；与省外市场潜力和国内市场潜力的Pearson相关系数虽然都大于0，但在统计意义上都不显著。这说明，湖北省县区工业发展总体上显著地依赖于省内消费市场的进入性，而与省外市场需求的关联性并不高。根据相关程度也可以判断：湖北省县区工业发展与省内市场潜力并未表现出完全匹配，与外省市场潜力的匹配性则更差。

为了更加微观地探讨湖北省各县区工业发展与市场潜力的匹配程度，绘制图7—5。其中，纵坐标是人均工业总产值相对值（以县区人均工业总产值与全省均值的比值衡量）对数，横坐标是工业市场潜力相对值（以县区工业市场潜力与全省均值的比值衡量）对数。零值曲线把散点图分成了四个象限，通过零值曲线交点的45°线是完全匹配线。第一象限表示工业规模和市场潜力均高于全省均值，第三象限表示两个指标均低于全省均值。落入这两个象限县区的工业发展与市场潜力的匹配性较好，而且越接近45°线，匹配程度越高。第二象限和第四象限表示一个指标高于全省均值，另一指标低于全省均值。落入这两个象限县区的工业发展与市场潜力的匹配程度较低，而且越远离45°线，匹配性越差。

图7—5的上图显示，全省共65个县区落入了第一和第三象限，仅有18个县区落入了第二和第四象限，而且大部分县区向45°线逼近的趋势较为明显。这种空间格局直接导致全省工业发展与省内市场潜力分布之间显著的正相关。下图表明，全省47个县区落入了第一和第二象限，36个县区落入了第二和第四象限，而且相当多的县区远离45°线离散分布。这种空间格局直接导致了全省工业发展与外省市场潜力分布的不相关。根据图7—5可以把湖北省各县区分为四种类型（图7—6）：第一类落入第一象限，市场潜力高且工业规模大（记为HH型），第二类落入第三象限，市场潜力低且工业规模小（记为LL型），第三类县区落入第二象限，市场潜力高但工业规模小（记为HL型），第四类县区落入第四象限，市场潜力低但工业规模大（记为LH型）。其中，HH型和LL型是工业发展与市场潜力相匹配县区，HL型和LH型是工业发展与市场潜力不匹配县区。

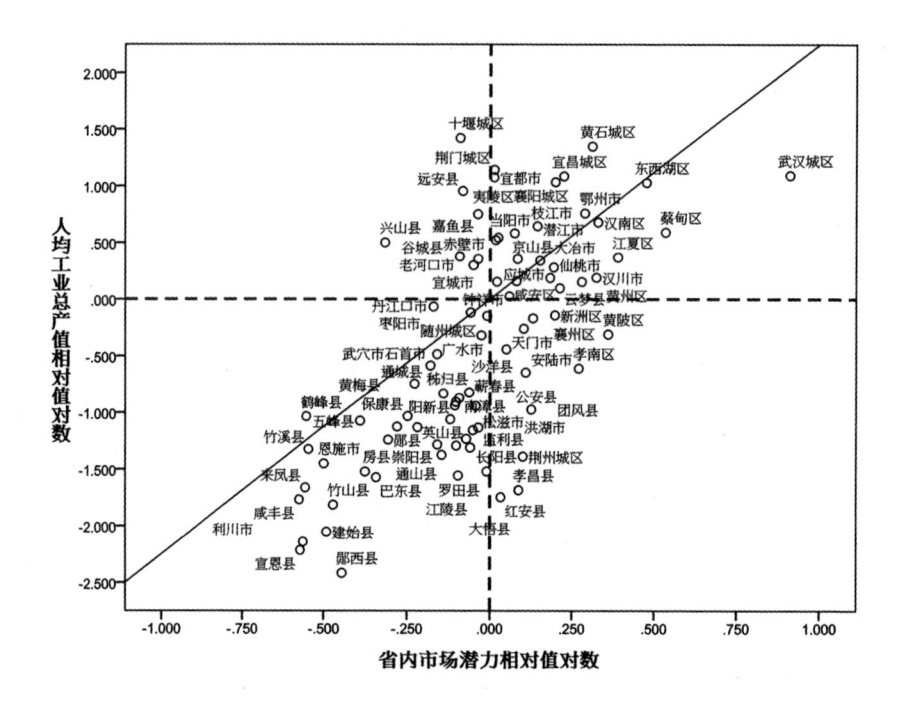

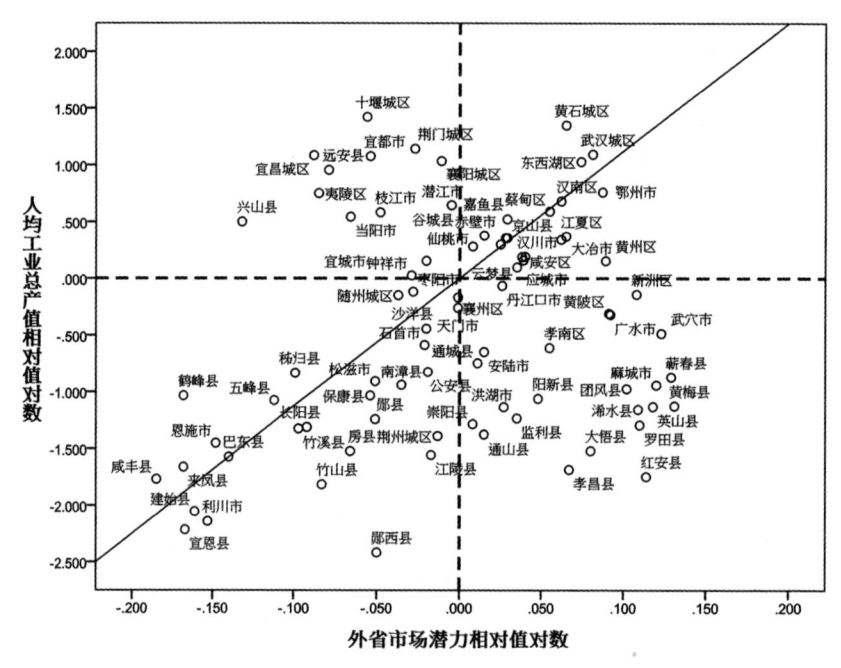

图7—5 湖北省工业发展与市场潜力匹配性的县际差异

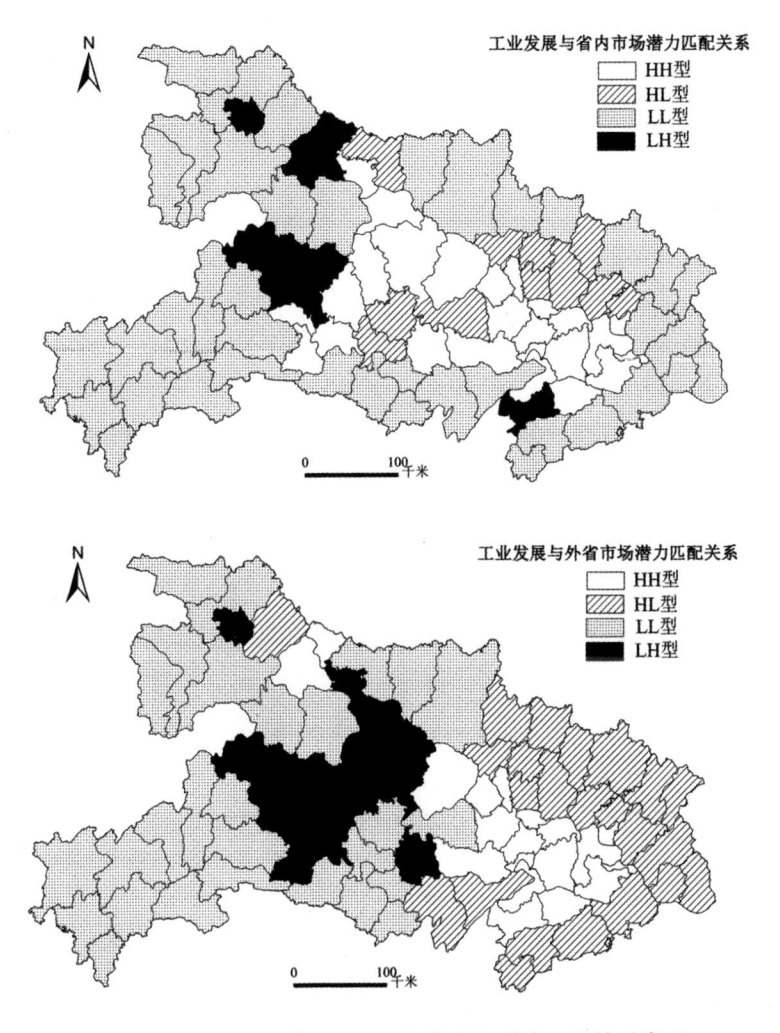

图 7—6　湖北省各县区工业发展与市场潜力匹配关系类型

从图 7—6 中的工业发展与省内市场潜力匹配关系图可以看到，HH 型县区有 25 个明显地沿 3 条轴线分布，即黄石城区—武汉城区—襄阳城区、武汉城区—潜江—宜昌东部以及襄阳城区—荆门城区—宜昌东部，这些县区对省内消费市场的进入性高且生产供给能力强，实现了工业发展与市场潜力较高程度的匹配。LH 型县区仅 7 个呈点状分布，主要集中在十堰城区和宜昌西部县区，虽然对省内消费市场的进入性较弱，但其生产供给能力要素丰富，人均工业规模仍实现了较大发展。LL 型县区共

40个在县域边缘地带呈环状分布，对省内消费市场的进入性较差，生产供给能力也不高。HL型县区共11个，包括武汉城区以北县区和孝感以及中部地域的天门、沙洋和荆州城区，虽然对省内消费市场具有较高的进入性，但其生产供给能力不足，未能充分发挥强大的省内市场潜力优势。

从图7—6中的工业发展与外省市场潜力匹配关系图可以看到，由于外省市场潜力的分布重心明显向东偏移，襄阳城区—荆门城区—宜昌东部一线县区由HH型转变为LH型，使得LH型县区数量增加至13个并向东扩展，在中部偏西地域连片集中。虽然其对外省消费市场进入性差，但是凭借较强的生产供给能力，人均工业规模仍高于全省均值。LL型县区明显地向鄂西北和鄂西南地区连片集中。HL型县区数量增加至23个，其中的22个集中在鄂东边缘地带，自北部地区的广水向东延伸至黄梅县后转向南至通城县再向西至监利。这些县区自身的生产供给能力较低，更为关键的是省际贸易壁垒大大降低了其对外省尤其是东部较发达地区的进入性，未能把外省市场潜力转换为现实的工业发展优势。

第三节 人口流动强化产业集聚的实证检验

尽管在新经济地理学的经典模型中，流动性工人在真实工资吸引下的区际流动是导致产业地理集中的唯一因素，但是，当前国内外关于人口流动强化产业集聚的实证检验并不多见。已有的一些研究通过检验价格指数效应以及本地市场效应的存在性，验证新经济地理学模型关于产业集聚动力机制分析的合理性，并未对人口流动的产业集聚效应进行直接的分析或检验。

本部分将基于新经济地理学的中心—外围模型和马歇尔外部经济理论，以湖北省县域工业地理集中为实证对象，对人口流动强化产业集聚的理论机制进行实证检验。一个基本的假设是：本地市场效应和劳动力池效应导致厂商的地理集中，而人口区际流动又强化本地市场效应和劳动力池效应，进而成为产业集聚的直接驱动因素。实证检验分两步进行：首先，基于对湖北省县域工业地理集中的动力机制的实证分析，检验本地市场效应和劳动力池效应对产业集聚的驱动机制；其次，基于对人口流动强化本地市场效应的实证分析，揭示人口流动对产业集聚的影响。

一 湖北县域产业集聚动力机制的实证分析

当前国内外关于产业集聚驱动因素的实证研究已经非常丰富。基于新经济地理学模型的本地市场效应机制，较早由 Davis 和 Weinstein（1996，1999，2003）等开创的对本地市场效应的实证检验，以及后来的 Redding 和 Venables（2004）、Head 和 Mayer（2004b）、Claver et al（2011）、刘修岩等（2007）、范剑勇和谢强强（2010）、冯伟（2011）、王永培（2013）等大量研究都验证了本地市场效应的存在性及其对产业集聚的影响。另外的一些研究基于马歇尔外部经济理论，如 Ellison 和 Glaeser（1997）、Rosenthal 和 Strange（2001）、Ellison et al（2010）等对美国的实证研究、Andini et al（2013）对意大利的研究、Melo 和 Graham（2014）对英国的研究、吴建锋和符育明（2012）对中国的研究等，验证了投入共享、劳动力池以及知识外溢导致产业集聚的机制。这些研究极大地推进了该领域的学术进展，但是仍有亟须拓展的空间。

首先，实证分析的空间尺度需要进一步缩小。就对中国的实证研究而言，可以看到的最小的空间尺度是地级行政区或地级城市，以县级区域为基本空间单元的研究尚未看见。产业联系是产业集聚的基本动力。总体而言，产业联系服从距离衰减律，小空间尺度内的产业联系要强于大空间尺度的产业联系。相应地，产业联系可能促进产业在小空间尺度内集聚而导致在大尺度上分散。因此，产业空间格局研究应尽可能缩小空间尺度。以湖北省内 83 个县级区域为对象，实证检验产业集聚的驱动因素，无疑是一个新的尝试。其次，实证分析的变量选择需要进一步优化。以本地市场效应的衡量指标选取为例，几乎所有的实证模型中都是采用 Harris 市场潜力（HMP）来衡量本地市场效应。如前所述，HMP 并没有将空间竞争、价格以及规模经济等因素考虑在内，因此只是反映了一个地区的名义市场潜力。因此，以 Krugman 市场潜力（KMP）衡量本地市场效应，以反映一个地区的真实市场潜力对产业地理集中的影响。

当然，空间尺度的缩小也提高了实证分析的难度，一个主要的原因是数据的可获得性。在我国当前的统计体系中，能够满足产业集聚机制实证分析的县级区域的社会经济数据很难获取。这直接导致了实证分析不可能涵盖所有的产业集聚因素，只能重点考察本地市场效应和劳动力池效应两个方面的因素对湖北省县际工业地理集中的驱动作用。

（一）模型设定与变量说明

为了体现本地市场规模和劳动力池对产业集聚的驱动作用，取其滞后期进入实证模型。实证模型就成为：

$$\ln A_{i,t} = \alpha + \alpha_1 \ln mp_{i,t-1} + \alpha_2 \ln lp_{i,t-1} + \alpha_3 X_{i,t-1} + \varepsilon_{i,t}$$

其中，被解释变量 $A_{i,t}$ 代表第 t 年县区 i 的产业集聚度，以县区 i 的规模以上工业总产值占全省规模以上工业总产值的份额衡量。解释变量 mp 代表市场规模，以县区 i 的真实市场潜力即 RMP 衡量。真实市场潜力系数的估计值 α_1 反映了本地市场效应，基于新经济地理学模型的演绎，预期 $\alpha_1 > 0$，即地区市场规模对产业向该地区集中起到显著的吸引作用。

lp 代表劳动力池，其系数估计值 α_2 反映了劳动力池效应，基于马歇尔外部经济性理论，预期 $\alpha_2 > 0$，即产业地理集中过程中具有显著的劳动力池效应。劳动力池效应的存在源于风险分担和供求匹配机制，限于基础数据的可获得性，无法采用一个能够直接衡量劳动力池的指标。但是，已有的研究为选择间接的衡量指标提供了借鉴。Helsley 和 Strange（1990）指出，高技能劳动力的集聚会使得工作与工人之间形成更好的匹配。这意味着劳动力供给的技能结构可以作为劳动力池的一个衡量指标。在地区劳动力市场上，如果技能劳动力占有较大的份额，那么就能更好地与厂商的劳动力需求相匹配，满足厂商的劳动力需求。在一项针对美国的实证研究中，Rosenthal 和 Strange（2001）采用了三个指标间接测度劳动力池，其中有两个指标是劳动力的技能结构指标，一是管理人员与管理人员和生产人员总量的比率，二是拥有博士、硕士和学士学位人员占就业人员的份额。基于这些研究，技能劳动力分别以受教育程度和职业类型确定。以受教育程度划分，将大学及以上教育程度劳动力作为技能劳动力；以职业类型划分，将专业技术人员作为技能劳动力。于是，劳动力池变量就分别以两个指标衡量，即大学及以上教育程度劳动力占就业人员份额（记为 $lp1$）和专业技术人员占就业人员份额（记为 $lp2$）。

X 为控制变量，是为了控制其他因素对产业集聚的影响，防止模型估计偏误。基于已有的理论与实证研究，引入政府干预程度（记为 G）和区位哑变量（记为 D）两个控制变量。在市场化改革的背景下，政府对地区经济运行的低效率干预无疑会降低市场配置资源的效率，出现所谓的政府失灵。基于已有的理论与实证研究，以地方财政支出占地区生产总值比值衡量政府对地区经济运行的干预程度。另外，引入区域哑变量的目的正是控制那些未观测到的、随空间变化因素对模型估计的影响。将所有地级市、州的城区部分以及省直辖行政区设为1，其他县级区域设为0。

需要指出的是，测度劳动力池所需数据的可获得性直接影响了实证分析的样本年度。劳动力池变量的测度需要各县区人口和劳动力的结构性信息，这些数据只能从2000年和2010年的湖北省人口普查资料中获取。尽管可以从相关统计资料中获得模型中其他变量指标2000年以来的数据，但是仍然不得不把实证分析的初始年度确定在2000年和2010年。具体而言，被解释变量的时期分别为2001年和2011年，相应地，解释变量的时期则分别为2000年和2010年。因此，由2000—2001年和2010—2011年这两个期间的各县区的相关指标构成的混合数据就成为拟合实证模型的基础。

关于数据来源，各县区真实市场潜力值取自本章第二节的计算。分别考察两种假设条件下市场潜力对各县区产业集聚的影响，即假设湖北省为封闭区域（此时真实市场潜力即为第二节所谓的省内市场潜力RMP1）和湖北省与周边地区存在自由贸易往来（此时真实市场潜力即为第二节所谓的国内市场潜力RMP）。规模以上工业总产值、地方财政支出和国内生产总值等指标的数据主要取自《湖北省统计年鉴》，该年鉴中缺少的数据从湖北省各地市统计年鉴中补全。

(二) 模型拟合与结果讨论

由于混合数据截面单元数（83个县级区域）远大于时期数（2000—2001年和2010—2011年两个时期），为了避免截面异方差问题对估计有效性的影响，采用截面加权的广义最小二乘法消除截面异方差问题。采用横截面加权面板校正标准误方法计算参数估计值的标准误，并以此计算回归系数的t统计量。表7—3列出了回归结果。其中，模型Ⅰ和模型Ⅱ考察了湖北省为封闭区域的假设条件下县区产业集聚的决定因素，模型Ⅲ和模型Ⅳ则考察了湖北省与周边地区存在自由贸易往来的假设条件下各县区产业集聚的决定因素。可以看到，所有模型的拟合效果非常理想，回归方程的显著性都通过了检验，且F值都在1%水平显著；DW统计量落在了非自相关区间；判决系数都在0.85以上，说明可以解释湖北省县区产业集聚原因的85%以上。

表7—3　　　　　　　　湖北省县区工业集聚的驱动因素

	模型Ⅰ	模型Ⅱ	模型Ⅲ	模型Ⅳ
Constant	0.0701（0.085）	-0.3290**（0.167）	-1.3310*（0.028）	-2.5935*（0.141）
ln RMP1	0.4429*（0.029）	0.6321*（0.029）	—	—
ln RMP	—	—	0.3662*（0.024）	0.6140*（0.012）
ln lp1	0.4668*（0.053）	—	0.6033*（0.038）	—
ln lp2	—	0.6433*（0.094）	—	0.8116*（0.079）
G	-0.0866*（0.004）	-0.0771*（0.004）	-0.0935*（0.004）	-0.0881*（0.003）
D	1.0266*（0.089）	0.9861*（0.103）	1.0614*（0.075）	1.1124*（0.093）
R^2	0.8841	0.8651	0.9212	0.9293
$\bar{R}^2$	0.8812	0.8618	0.9193	0.9276
F值	307.0339*	258.2194	470.8915	529.4182
DW值	1.6126	1.5220	1.6340	1.6540
样本数	166	166	166	166

注：*表示显著性水平为1%，**表示显著性水平为5%。括号内是回归系数估计值的标准误。

四个模型中，综合衡量区位因素的区域哑变量（D）系数的估计值都在1%水平上显著地大于0，说明各地级市、州的城区部分和省直辖行政区对工业活动的吸引力显著高于其他县级区域。这一方面反映了政府相关产业政策向这些地区的倾斜导致其产业集聚力较高，另一方面也反映了产业集聚的路径依赖机制，因为各地市、州城区和省直辖行政区一直是湖北省产业集聚度较高的地区。衡量政府干预变量（G）系数的估计值在所有模型中都在1%水平上显著地小于0，表明地方财政支出占地区生产总值的份额与产业集聚度呈负相关，这意味着在市场经济条件下，各地区政府对产业发展的干预出现了低效率，并未能有效地促进工业发展以及吸引工业活动向本地区集中。

重点关注市场潜力和劳动力池对产业集聚的影响。模型Ⅰ和模型Ⅱ拟合的结果表明，把湖北省各县级区域工业制成品的消费市场仅仅限于省内市场的假设条件下，各县级区域的省内真实市场潜力（RMP1）变量系数的估计值均在1%的显著性水平上大于0，分别为0.4229和0.6321。这说明，地区市场规模对产业集聚具有显著的促进作用。模型Ⅰ中，以大学及以上教育程度劳动力占就业人员份额衡量的劳动力池（$lp1$）变量系数的估计值为0.4668且通过了1%显著性水平检验；模型Ⅱ中，以专业技术人员占就业人员份额衡量的劳动力池（$lp2$）变量的系数估计值为0.6433且在1%水平上显著。劳动力池与产业集聚度显著的正相关关系，说明湖北省县级区域产业集聚过程中的确存在劳动力池效应。

假设湖北省各县级区域工业制成品不仅可以自由进入省内市场，也可以自由进入省外市场，模型Ⅲ和模型Ⅳ的拟合结果表明，各县域的真实国内市场潜力（RMP）变量的系数估计值仍在1%水平上显著地大于0，分别为0.3662和0.6140，进一步验证了本地市场规模对产业集聚有促进作用。至于劳动力池变量，其回归系数的估计值分别为0.6033和0.8116，并且在1%水平显著，进一步验证了产业集聚过程的劳动力池效应。

本部分基于湖北省县级区域的实证分析表明，在控制区位条件和政府干预等因素影响的情况下，本地市场规模和劳动力池对湖北省县区产业集聚有促进作用。这个结果验证了新经济地理学模型和马歇尔外部性理论关于产业集聚动力机制的理论分析。

二 人口流动强化本地市场效应的实证检验

以上对湖北省县域产业集聚的动力因素进行了分析，揭示了本地市场效应和劳动力池效应对湖北省县域产业地理集中的引致作用。基于这个结果，本部分将实证分析人口流动对本地市场规模的影响，从而检验人口流动强化产业集聚的理论判断。关于本地市场规模影响因素的实证研究，可见的研究并不多。冯伟和徐康宁（2011）基于刘易斯提出的影响市场规模的分析框架，利用除西藏和海南外全国 29 个省区的数据，探讨了社会分工、人口密度、区内交通、收入水平、需求标准化以及贸易壁垒等因素对中国省区尺度 Harris 市场潜力的影响。该研究忽视了一个非常重要的因素，那就是周边地区需求对本地市场规模的影响。

（一）模型设定与变量选取

为了体现人口迁入对本地市场效应的强化作用，取其滞后期进入实证模型。实证模型就成为：

$$\ln MP_{i,t} = \alpha_1 \ln im_{i,t-1} + \alpha_2 X_{i,t-1} + \varepsilon_{i,t}$$

其中，MP 代表第 i 年县区 t 的市场规模，以本研究计算的真实市场潜力 RMP 衡量，并且分别估计两种假设条件下的真实市场潜力，即 RMP1 和 RMP。im 以滞后 1 年的县区 i 的人口迁入总量衡量。X 代表影响本地市场规模的控制变量，ε 是随机扰动项。

基于理论分析，借鉴相关实证研究，并考虑到县级尺度区域的特性及实证数据的可获得性，引入三个控制变量。一是人口规模。显然，在其他条件不变的情况下，一个地区人口数量的多寡直接决定了该地区的消费规模。地区人口规模越大，消费需求规模也就越大，越有利于扩大本地市场规模。正如刘易斯（1983）指出的："人口的多少是一种概念，它同空间和数量都有关"，因此，人口规模以地区人口的相对规模即人口密度（记为 pd）衡量。二是收入水平，以地区人均国内生产总值衡量（记为 gdp）。收入水平无疑是直接决定居民消费能力的重要因素。一般而言，居民收入水平越高，消费意愿越强，其消费能力也就越高。因此，分析地区消费市场规模的影响因素必须把收入水平作为一个基本的考虑因素。在其他条件不变的情况下，一个地区人均收入水平越高，居民的购买能力和购买意愿就会越高，本地市场规模也会越大。三是市场可达性。所谓的市场可达性指的是消费者获取本地产品的便捷性，也就是新经济地理学文献中所谓的市场进入性。在众多影响市场可达性的因素中，交通通达性无疑是最为重要的因素，便利的交通可以大大缩短消费者与生产者的时空距离，有利于本地市场规模的扩大。对于湖北省各县区的市场可达性而言，必须考虑两个方面的因素，即各县区内部的交通通达性和周边地区进入本地区市场的便捷性。限于数据的可获得性，无法直接根据路网测度各县区内部的交通通达程度。根据 Head 和 Mayer (2006)、刘修岩等 (2007) 以及冯伟 (2011) 等提出的地理中心度的测度指标，将县区内部交通通达性与周边地区进入本地市场的便捷性融合在一起，构建了一个地区地理中心度（记为 RC）的指标，用来综合反映地区市场的可达性。

地区 i 的地理中心度的计算公式为：$RC_i = \ln \sum_{j=1}^{n}(1+d_{ij}^{-1})$。其中，$d_{ij}$ 表示地区之间的距离。若 $i=j$，则 $d_{ii} = (2/3)\sqrt{A_i/\pi}$，其中 A_i 表示以平方千米为单位的地区 i 的国土面积。考虑到湖北省并不是一个封闭的区域，所以分别采用两种形式的地理中心度，一是在湖北省内的地理中心度（记为 RC1），此时的 j 为湖北省内的 83 个县区；二是在全国的地理中心度（RC2），此时的 j 包括了湖北省内的 83 个县区和省外的 28 个省区（考虑到海南和西藏的特殊性，没有包括这两个省区）。

2000 年和 2010 年为实证分析的初始年份，所有解释变量均以该年为指标衡量；2001 年和 2011 年则为实证分析的当前年份，被解释变量市场潜力分别以 2001 年和 2011 年的市场潜力值衡量。关于距离测度，湖北省内各县区之间的距离采用交通路线距离。至于湖北省各县区至外省市场的距离，以各县区至外省省会城市的交通距离测度。各县区迁入人口数量分别取自"湖北省第五次人口普查机器汇总资料"和"湖北省 2010 年人口普查资料"。其他所有经济指标的数据主要取自《湖北省统计年鉴》，该年鉴中缺少的数据从湖北省各地市统计年鉴中补全。

（二）模型估计与结果分析

利用 2001 年和 2011 年两个年度的横截面数据进行回归分析。考虑到湖北省各县级区域社会经济发展的差异很大,所以采用以地区总人口为权重变量的加权最小二乘法消除异方差对拟合效果的影响。表7—4列出了回归分析的结果。可以看到,四个模型的效果都非常好。回归方程的显著性都通过了检验,且F值都在1%水平显著。因此,可以断言解释变量全体对县区本地市场效应产生了显著性影响。判决系数都在0.55以上,说明可以解释影响湖北省各县区本地市场效应决定因素的55%以上。

被解释变量为lnRMP1的两个年度的模型考察了湖北省为封闭区域的假设条件下地区本地市场效应的决定因素。可以看到,地区迁入人口变量系数的估计值都在1%水平上显著地大于0,说明人口迁入与地区市场潜力之间存在正相关关系。这一结果验证了本研究的基本假说,即人口迁入强化本地市场效应。其他的几个控制变量的回归系数的估计值与理论判断基本一致。其中,地区人口密度显著地促进市场潜力扩大,地区人均收入也对市场潜力起到了正向的促进作用。作为衡量地区市场可达性的指标RC1,其系数估计值均大于0且在1%水平显著,这说明在其他条件不变的情况下,对消费市场进入性越高,市场潜力也就越大。

表7—4　　　　　　　人口迁入强化本地市场效应的实证检验

	2001 年		2011 年	
	ln RMP1	ln RMP	ln RMP1	ln RMP
Constant	−4.6794* (0.2166)	0.9018* (0.1800)	−4.8550* (0.2886)	1.4255* (0.2100)
ln im	0.0895* (0.0157)	−0.0403* (0.0136)	0.0669* (0.0175)	−0.0384* (0.128)
ln pd	0.0748* (0.0259)	0.1029* (0.0214)	0.0989* (0.0279)	0.0881* (0.0213)
ln gdp	0.1688* (0.0352)	0.0203 (0.0288)	0.1758* (0.0377)	0.0004 (0.0266)
RC1	1.0958* (0.2032)	—	0.9499* (0.2372)	—
RC2	—	0.4707* (0.1610)	—	0.5695* (0.1689)
R^2	0.9013	0.5764	0.8702	0.5565
$\bar{R}^2$	0.8963	0.5546	0.8635	0.5337
F 值	178.1421*	26.5302*	130.6830*	24.5652*
样本数	83	83	83	83

注:*表示显著性水平为1%,括号内是回归系数估计值的标准误。

在假设湖北省各县级区域的工业制成品不仅可以在省内各县区之间自由贸易，而且也可以自由进入省外市场的条件下，被解释变量为 lnRMP 的模型分别考察了 2001 年和 2011 年湖北省县级区域本地市场效应的决定因素。一个颇为意外的结果是，地区人口迁入与市场潜力之间呈显著负相关关系。究其原因可能在于，在开放假设条件下，偏居鄂东地区的一些县区，如蕲春、黄梅、武穴、英山、麻城、罗田、红安、浠水、团风、大悟、监利以及阳新等，以路上交通距离测度距离东部沿海地区较近，所以这些县区的市场潜力值比较高。然而，现实中这种区位优势并未充分发挥，该区域社会经济发展水平较低，人口迁入量比较小，所以直接导致了总体结果上的负相关。这意味着，鄂东边缘地带应该以更加开放的视野，面向东部市场谋划区域经济布局。

综合以上结果，人口迁入在很大程度上促进了本地市场效应扩大，而本地市场效应又是地区产业集聚的直接动力。这两方面的正相关关系，验证了本研究关于人口流动强化产业集聚的理论判断。

第四节　本章小结

本章基于新经济地理学的中心—外围模型和马歇尔外部性理论，以湖北省 83 个县级区域工业地理集中为样本，对人口流动强化产业集聚的机制进行了理论分析和实证检验。在新经济地理学经典模型框架下，本地市场效应是产业集聚的基本动力。人口流入则直接扩大了迁入地的本地市场效应，强化了迁入地对非农经济活动的吸引力，从而成为引致产业集聚的重要力量。在马歇尔外部性理论框架下，劳动力池效应是产业集聚的三个理论机制之一，其形成的直接诱因是人口的地区集中，人口迁入则是强化劳动力池效应的重要力量：首先，人口迁入扩大了迁入地的劳动力市场规模，直接扩大了迁入地的劳动力供给规模；其次，迁入人口较高的技能水平直接改善了迁入地劳动力供给的技能结构，提高了迁入地劳动力供给与需求的匹配程度。对湖北省县级区域市场潜力的测度结果表明，无论是封闭假设条件还是开放假设条件下，2000—2012 年市场潜力的县际分布与工业集聚度的县际分布之间都存在显著的相关性。

尽管开放条件下主要由于鄂东地区的一些县市并未能充分发挥距离中国东部经济较发达地区较近的地缘优势，把潜在的消费市场转化为现实的工业发展优势，从而导致了全省市场潜力与工业份额的相关性较弱，但是总体上存在的正相关性还是为市场潜力有利于工业集聚的理论判断提供了经验证据。

基于以上的理论分析和经验研究，本章最后对人口流动强化产业集聚的机制进行了实证检验。首先，检验了对新经济地理学模型的本地市场效应和马歇尔外部性理论的劳动力池效应，结果表明，2000—2012年，在控制区位条件和政府干预等因素影响的情况下，湖北省县级区域的产业集聚过程中显著地存在本地市场效应和劳动力池效应。其次，检验了人口迁入强化本地市场效应的假说，结果表明，无论是封闭假设条件下还是开放假设条件下，湖北省县级区域的人口迁入与市场潜力之间都存在显著的正相关，即人口迁入在很大程度上促进了本地市场效应扩大。这两个方面的分析验证了人口迁入强化产业集聚的理论机制。

第八章

人口迁入与产业集聚互动的经济效应

前几章的理论与实证分析揭示了人口流动与产业集聚之间相互促进的互动关系。人口流动与产业集聚的互动过程本质上是人口和生产的空间再分配过程，直接导致了地区之间人口相对规模与经济相对规模的比例关系的改变，人口与经济分布的空间匹配程度随之变化，并因此影响区域经济增长和区际经济关系。基于这样的判断，本章以人口与产业空间匹配性的变迁过程及其对地区经济差距的影响为观测点，考察人口迁入与产业集聚互动的区域效应。

第一节 人口与产业空间匹配性演化的一般过程

人口与产业匹配性指的是地区人口份额与产业份额在数量上的比例关系。本节拟基于人口迁移的推拉模型、马歇尔外部性理论中的劳动力池效应和新经济地理学模型中的前后向联系机制，综合解读人口流动与产业集聚的互动过程所导致的人口与产业空间匹配性演化的一般模式，并以20世纪80年代以来中国东部沿海地区人口与产业空间匹配性的演化过程为该模式提供经验证据。[①]

一 人口与产业空间匹配性演化的理论机制

假设初期一个经济体由两个对称性的地区（记为 N 和 S）构成，每

---

① 本部分核心内容已发表：敖荣军、刘松勤：《人口流动与产业集聚互动的机制与过程——理论解读及经验证据》，《湖北社会科学》2016 年第 6 期。

个地区都有两个生产部门,即雇用不可流动的农民、生产同质农产品的农业部门和雇用可流动的工人、生产差异化制成品的工业部门。随着社会经济发展或者自然条件变化,经济体的这种对称性的结构终将被打破。假设一个偶然事件或外部冲击使得地区 N 获得了比较优势,工业厂商开始向该地区布局。地区 N 的工业化进程加快,工业厂商数量增加,对流动性工人的拉力因此增强。一方面,从消费者的角度而言,地区 N 厂商的增加意味着多样化制成品的可获得性大大提高,在支出不变的情况下,对于具有差异化消费偏好的消费者而言,消费的实际消费效用提高。这就是所谓的价格指数效应,厂商集聚导致地区 N 的制成品的价格指数降低,劳动力的真实工资提高,因此形成了对劳动力迁入的拉力。另一方面,厂商集聚也意味着地区 N 能够提供更多的就业岗位,就业机会增加也成为劳动力向该地区迁入的拉力因素。

随着人口向地区 N 迁入和集中,该地区对厂商集聚的集聚力进一步提高。一方面,人口迁入直接扩大了地区 N 的人口规模,即使消费支出不变,其消费市场规模扩大。这就是所谓的本地市场效应,为了降低运输成本,获得规模经济,更多的厂商将向该地区集中。另一方面,人口迁入也扩大了劳动力供给规模,改善了劳动力供给结构。这就是所谓的劳动力池效应,大大降低了用工的搜寻和培训成本,因此强化了地区 N 的集聚力。人口迁入与产业集聚相互强化,塑造了以地区 N 为中心、以地区 S 为外围的经济空间结构。然而,人口和产业向地区 N 的集中并不是没有止境的。随着集聚程度的提高,竞争效应和拥挤效应逐渐显现并增强,地区 N 的分散力随之提高,人口和产业将向外围地区 S 转移。于是,人口迁入与产业集聚的互动过程很可能又开始在地区 S 重演。

人口迁入与产业集聚相互强化,直接导致了地区 N 的人口份额和产业份额提高,地区 S 的人口份额和产业份额降低。因此,人口流动与产业集聚的互动过程,实际上也是人口份额与产业份额之间的比例关系(即人口与产业匹配性)时空变化的过程。产业持续向地区 N 集中的阶段,也就是地区 N 的人口份额与产业份额提高阶段;而产业向地区 S 转移,则可能意味着地区 N 的人口份额与产业份额降低。

二 人口与产业空间匹配性演化的影响因素

(一) 人口流动及其时滞性

无论是新经济地理学框架,还是新古典经济学框架,人口区际流动和资本区际流动的相互作用,都是推动地区之间人口与经济分布比例关系的直接原因。在新经济地理学框架下,由于规模收益递增、不完全竞争和运输成本的存在,人口流动与资本流动往往具有同向性,即人口和资本向同一地区的累积循环式的流动。最终,经济体将形成以一个非农人口和非农产业份额都很高的中心地区和一个非农人口和非农产业份额都很低的外围地区为特征的空间格局。然而,在新古典经济学框架下,由于边际收益递减和完全竞争,人口与资本的流动方向通常是反向的,即人口由资本—劳动比低的地区向资本—劳动比高的地区流动,资本则由资本—劳动比高的地区向资本—劳动比低的地区流动。人口与资本的反向流动将促进地区之间人口份额和产业份额趋于相同。最终,经济体将形成一个地区之间人口份额和产业份额都相同的空间格局。尽管两个理论框架对人口流动与产业再分布关系的理论机制的解读存在根本性的差异,但是,可以看到,无论人口与产业同向集中,还是人口与产业在地区间反向流动,理论上的最终结果是,地区之间人口份额与产业份额的偏离程度会下降,甚至趋于一致。也就是说,人口与经济空间匹配程度逐渐提高,是这两个理论框架相同的推论。

然而,现实中,无论人口还是资本,往往都不具有完全流动性,这直接导致了人口与经济分布的空间不匹配成为区域经济运行的常态。从人口流动与资本流动的关系角度而言,人口在地区之间的不完全流动性主要体现为人口区际流动往往滞后于资本区际流动。其原因可以归结为以下几个方面。首先,迁移决策的最主要因素是对地区预期收入和就业机会的判断,也就是说迁移行为通常是事后决策的结果。只有那些已经具有较高的经济发展条件的地区,才可能成为迁移者选择的迁入地。因此,只有当资本或产业已经向一个地区集中,并引发该地区的经济增长和就业增加时,迁移者才会对该地区的收入和就业机会有乐观的判断,从而迁入该地区。其次,相对于资本区际流动而言,人口的空间流动受到更多外生因素的限制。如我国以户籍制度为代表的限制人口迁移的制度体系，导致大量基于经济目的的潜在迁移者不会作出迁移的选择。最后，人口流动还会受到人的主观意识的影响。可以明确的是，大规模远距离迁移的主体是普通公众，传统心理、文化观念等也是影响迁移决策的基本因素，其中的许多因素会限制普通公众作出迁移的决定。诸如对能否适应异地生活的担忧、传统的"叶落归根"的思想、把迁移视为"背井离乡"的凄凉境遇等传统心理和文化观念都成为中国人口自由迁移的限制因素。

（二）产业转移及其区域黏性

资本区际流动是地区之间人口与经济的比例关系变化的另一个直接动因。现实中，资本同样具有不完全流动性，因此也是导致人口与经济分布的空间不匹配现象的原因。如果将产业视为资本的物化形式的话，资本区际流动的不完全性也就表现为产业区际转移的区域黏性。大量的研究揭示了我国产业由相对发达地区向相对落后地区转移的速率非常缓慢，存在所谓的区域黏性（魏敏和李国平，2005；罗浩，2003）。其中原因可以归结为以下几个方面。首先，沉没成本的存在削弱了产业转移的动力。沉没成本是指已发生或承诺、无法回收的成本支出，固定资产、研究开发、专用性资产等都是容易沉没的。如果一个企业决定转移向其他地区生产的话，它往往会面临沉没成本问题。因为其在本地已经投资建设的机器设备、厂房设施，甚至购置的原材料、零部件等都可能完全或大部分报废。在这种情况下，即使在当地已经处于激烈竞争或者生产成本激增的情况下，企业也会慎重考虑是否转移向其他地区，从而削弱了产业转移的动力。

其次，本地生产长期形成的协作网络导致产业投资的区域锁定。任何一个企业都不可能是一个孤立的存在，上下游企业之间的合作、同类企业之间的分工协作等是企业降低成本、扩大市场的必由之路。长期的分工与协作，使得任何企业都是地域协作网络的一个构成部分。一旦离开本地的生产协作网络，融入异地的新的生产网络，企业无疑要承担更多的成本。更有甚者，如果没有上下游配套行业、没有能够专业化分工协作的同类行业，产业资本是不会转移到这些地区的。本地的生产协作网络是导致资本不进行完全流动的重要原因。最后，欠发达地区狭小的市场规模和落后的基础设施阻碍了资本进入。在新古典经济学框架下，资本在追求更高的边际收益的驱使下，会由富裕地区向贫穷地区流动。然而，落后地区的基础设施建设水平往往较差，不能满足产业投资的需要。另外，落后地区市场规模较小。即使人口总量可能较高，但是人均收入低仍限制了市场规模。为了以更低的成本进入市场，产业资本进入落后地区的动力是不高的。

（三）区域政策及其偏向性

政府政策是影响湖北省县际人口分布与经济分布比例关系的不可忽视的影响因素。"两圈两带"和"一主两副"是近年来湖北省区域经济战略的主体框架，城市偏向、优势区域偏向的战略措施使得社会经济资源向中心城市集中的速度加快、规模持续扩大。这样的区域政策很可能会加剧地区之间人口与经济分布的不一致性，扩大地区差距。

三　人口与产业空间匹配性演化的一般模式

以上的分析表明，现实中人口迁移与产业转移往往并不同步发生。在人口迁入与产业集聚的互动过程中，产业进入（以资本流入为本质，以新的厂商进入或者已有厂商扩大规模为表现形式）一般先于人口迁入发生。如果将产业在区域之间的分布变化视为资本区际流动的物化形式的话，相对于资本流动而言，人口迁移的滞后性是非常明显的。人口迁入滞后于产业进入，导致了经济体所有地区的人口份额变化与产业份额变化的不同步，由此引发的人口与产业空间匹配性的动态变化将对地区经济增长和区际经济差异产生直接的影响。

图8—1以地区N的人口与产业匹配性的动态变化反映了人口流动与产业集聚互动过程的一般模式。其中，假设经济体所有地区人口的自然增长相同。在这个假设条件下，地区人口份额变化的直接原因是人口的机械增长，即人口的净迁移量。地区人口净迁入量越高，人口份额提高的幅度也就越高。

图8—1的上半部分反映了地区N的人口份额和产业份额的变化过程。其中，纵坐标表示地区N的人口或产业占经济体的份额，横坐标表

示经济演化过程,以时间 t 表示。图 8—1 的下半部分反映了地区 N 的人口与产业匹配性。其中,人口与产业空间匹配性以地区人口份额与产业份额之差的绝对值测度,即 $M_i = |S_P - S_E|$,S_P 和 S_E 分别代表地区 N 的人口和地区生产总值占经济体的份额。M 值越大,说明地区 N 的人口份额与产业份额之间的偏离程度越高,据此可以认为人口与产业空间匹配程度越低;相反,M 值越小,说明地区 N 的人口份额与产业份额之前的偏离程度越低,可以认为人口与产业空间匹配程度越高;如果 M = 0,说明地区 N 的人口份额与产业份额没有任何偏离,此时人口与产业完全匹配。

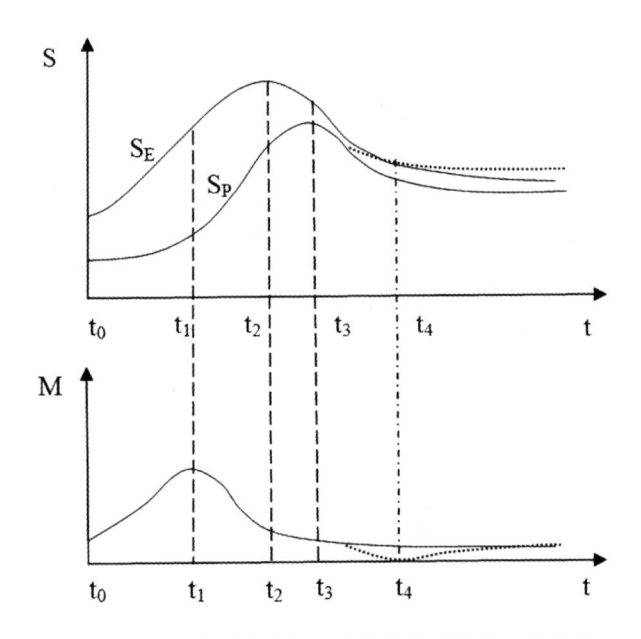

图 8—1　人口与产业空间匹配性演化过程的一般模式

由于人口迁入与产业进入不同步,人口迁移与产业集聚的互动过程可以分为 4 个阶段,图 1 中的 3 条垂直虚线标示出了这 4 个阶段。其中,前两个阶段（$t_0 t_1$ 区间和 $t_1 t_2$ 区间）地区 N 的集聚力大于分散力,人口和产业同向进入该地区;后面两个阶段（$t_2 t_3$ 区间、t_3 之后）地区 N 的分散力大于集聚力,产业开始向其他地区转移。具体而言:

在工业化初期（$t_0 t_1$ 区间），由于偶然因素或外生冲击，地区 N 获得了初始优势，即使其人口份额相对于地区 S 并没有明显的优势，但制造业厂商仍开始进入该地区，由此引发人口迁入与产业进入的相互强化过程。然而，由于人口迁入滞后于产业进入，这一阶段产业进入的速率远高于人口迁入的速率，因此地区 N 的人口份额与产业份额的偏离程度总体上是比较大的。尤其是该阶段末期（t_1），产业进入的速率达到最大，而人口迁入的速率处于增长期，地区 N 的人口份额与产业份额的偏离程度达到最大，人口与产业的匹配程度达到最差水平。

在第二阶段（$t_1 t_2$ 区间），地区 N 的集聚力虽然仍比较大，但是分散力逐渐提高，因此产业进入的速率放缓，并在阶段末期 t_2 达到产业进入的最大值，同时产业份额达到最大值。然而，前期较快的产业进入速率引发了该阶段较快的人口迁入速率，人口迁入量快速扩大，人口份额因此快速提高。人口迁入与产业集聚互动的结果是，该阶段地区 N 的人口份额与产业份额的偏离程度有所下降，人口与产业的匹配性得到改善。

在第三阶段（$t_2 t_3$ 区间），地区 N 的分散力超过集聚力，产业开始快速向外转移，产业份额因此开始下降。但是，由于人口迁入滞后于产业进入，该阶段人口净迁入量继续增加，并在末期 t_3 达到最大量，同时地区 N 的人口份额达到最大值。该阶段地区 N 的人口份额与产业份额之间的偏离程度仍处于下降区间，人口与产业的匹配性进一步改善。

在第四阶段（t_3 之后），地区 N 产业向外转出的速率放缓，并趋于稳定，产业份额也随之趋于稳定。地区 N 的人口开始向外迁出，由此导致该地区人口份额开始下降。与之形成对比的是，人口迁入与产业集聚的互动过程有可能在地区 S 重演。地区 N 的人口份额与产业份额的数量关系有可能出现三种情况：（1）由于人口迁移相对于产业转入的时滞性以及较大的黏性，随着时间的演进，地区 N 的人口份额很可能会在某一时期（如图中的 t_4）超过该地区的产业份额。（2）地区 N 的人口份额也有可能维持在稍低于产业份额的水平。在这两种情况下，地区 N 的人口份额与产业份额的偏离程度较为稳定地维持在较低水平。相应地，人口与产业的匹配性较为稳定地维持在较好水平。（3）地区 N 的人口份额与产业份额有可能逐渐相同。此时，人口与产业达到完全匹配。

人口迁入与产业转入的不同步性（即所谓的人口与产业的非协同集聚）直接导致了地区人口份额与产业份额偏离程度的动态变化。实际上，如果考虑外生因素的影响，人口与产业的非协同集聚现象会更加严重和普遍。如对人口自由迁移产生限制性作用的制度设置，将导致人口流动较高的黏性，人口流动速率就会远低于产业集聚的速率，人口与产业的非协同集聚问题会更为严重；对资本进入或产业区位选择产生吸引力的区域优惠政策，会大大加快产业进入速率，产业集聚度在短时间内得到很大提升，但是谋求预期收入和就业的劳动力却迁入缓慢，不仅导致用工紧张，也恶化了人口与产业的不匹配问题。

从人口流动与产业集聚互动的一般过程中也可以看到，人口与产业的空间匹配性与地区经济发展水平并不是单一的线性关系。在经济发展水平较低阶段，无论是产业集聚度还是人口集聚度都比较低，此时的人口与产业匹配性虽然较好，但这显然是一种低水平的匹配；在经济发展水平比较高的阶段，无论是产业集聚度还是人口集聚度都比较高，此时的人口与产业匹配性程度也处于较高水平，这可以说是一种高水平的匹配。但是，在地区经济快速增长阶段，人口与产业的匹配性则经历了最为糟糕的变化过程。这种非线性关系说明，若考察人口流动与产业集聚的互动过程对区域经济发展的影响，不仅要重点考察人口与产业匹配性的影响，也要把地区产业集聚度和人口集聚度作为重要的参考指标进行综合评价。

四 人口与产业空间匹配性变化的经验证据

人口与经济空间匹配性演化模式的一个基本特征是，由于人口迁入与产业转入的不同步，人口与产业的空间匹配性经历了由低水平匹配，至严重不匹配，最终到高水平匹配的非线性变化。这个高度抽象的理论模式，是否能够反映现实的区域经济运行过程呢？观察改革开放以来中国东部沿海地区[①]人口与产业匹配性的变迁过程，该地区人口份额与产业

---

① 这里的东部沿海地区包括北京、天津、河北、上海、江苏、浙江、福建、山东和广东9个省市，未考虑海南省。

份额的演变过程为理论模式提供了非常好的经验证据。图 8—2 描述了 1980—2015 年，中国东部沿海地区人口与产业匹配性的变化过程。

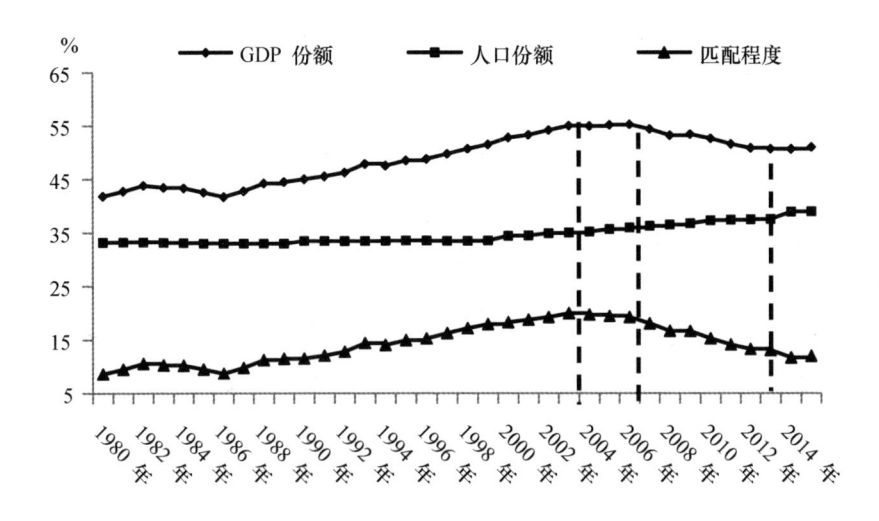

图 8—2　中国东部沿海地区人口与产业空间匹配性的演化进程

改革开放以来，随着地区一体化程度的逐步提高，中国非农产业向东部沿海地区集聚的现象日益突出（如范剑勇，2004；文玫，2004；路江涌和陶志刚，2006；贺灿飞等，2007），已经形成了以东部地区为中心、以中西部地区为外围的空间格局。图 8—2 显示，以国内生产总值衡量的东部沿海地区产业占全国的份额由 1980 年的 41.85% 提高至 2013 年的 50.65%，年均增长 0.58%。可以看到，在经历了 1980—1985 年的明显波动后，东部沿海地区在 1986—2006 年进入了产业快速集聚阶段，产业份额由 41.72% 提高至 2006 年的最高值 55.23%，年均增长 1.41%。这反映了 2006 年东部沿海地区的产业集聚力大于分散力的区位特征。自 2006 年开始，该地区的产业分散力超越了集聚力的影响，出现了产业离散的趋势，产业份额持续降低至 2013 年的 50.65%，年均下降 1.23%。

与产业份额的快速增减相比，东部沿海地区人口份额的变化则显得较为平缓。总体上看，尽管 1999 年之前，东部沿海地区的产业集聚度持续提高，但是该地区的人口份额一直较为稳定，年际增减幅度都很小。其中的重要原因在于，该期间东部沿海地区的人口迁入速率显著滞后于产业进入速率,并没有推动该地区人口份额的等幅增加。其结果是,1986—1999年之前东部沿海地区的人口与产业的匹配程度持续恶化。从1999年开始直到2003年,随着限制人口自由迁移的制度体系的逐渐松动,在预期收入和就业机会的拉力作用下,东部沿海地区的迁入人口开始稳定增加,由此直接促进了该地区人口份额稳定提高。但是,由于产业集聚速率(产业份额年均提高1.64%)仍远高于人口份额增加速率(年均提高1.09%),东部沿海地区的人口与产业的匹配性并没有随即改善,仍处于恶化阶段,并在2003年达到匹配性最差水平。与图8—1的标准化模式相比,2003年就成为中国东部沿海地区人口与产业匹配性由恶化至改善变化过程的第一个转折点,即t_1。

2003年以后,东部沿海地区产业集聚的态势仍然持续,但是到2006年这个过程随着该地区分散力提高而结束,该年的产业份额达到了最大值。与此同时,人口迁入规模扩大,并导致了东部沿海地区人口份额以快于产业份额的速率提高。2003—2006年,该地区人口份额年均提高0.89%,而产业份额仅以年均0.15%的速率增加,东部沿海地区的人口与产业匹配性得以改善。与图8—1的标准化模式相比,2003—2006年就成为中国东部沿海地区人口与产业匹配性变化的第二个阶段,即$t_1 t_2$区间。

2006年开始,东部沿海地区的产业分散力超越产业集聚力,出现了产业离散的现象,产业份额持续下降。但是,滞后于产业集聚的人口迁入的方向和规模并没有逆转,东部沿海地区的人口迁入趋势仍在持续,推动了人口份额持续提高至2013年的37.58%。因此,东部沿海地区的人口与产品匹配性继续改善。与图8—1的标准化模式相比,2006年无疑是人口与产业空间匹配性变化过程的第三个阶段的起始年,即t_2。

至于2013年是否是该阶段的结束年,尚需要对延迟几年后的数据的再观察。但是,目前可以从2006—2013年东部沿海地区的人口份额和产业份额的变化趋势作出大致的判断,或许2013年的确会成为第三节阶段的结束年,即图8—1中的t_3。这是因为,2006—2013年东部沿海地区的人口份额的增长幅度随着产业离散出现了下降趋势,年均增加0.62%,要低于2003—2006年0.89%的增幅。这个趋势很可能意味着在不远的未来东部沿海地区的人口份额不再增加或者下降。实际上，也可以从当前中西部地区人口回流规模、当地就业规模的逐渐扩大现象中看到，东部地区人口份额的较快增加可能很快就会结束。基于这种判断，可以将2006—2015年视为标准化模式的第三个阶段，即图8—1中的t_2t_3。

总之，1980—2015年中国东部沿海地区人口与产业匹配性的演变过程，为人口流动与产业集聚互动过程的标准化模式提供了经验证据的支持。另外，可以确定的是，2003年是东部沿海地区人口与产业匹配性由恶化至改善的重要转折年，这也意味着是全国人口与产业空间匹配性变化的一个重要转折点。一个很有意思的关联性是，2003年恰恰也是中国地区经济差距由20世纪90年代以来的逐渐扩大至逐渐缩小的转折年[①]。这是否意味着人口与产业空间匹配程度的提高有利于区际经济差距缩小呢？这正是本章下文要解决的核心问题。

第二节 湖北省人口与产业的空间匹配性及变化

一 人口与产业空间匹配性的测度方法

人口与经济的空间匹配性指的是地区人口集中度与经济集中度在数量上的比例关系，它反映了人口分布与经济分布的偏离程度。人口与经济的空间匹配程度越高，说明人口分布与经济分布的偏离程度越低；反之，人口与经济的空间匹配程度越低，说明人口与经济分布的偏离程度越高。采用两个指标测度湖北省人口与经济的空间匹配性，其一是人口与经济分布的不一致指数，其二是威廉姆森指数。

（一）不一致指数

人口与产业分布的不一致指数以地区人口集中度与产业集中度之间的偏离程度衡量。其中，县区i的人口集中度表示为$P_i = p_i/\bar{p}$。p_i代表县区i的总人口，$\bar{p}$代表全省所有县区人口总量的平均值。可以看到，人口

[①] 近年来的大量实证研究（如干春晖和郑若谷，2010；朱承亮，2014）表明，2003年是中国地区经济差距由持续扩大到逐渐缩小的一个重要转折点。胡鞍钢（2011）则认为2004年是中国地区差距由扩大至缩小的转折点。

集中度实际上反映了县区 i 在全省所有县区中人口的相对集中程度。

县区 i 的经济集中度表示为 $Y_i = y_i/\bar{y}$。其中，y 代表地区生产总值，其他符号的含义与上文相同。相应地，该指标反映了县区 i 在全省所有县区中经济活动的相对集中程度。于是，县区 i 的人口与产业分布的不一致指数就可以表示为：

$$M_i = |Y_i - P_i|$$

取其算术平均数就可以得到全省人口与产业分布的不一致指数 M：

$$M = \left(\sum_i^n M_i\right)\bigg/n = \left(\sum_i^n |Y_i - P_i|\right)\bigg/n$$

显然，M 值在 $[0, 1]$ 区间内，当 M 值等于 0 时，说明人口和产业分布完全匹配，各地区的人口相对集中度和产业相对集中度相等；M 值越小，越接近于 0，说明人口和产业空间匹配度越高；当 M 值等于 1 时，说明人口和产业完全集中于某个地区；M 值越大，越接近于 1，表示人口相对集中度与产业相对集中度之间的偏离程度越高。

（二）威廉姆森指数

威廉姆森指数 V 以县区 i 的相对人均收入与 1 之差的加权平方和再开方来表示，权重为该县区人口占全省人口总量的份额（蔡翼飞和张车伟，2012）。具体的计算公式为：

$$V = \sqrt{\sum_i^n \left[\left(\frac{y_i - \bar{y}}{\bar{y}}\right)^2 \cdot \frac{P_i}{P}\right]} = \sqrt{\sum_i^n \left[\left(\frac{y_i}{\bar{y}} - 1\right)^2 \cdot \frac{P_i}{P}\right]}$$

其中，y_i 代表县区 i 的地区生产总值，$\bar{y}$ 代表全省所有县区地区生产总值的均值，P_i 代表县区 i 的人口总量，P 代表全省的人口总量。显然，威廉姆森指数的值越大，说明人口与产业的空间不匹配度越高；反之，指数值越小，说明人口与产业的空间匹配度越高。

二 人口与产业空间匹配性的总体趋势

图 8—3 计算了 2000—2015 年湖北省人口与产业分布的不一致指数和威廉姆森指数。其中，由于 2001—2004 年湖北省分县区的常住人口数据不可获得，故图中只反映了 2000 年和 2005—2015 年的湖北省人口与产

分布的匹配程度。

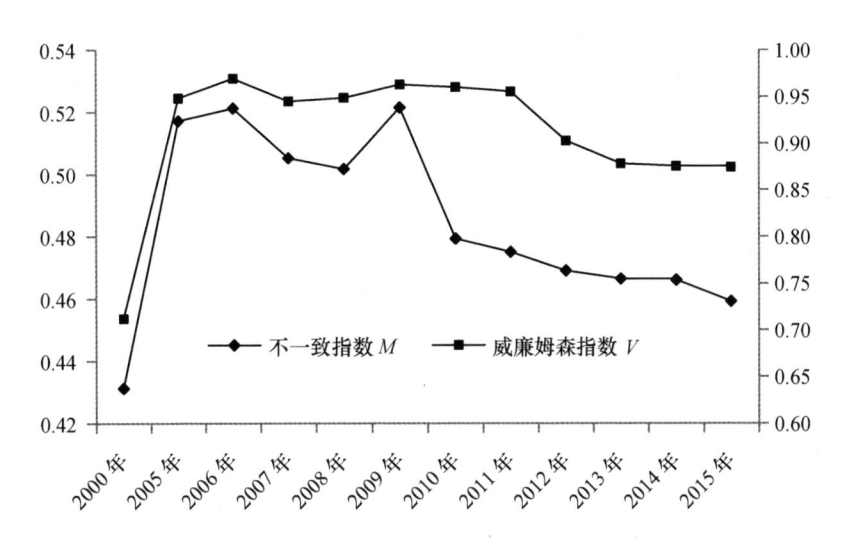

图8—3 湖北省人口与产业的空间匹配性及变化

可以看到，2000—2015年湖北人口与产业分布的不一致指数（数据为左边纵坐标）和威廉姆森指数（数据为右边纵坐标）的变化趋势基本一致，表现出"扩大—下降—扩大—下降"的变化特征。其中，第一个转折年是2006年，2006年之前，不一致指数和威廉姆森指数分别由2000年的0.4312和0.7123扩大至2006年的0.5212和0.9693；其后，人口与产业分布的不匹配程度缓降至2007年，不一致指数和威廉姆森指数缩小为0.5677和0.9448；2007年后，人口与产业的空间不匹配程度转而提高，直到2009年达到第二个峰值，不一致指数和威廉姆森指数分别扩大为0.5214和0.9627；自2009年开始，人口与产业县际分布的空间匹配程度持续提高，不一致指数和威廉姆森指数持续缩小至2015年的0.4592和0.8745。不过，尽管2009年后湖北省人口与产业分布的空间匹配程度持续提高，但是一直到2015年，空间匹配程度仍然没有达到2000年的水平。

三 人口与产业分布匹配性的县际差异

为了更加微观地探讨湖北省各县区人口集中度与产业集中度的偏离

程度，绘制图8—4。其中，纵坐标是县区人口相对集中度的对数，横坐标是县区产业相对集中度的对数。分别经过横坐标和纵坐标的两条零值曲线把散点图分成了四个象限，通过零值曲线交点的45°线是人口与产业分布完全匹配线。显然，第一象限表示人口集中度和产业集中度均高于全省各县区的均值；第三象限表示人口集中度和产业集中度均低于全省各县区的均值。落入这两个象限县区的人口规模与产业增长的匹配性较好，而且越接近45°线，匹配程度越高。第二象限表示人口集中度高于全省各县区的均值，但是产业集中度低于全省各县区的均值；第四象限则表示人口集中度低于全省各县区的均值，但是产业集中度却高于全省各县区的均值。落入这两个象限县区的人口规模与产业规模之间的匹配程度较低，而且越远离45°线，匹配性越差。

如前文所分析，2006年和2009年分别是湖北省县际人口与产业分布的总体匹配程度由"扩大至缩小"变化的两个转折年。因此，图8—4分别绘制了2000年、2006年、2009年以及2015年共四个年份的湖北省人口与产业分布匹配性的县际分布图。图8—4（a）显示，2000年全省有21个县区落入了第一象限，这些县区的人口集中度和经济集中度均高于全省所有县区的均值；42个县区落入了第三象限，这些县区的人口集中度和经济集中度均低于全省均值。这63个县区的人口规模与经济增长之间的匹配水平较高。另有14个县区落入了第二象限，其人口集中度高于全省均值，但是经济集中度低于全省均值；12个县区落入第四象限，其人口集中度低于全省均值，但是经济集中度高于全省均值。这26个县区的人口规模与经济增长之间的匹配程度较低。

图8—4（b）显示，2006年全省22个县区落入第一象限，47个县区落入第三象限，人口集中度与经济集中度匹配程度较高的县区数量较2000年增加了6个；另有15个县区落入第二象限，5个县区落入第四象限，人口集中度与经济集中度偏离程度较高的县区较2000年减少了6个。图8—4（c）显示，2009年全省25个县区落入第一象限，46个县区落入第三象限，人口与产业分布的匹配程度较高的县区数量较2000年增加了8个；另有13个县区落入第二象限，4个县区落入第四象限，人口集中度与经济集中度偏离程度较高的县区较2000年减少了8个；图8—4（d）

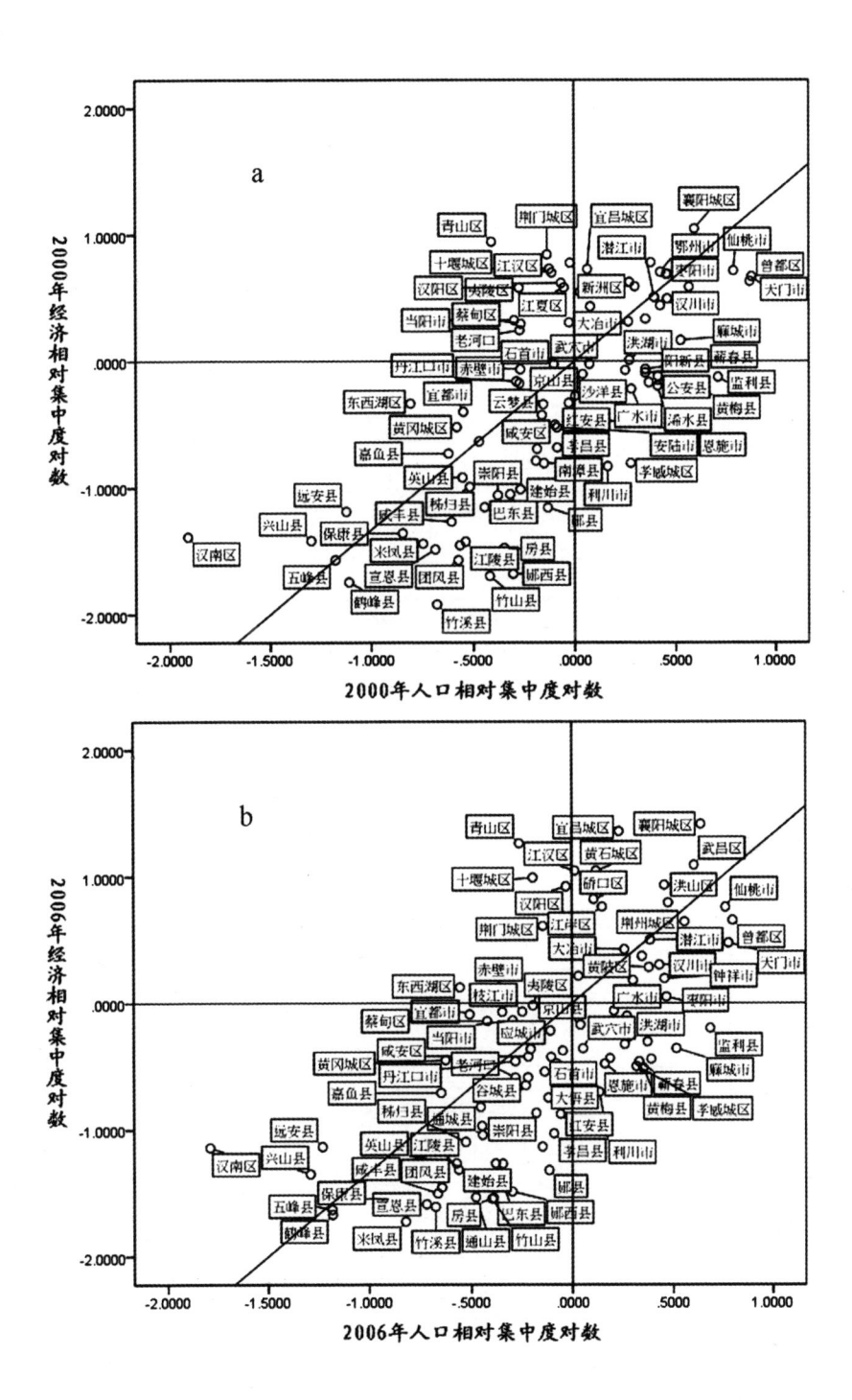

第八章 人口迁入与产业集聚互动的经济效应 / 189

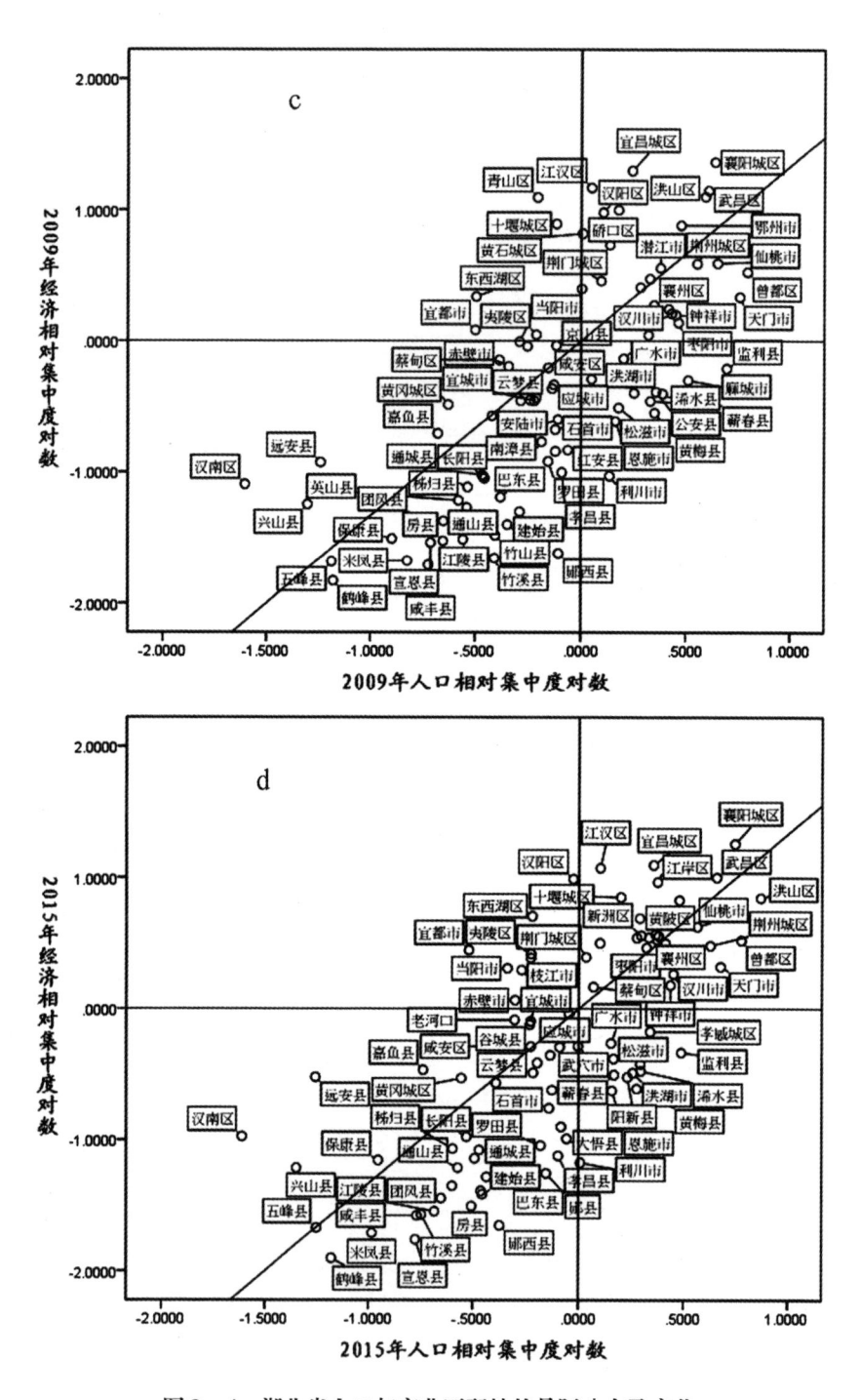

图8—4 湖北省人口与产业匹配性的县际分布及变化

显示，2015年全省25个县区落入第一象限，43个县区落入第三象限，人口与产业分布的匹配程度较高的县区数量较2000年增加了5个；另有13个县区落入第二象限，8个县区落入第四象限，人口集中度与经济集中度偏离程度较高的县区较2000年减少了5个。

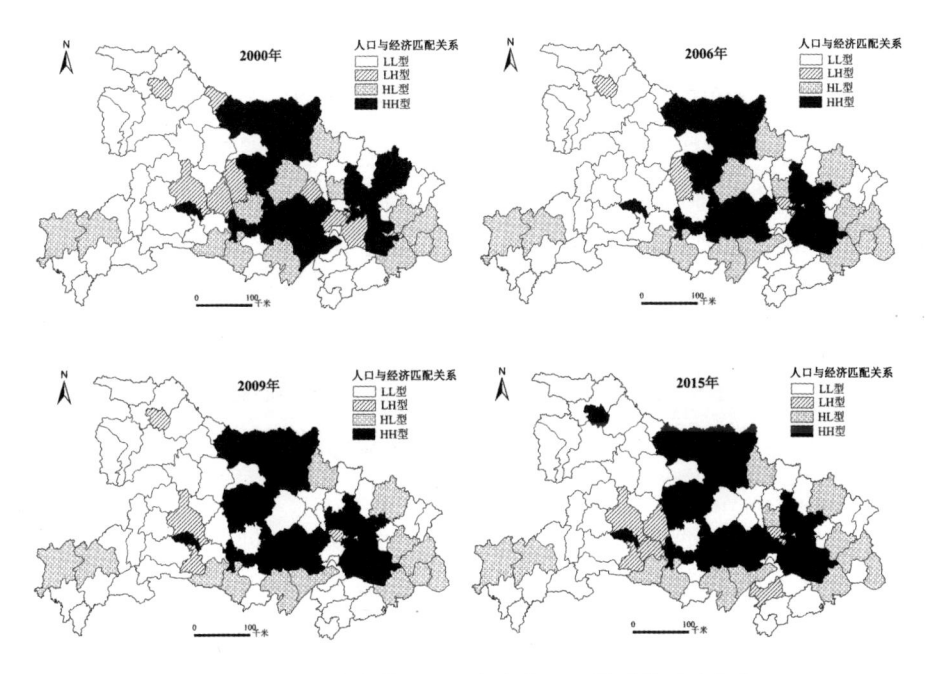

图8—5 湖北省各县区人口与产业匹配关系类型及变化

为了更为清晰地看到四类县区的空间分布，根据图8—4，可以把湖北省所有县区分为四种类型（图8—5）：第一类落入第一象限，人口相对集中度和经济相对集中度都比较高（记为HH型），第二类落入第三象限，人口相对集中度和经济相对集中度都比较低（记为LL型），第三类县区落入第二象限，人口相对集中度较高但经济相对集中度较低（记为HL型），第四类县区落入第四象限，人口相对集中度较低但经济相对集中度较高（记为LH型）。其中，HH型和LL型是人口规模与经济规模较为匹配的县区，HL型和LH型是人口规模与经济规模不匹配的县区。

从图8—5可以看到，2000—2015年湖北省HH型县区的数量及空间分布变化并不大。总体上看，自黄石城区、大冶、鄂州、武汉、仙桃、潜江、天门至荆州城区一线和襄阳城区、随州城区、宜城、荆门城区至天门一线形成了HH型县区的连绵带，而鄂西北的十堰城区和鄂西南的宜昌城区则是两个HH型县区飞地。相对于HH型县区，HL型县区的数量和分布都出现了较大的变化，其中最主要的直接原因是2000—2015年一些中部地区的HL型县区的人口集中度有所下降，转变为LL型。2015年，HL型县区在鄂东地区连片分布，在鄂西南地区、鄂南地区也有少数几个县区。LL型县区数量在2000—2015年有明显的增加，2000年主要集中于鄂西北、鄂西南以及鄂东的省域边缘地带，2015年扩大至中部地区。LH型县区数量较少，在2000—2015年还有减少，至2015年主要连片分布于宜昌市的几个县区。

第三节　人口与产业空间匹配性对地区差距的影响

人口流动与产业集聚的相互强化直接导致了地区间人口与产业匹配性的变化，而基于对中国地区经济差距的经验观察，可以看到这种变化过程与地区经济差距的演化过程存在着高度的相关性。自然提出这样的问题：人口与产业空间匹配性的改善是否有利于地区经济差距的缩小？本部分将基于2000—2015年湖北省县区经济发展的实际，分析和检验人口与产业的空间匹配性对区际经济差距的影响。

一　理论解读

如果把产业集聚看作资本集聚的物化形式的话，那么就可以从要素空间再分布的角度解读人口与产业的空间匹配性对地区经济差距的影响。在要素自由流动的条件下，地区之间的人口与资本实现了重新配置，地区之间人口与产业的匹配性程度因此提高，甚至达到完全匹配（或者许多研究中所谓的人口与产业分布的一致性）。现实中，由于要素的自由流动总是受限的，因此，地区之间的人口与产业分布不可能实现完全匹配。当前的许多研究指出，地区经济差距产生的原因在于人口的不完全流动性导致的人口与产业分布的不匹配。李国平和范红忠（2003）通过比较我国核心发达区域的生产与人口分布情况，与经济发达国家核心发达区域生产与人口分布情况，认为正是因为我国在生产向东部地区不断集中的同时，人口没有相应地向那里集中，造成核心发达区域生产与人口分布高度失衡，导致了我国地区经济差距扩大。范剑勇等（2004）认为非农产业特别是制造业向东部沿海地区集聚和农村劳动力向东部地区流动相互强化的过程导致地区差距扩大。蔡翼飞和张车伟（2012）、张车伟和蔡翼飞（2013）则直接将人口与产业分布的不一致性视为中国地区经济差距扩大的原因。Tharakan 和 Tropeano（2009）理论演绎了技能异质性劳动力区际流动改变了工人与厂商的空间匹配性，从而影响地区收入差距的机理。Mion 和 Naticchioni（2009）基于意大利的微观数据，分析了劳动力供给与需求的空间匹配性对地区差距的影响。彭国华（2015）应用匹配理论模型分析了我国地区经济发展差距形成的微观原因：中西部与东部地区在技术型工作岗位方面的差距是开放后地区差距的根本原因。

这些研究对人口与产业的空间不匹配性及其成因作了非常深刻的经验研究。显而易见的是，大多数研究都将地区经济差距的原因归结为人口与产业分布的不匹配，但并没有解释其中的原因，即人口与产业的空间匹配性为什么会影响地区经济差距？或者说，人口与产业的空间匹配性究竟对地区经济差距产生怎样的影响？这正是本部分要解决的关键问题。

实际上，在要素自由流动条件下，人口和资本的区际流动会提高人口与产业地区分布的匹配程度，并因此促进地区经济差距缩小的思想，已经蕴含在新古典增长理论的趋同推论中。根据新古典增长理论，发达地区或国家由于积累的大量资本，其经济增长速率在边际收益递减规律的作用下会减缓，落后地区或国家则相反，经济增长速率较快。最终，所有的国家或地区将收敛于相同的人均产出或收入水平。趋同可以分为 σ 趋同和 β 趋同两类，前者是指地区或国家之间人均收入水平差异随时间推移而减小，后者则是指地区或国家的经济增长速率与其初始水平呈负相关关系。Barro 和 Sala-i-Martin（1991）将新古典增长模型扩展至开放经济体的环境,揭示了要素流动提高地区间趋同速率的机理。在边际收益递减的假设条件下,较发达地区的资本相对于劳动力较为丰裕,所以资本的边际收益呈递减趋势;较落后地区的劳动力相对于资本较为丰裕,所以劳动力的边际收益呈递减趋势。因此,在要素自由流动的情况下,资本就会由较发达地区流向较落后地区,以谋取更高的边际收益;与之相反,劳动力会由较落后地区流向较发达地区,以谋求更高的工资收入。资本与劳动力在地区间的反向流动,降低了较发达地区的资本/劳动比,提高了较落后地区的资本/劳动比,使得地区间的资本/劳动比趋于相同,进而促进地区间人均收入水平的收敛。可以看到,在新古典增长理论框架下,资本和劳动力的区际流动直接导致了地区之间资本与劳动力比率的趋同,成为地区之间经济差距缩小的内在原因。

新经济地理学框架下要素区际流动的方向与新古典增长理论框架下要素区际流动的方向有很大的不同。在规模收益递增假设下,新经济地理学模型中资本和劳动力呈同向流动的格局,即持续向中心地区流动,强化人口和产业集聚格局,直到中心地区的分散力超过集聚力为止。然而,正如本章第一节的分析指出的,人口和资本同向流动的过程同样推动着地区之间的资本与劳动力比率趋于相同。这是否意味着在新经济地理学框架下,人口和资本的同向流动同样会促进地区之间的人均产出或收入也会收敛于相同水平呢?从当前的理论与实证研究来看,尽管许多研究认为产业集聚扩大了地区之间的工资差距,但是也有研究认为新经济地理学模型并不必然会得出地区间人均收入趋异的结论。Pekkala(2000)的研究表明,人均收入的地区趋同与以人口和经济活动衡量的地区经济增长差异可以同时发生。不过,核心区域总是最大的赢家,因为劳动力的迁入促进了其人力资本的增长。Puga(1999)认为产业集聚会提高那些有相对多厂商的区位的工资,如果较高的工资引导工人向更加工业化的区域重新配置,这就将强化集聚而消除工资差异。如果工人不跨区域流动,区域间的工资差异将持久存在。由此可见,无论是在新古典增长框架还是在新经济地理学框架下,人口和资本的自由流动通过促进地区之间资本与劳动比率的趋同,都有促进地区之间人均收入或人均产出差距缩小的可能性。

二 经验观察

通过观察2000—2015年湖北省县区之间地区经济差距的变化过程，对人口与产业空间匹配性影响地区经济差距的理论判断提供经验证据。湖北省地区经济差距的经验研究并不多见，已有的研究也主要以地级行政区为基本的区域单元。如敖荣军和韦燕生（2011）以地级行政区为区域单元，分析了20世纪90年代以来湖北省的地区经济差距及其结构，指出了湖北省地区经济差距持续扩大的趋势。以县级区域为基本单元，以变异系数和基尼系数为测度指标，刻画2000年以来湖北省GDP总量县际分布的差异性及其变化趋势。

图8—6反映了2000—2015年湖北省各县区之间地区生产总值差距的变化趋势。从变异系数和基尼系数的走势可以看出，2000—2015年湖北省县区之间经济增长差距尽管经历了先扩大后缩小的变化过程，但是总体上仍然有所扩大，变异系数由2000年的0.6948扩大至2015年的0.7891，基尼系数则由0.3860扩大至0.4213。其间，2006年是全省县区之间经济差距变化的一个重要转折点。2000—2006年，县际经济差距持续扩大，变异系数和基尼系数分别由0.6948和0.3860持续扩大至0.8962和0.4487；自2006年起，县际经济差距持续缩小，2015年变异系数和基尼系数分别降低至0.7891和0.4213。

湖北省县际人口与产业分布的空间匹配程度与县际经济增长差距有着怎样的相关性呢？图8—7绘制了2000—2015年湖北省人口和经济分布的不一致指数、威廉姆森指数与相应年份县际经济增长的变异系数、基尼系数的散点图。可以很清晰地看到，2000—2015年湖北省县级区域之间地区生产总值分布差距变化和湖北省人口与产业空间匹配性变化之间存在显著的相关性：人口与经济的空间匹配性程度越低，即人口相对集中度与经济相对集中度之间的偏离程度越高，湖北省县区之间的经济差距也越大。图中的相关性表现在，不一致指数和威廉姆森指数越高，地区经济差距也就越大。其中，在1%的显著性水平上，人口与产业分布的不一致指数与湖北省县际经济增长的变异系数和基尼系数之间的相关系数分别为0.935和0.899；威廉姆森指数与湖北省县际经济增长的变异系数和基尼系数之间的相关系数则分别为 0.958 和 0.987。

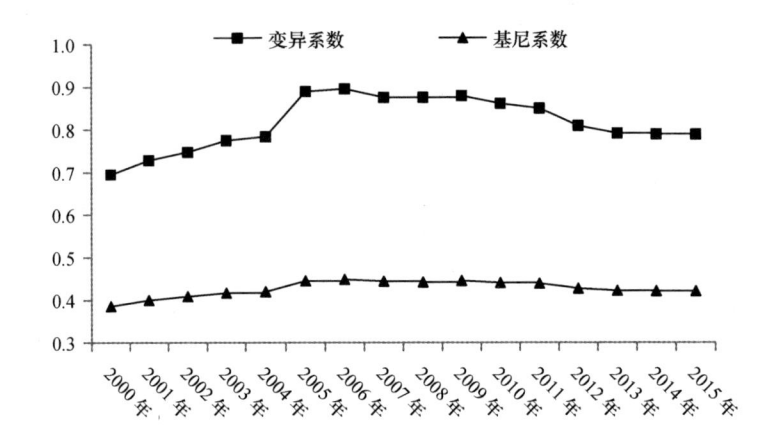

图 8—6　湖北省经济增长的县际差异及变化

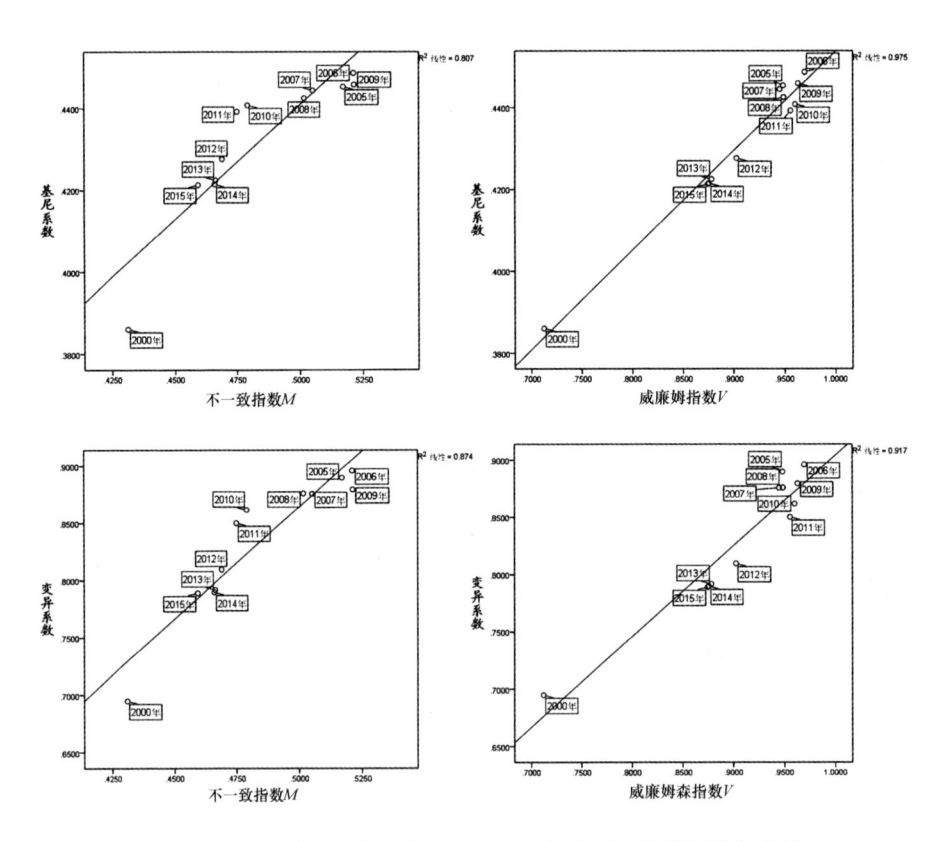

图 8—7　湖北省人口与产业空间匹配性与县际经济差距的相关性

三 实证检验

以上对湖北省地区经济差距变化和人口与产业空间匹配性变化之间相关性的经验观察表明，人口与产业空间匹配程度与地区经济差距存在显著的负相关，即人口与产业的空间匹配程度越高，地区经济差距越小。这里基于新古典增长理论的趋同假说，实证检验人口与产业空间匹配关系对地区经济差距变化的影响。

（一）模型设定

新古典增长理论的趋同（Convergence）假说认为，与经济欠发达地区相比，经济发达地区拥有较高的增长率，因此，所有地区最终将收敛于相同的人均产出或收入水平。与趋同相对的一个概念是趋异（Divergence），即由于经济较发达地区的增长速度快于经济落后地区，所以地区之间存在富者愈富、贫者愈贫的现象。基于这样的界定，当前关于地区经济增长趋同的实证检验大多以 Barro 和 Sala – I – Martin（1992）构建的增长回归模型为基本框架。其基本思路是，只要能够观察到经济体内各地区的人均产出或人均收入的增长速度与其初始期的人均产出或人均收入水平呈显著负相关，就可以认为该经济体所有地区之间存在趋同。模型的基本形式为：

$$(\ln y_{i,t} - \ln y_{i,t-T})/T = \alpha + \beta \ln y_{i,t-T} + u_{i,t} \qquad (8\text{—}1)$$

其中，$y_{i,t}$ 代表在研究期内地区 i 在时期 t 的人均产出或人均收入，$y_{i,t-T}$ 则代表该地区在滞后期为 T（初始期）时的人均产出或人均收入。β 代表初始期人均产出或人均收入项的回归系数，是判断地区之间是否存在趋同的关键指标。如果 β 的估计值在统计意义上显著地小于 0，则说明地区人均产出或收入在 $t-T$ 至 t 时段的年均增长率与初始期人均产出或收入呈负相关关系，即初始期经济较落后地区比经济较发达地区增长更快，因此地区之间人均产出或人均收入存在趋同；相反地，如果 $\beta > 0$ 且在统计上显著，则说明地区之间的经济增长存在趋异。根据公式 $\rho = \ln(1+\beta T)/T$，就可以计算出地区经济增长趋同或趋异的速率 $|\rho|$。可以看到，在 $\beta < 0$ 时，其估计值越小，趋同速率 $|\rho|$ 越大，说明地区之间经济增长以较快的速率趋同；如果 $\beta > 0$ 的话，其估计值越大，$|\rho|$ 也就越

大,说明地区之间经济增长以较快的速率趋异。

基于增长回归模型检验人口与产业匹配性对地区经济差距变化影响的基本思路是:首先,利用湖北省 2005—2015 年县级区域构成的混合数据拟合基本模型(8—1),获得 β 的估计值,观察县区之间的经济增长是否存在趋同,并计算趋同速率 $|\rho|$;然后,向模型中引入人口与产业分布的不一致指数 M,形成以下的实证模型:

$$(\ln y_{i,t} - \ln y_{i,t-T})/T = \alpha + \beta \ln y_{i,t-T} + \lambda M_{i,t-T} + u_{i,t} \quad (8—2)$$

其中,$M_{i,t-T}$ 代表县区 i 在滞后期为 T(初始期)时人口与产业分布的不一致指数,即县区 i 在初始期人口相对集中度与经济相对集中度的偏离程度。利用湖北省 2005—2015 年县级区域构成的混合数据拟合模型(8—2),得到初始期人均产出或人均收入系数 λ 和人口与产业分布不一致指数系数 β 的估计值。

第一,观察系数 λ 的估计值,如果 λ 小于 0 且在统计意义上显著,则说明初始期地区人口与产业分布不一致指数越小,地区经济增长速度越快;相反地,如果 λ 大于 0 且在统计意义上显著,则说明初始期地区人口与产业分布不一致指数越大,地区经济增长速度越快。这意味着,地区人口与产业分布的匹配程度越高,越有利于经济增长。

第二,比较基于模型(8—2)的拟合值计算出的趋同速率 $|\rho|$ 与基于模型(8—1)的拟合值计算出的趋同速率 $|\rho|$。如果前者小于后者,就说明如果控制了初始期人口与产业分布不一致指数的影响后,地区经济趋同的速率就进一步加快。反之,如果前者大于后者,则说明在控制了初始期人口与产业分布不一致指数的影响后,地区间经济趋同的速率放缓了。为了控制其他外生性的初始条件对地区间趋同的影响,基于已有的实证研究(如蔡昉和都阳,2000)以及数据获得性的考虑,在模型中引入三个控制变量,分别是固定资产投资(K)、劳动力投入(L)和地区虚拟变量(D)。于是,实证模型就成为:

$$\frac{1}{T} \ln \frac{\ln y_{i,t}}{\ln y_{i,t-T}} = \alpha_0 + \beta \ln y_{i,t-T} + \lambda M_{i,t-T} \\ + \alpha_1 \ln K_{i,t-T} + \alpha_2 \ln L_{i,t-T} + \alpha_3 D_{i,t-T} + \varepsilon_{i,t} \quad (8—3)$$

(二) 数据方法

采用 2005—2015 年湖北省县级区域构成的混合数据拟合模型，由于有些县级若干年份区域的一些指标的数据无法获取，所以在模型中直接剔除了这些县区的观测值。为了检验分析结果的稳健性，分别取滞后期 1 年（$T=1$）和滞后期 5 年（$T=5$），形成两个基本的混合数据库，分别拟合实证模型（8—3）。滞后期为 1 年时，研究期就可以划分为 12 个时段；滞后期为 5 年时，研究期内按照期初和期末可以分为六个时段，即 2005—2010 年、2006—2011 年、2007—2012 年、2008—2013 年、2009—2014 年和 2010—2015 年。实际上，滞后期的长短对 β 的估计结果有直接的影响。Barro 和 Sala-I-Martin（1992）指出，滞后期越长，初始期状态对经济增长率的影响越小；若滞后期无限长的话，β 将趋近于 0。因此，选择两种不同的滞后期，如果 β 估计值仅仅在大小上发生了变化，而其正负方向并不随之变化的话，就说明地区经济趋同具有稳健性。

模型中的人均收入 y 以人均国内生产总值衡量，限于县级区域数据的可获得性，人均 GDP 以 GDP 除以该地区常住人口总量计算得出。由于采用了包含时间和空间的混合数据，所以为了衡量各县区的真实经济增长，必须采用真实人均 GDP。由于缺乏每个县级区域的国内生产总值指数，采用湖北省的国内生产总值指数，把各县区每年的名义国内生产总值折算为以 2005 年为不变价的真实 GDP，再将其除以地区常住人口，得到地区真实人均 GDP。

地区人口与产业分布不一致指数（记为 M 指数），以地区人口相对集中度与经济规模相对集中度之差的绝对值测度，即 $M_{i,t}=|y_{i,t}/\bar{y}_t - p_{i,t}/\bar{p}_t|$，$y_{i,t}$ 和 $p_{i,t}$ 分别代表第 t 年县区 i 的地区生产总值和常住人口，$\bar{y}_t$ 和 $\bar{p}_t$ 分别代表第 t 年所有县区地区生产总值和常住人口的均值。

固定资产投资额（K）以地区全社会固定资产投资额衡量。由于缺乏每个县级区域的固定资产投资价格指数，采用湖北省的固定资产投资价格指数，把各县区每年的全社会固定资产投资额折算为以 2005 年为不变价的实际固定资产投资。地区劳动力投入水平（L）以地区从业人员总量衡量。D 是区域哑变量。引入区域哑变量的目的正是控制那些未观测到的、随空间变化因素对模型估计的影响。如果县区 i 是地级行政区的主城区或者省直辖行政单位的话，取 $D=1$，否则 $D=0$。ε 是随机扰动项。所有数据均来自《湖北省统计年鉴》和湖北省各地市统计年鉴。

（三）结果讨论

根据固定效应检验和随机效应检验的结果，所有混合数据模型均采用时间固定效应模型，以最小二乘法拟合。由于混合数据截面单元数远大于时期数，采用横截面加权面板校正标准误方法计算参数估计值的标准误，并以此计算回归系数的 t 统计量。表8-1汇报了回归结果，并列出了根据 β 的估计结果计算出的地区经济的趋同速率 $|\rho|$。其中，模型Ⅰ和模型Ⅱ是以滞后期为1年时的混合数据拟合模型的结果，模型Ⅲ和模型Ⅳ则是以滞后期为5年时的混合数据拟合模型的结果。可以看到，所有模型的拟合效果非常好，回归方程的显著性都通过了检验，且F值都在1%水平显著。判决系数都在0.38以上，说明可以解释地区经济增长原因的38%以上。

表8—1　　　人口与产业空间匹配性对地区经济趋同的影响

	模型Ⅰ	模型Ⅱ	模型Ⅲ	模型Ⅳ
α_0	0.2637*	0.2542*	0.4002*	0.3392*
	(0.0689)	(0.0642)	(0.0526)	(0.0490)
β	-0.0217*	-0.0215*	-0.0352*	-0.0291*
	(0.0076)	(0.0070)	(0.0055)	(0.0051)
λ	—	-0.0368*	—	-0.0099**
		(0.0062)		(0.0049)
α_1	0.0246*	0.0292*	0.0167*	0.0170*
	(0.0064)	(0.0061)	(0.0035)	(0.0034)
α_2	-0.0274*	-0.0270*	-0.0229*	-0.0204*
	(0.0073)	(0.0066)	(0.0050)	(0.0047)
α_3	-0.0225*	-0.0172**	0.0063	-0.0795
	(0.0076)	(0.0069)	(0.0068)	(0.0064)
R^2	0.3834	0.4001	0.4622	0.4476
$\bar{R}^2$	0.3729	0.3889	0.4522	0.4361

续表

	模型Ⅰ	模型Ⅱ	模型Ⅲ	模型Ⅳ
F 值	36.401*	35.7374*	46.0257*	38.9720*
DW 值	1.9827	1.9912	1.7790	1.7939
样本数	656	656	492	492
$\lvert\rho\rvert$	2.19%	2.17%	3.87%	3.14%

注：*表示显著性水平为1%，**表示显著性水平为5%。括号内是回归系数估计值的标准误。

四个模型中，初始期人均收入变量 $\ln y_{i,t-T}$ 的回归系数 β 的估计值都在1%水平上显著地小于0，说明考察期间湖北省各县级区域之间的经济增长存在趋同现象。前文的计算表明，自2006年以来湖北省县级区域之间地区生产总值的基尼系数呈持续缩小趋势。这也在很大程度上支持了湖北省各县级区域之间经济趋同的结论。初始期固定资产投资变量 $\ln K_{i,t-T}$ 的回归系数的估计值都在1%显著性水平上大于0，揭示了固定资产投资对地区经济增长具有稳健的促进作用。初始期劳动力投入变量 $\ln L_{i,t-T}$ 的回归系数的拟合值均在1%水平上显著地小于0，说明初始期劳动力投入显著地不利于地区经济增长。这可能意味着，近年来湖北省劳动力的生产效率不高，甚至出现了剩余劳动的局面，提高劳动生产率，发挥劳动力投入对经济增长的促进作用，是湖北省县区经济增长亟须突破的问题。地区虚拟变量 D 的回归系数估计值都小于0，尽管模型Ⅲ和Ⅳ中该变量系数的估计值并没有通过显著性检验，但是其为负的结果仍然意味着，在其他条件不变的情况下，各地级行政区的主城区和省直辖行政单位的经济增长速度比较低。

重点关注人口与产业分布不一致指数引入后，湖北省县际经济趋同速率的变化趋势。模型Ⅰ的拟合结果表明，在未纳入 M 指数时，2006—2015年湖北省各县级区域之间的年际经济趋同速率 $\lvert\rho\rvert$ 为2.19%。模型Ⅱ引入了地区人口与产业不一致指数 M，M 指数的回归系数 λ 的估计值为 -0.0368，并在1%水平上显著。这说明，在其他条件不变的条件下，初始期人口与产业不一致指数越高，该县区的经济增长速率越低。如前界定，人口与产业分布不一致指数越高，地区人口与产业的匹配程度越低。因此，λ 的估计值显著为负说明，地区人口与产业的匹配程度越高，其经济增长速度越快，即地区人口相对集中度与经济相对集中度的偏离程度越低，越有利于经济增长。这一结果验证了，提高地区人口与产业匹配程度将显著地促进地区经济增长。

更为关键的是，M 指数引入之后，湖北省各县级区域之间经济趋同的速率 $|\rho|$ 由 2.19% 降低到了 2.17%。模型 Ⅰ 没有控制初始期人口与产业匹配性的影响，趋同速率较高；模型 Ⅱ 控制了初始期地区人口与产业匹配性的影响，趋同速率较低。这种差异的原因在于模型 Ⅰ 的趋同速率中包含了人口与产业匹配性因素对地区经济趋同的促进作用。综合以上对 λ 估计值和 $|\rho|$ 估计值的变化方向的分析结果，可以判断，2005—2015 年湖北省各县级区域人口与产业匹配程度的提高促进了县区之间经济趋同，促进了县际经济差距缩小。

模型 Ⅲ 和模型 Ⅳ 的拟合结果支持了模型 Ⅰ 和模型 Ⅱ 的结果。模型 Ⅳ 中，M 指数的回归系数 λ 的估计值为 -0.0099，并在 1% 水平上显著。这说明，在其他条件不变的条件下，初始期人口相对集中度与经济相对集中度的偏离程度越高，该县区的经济增长速率越低。与模型 Ⅲ 的估计结果相比，模型 Ⅳ 控制了地区人口与产业分布的空间匹配性的影响后，湖北省各县级区域之间每五年间的年际趋同速率 $|\rho|$ 由 3.87% 降到了 3.14%。这种结果支持了以上的判断：2005—2015 年湖北省各县级区域人口与产业匹配程度的提高促进了县区之间经济趋同。

第四节　本章小结

人口流动与产业集聚的互动过程本质上是人口和生产的空间再分配过程，直接导致了地区之间人口相对规模与经济相对规模的比例关系的改变，并因此影响区域经济增长和区际经济关系。由于人口流动的时滞性、产业转移的区域黏性以及区域政策等因素的影响，人口迁入与产业集聚往往并不会同步发生，人口与产业的空间匹配关系因此会经历由低水平匹配，至严重不匹配，最终到高水平匹配的非线性变化。20 世纪 90 年代以来中国东部沿海九省市的人口份额与产业份额数量关系的变化，为人口与产业空间匹配关系的非线性变化过程提供了很好的经验证据，1999—2003 年的持续恶化阶段、2003—2006 年的缓慢改善阶段和 2006 年以后的持续改善阶段。

2000—2015 年，不一致指数和威廉姆森指数的变化过程基本一致，揭示了该期间湖北省县区之间人口与产业分布的匹配关系经历了一个倒"U"形的变化过程，即总体上以 2006 年为转折点，湖北省县区之间人口与产业分布的匹配程度先降低后提高。对各个县区的人口集中度与经济集中度的偏离程度的观察表明，2015 年自黄石城区、大冶、鄂州、武汉、仙桃、潜江、天门至荆州城区一线和襄阳城区、随州城区、宜城、荆门城区至天门一线形成了人口相对集中度较高且经济集中度也较高的 HH 型县区的连绵带，而在鄂西北、鄂西南以及鄂东的省域边缘地带则集中了主要的人口集中度和经济集中度都比较低的县区。相对而言，这些县区人口与产业的匹配程度较高，省内其他县区的人口与产业的匹配程度就比较低了。

基于增长模型的实证检验结果表明，2005—2015 年湖北省各县级区域人口与产业匹配程度的提高促进了县区之间经济趋同，促进了县际经济差距缩小。这一结果意味着，降低地区之间人口规模与经济规模的偏离程度，可以作为缩小地区差距的一个基本战略措施。

第九章

结论与建议

一 主要结论

（一）湖北省县区工业发展的时空格局

21世纪以来，在中部崛起、长江经济带以及新型城镇化等国家区域发展战略的推进下，湖北省区域经济的"圈带"结构日渐清晰，并决定了湖北省工业县区分布的总体格局及演化进程。2000—2015年湖北省县级区域的工业分布格局呈现由集中—离散型向分散—离散型，最终向分散—集聚型变化的趋势。一方面，湖北省县级区域之间工业发展的总体差距在逐渐缩小，工业县际分布存在均衡化趋势；另一方面，工业活动并不是由工业较发达地区向所有欠发达地区等比例地扩散，而是主要向工业基础较好的且地域邻近的县区扩散和集中，因此又存在着空间集聚的趋势。武汉城区及其周边县区向西延伸的中部地域工业发展水平普遍较高，成为全省最重要的工业高值集聚区，鄂西北的襄阳周边和鄂西南的宜昌周边则逐渐成为全省次级的工业高值集聚区，鄂西北、鄂西南、鄂南以及鄂东的边缘地带则成为全省工业空间格局的外围地区。

（二）湖北省县区迁入人口的时空格局

由于迁入人口持续向社会经济发展水平较高的武汉、襄阳、宜昌、十堰、荆州、荆门、黄石等地级市的市辖区及其邻近的县市集中，湖北省县际迁入人口的县际分布差异在2000—2010年呈扩大之势。与迁入人口总量的县区分布较为一致的是，社会经济相对发达的县区接收的县际迁入人口的受教育程度较高，武汉、宜昌、襄阳、十堰、荆州、荆门、黄石等地级市的市辖区接受县际迁入人口的受教育程度普遍较高，各县级区域之间接收迁入人口的受教育程度差异呈扩大趋势。总体上看，以武汉城区为核心，其周边县区迁入人口总量和高质量迁入人口呈高高集聚模式，而鄂西地区部分县区的迁入人口总量和高质量迁入人口则呈低低集聚模式。

（三）人口迁入与产业集聚的互动关系

湖北省县级区域迁入人口数量与工业经济规模之间存在显著的正向相关性，并且二者的相关性程度随时间逐渐提高。双变量空间自相关分析的结果则显示，湖北省迁入人口和工业经济的县际分布之间存在显著的空间正相关，迁移人口和工业地理集中的同向性非常明显。总体上看，武汉市及其邻近县区一直是迁入人口和工业经济的高高集聚区，鄂西地域则是迁入人口和工业经济的低低集聚区。采用联立方程模型估计的结果则验证了人口迁入与工业发展之间存在相互促进的互动关系。在其他条件不变的情况下，地区工业集聚度提高1%，其全部迁入人口和省内迁入人口分别增加0.5449%和0.6023%；地区全部迁入人口或省内迁入人口增加1%，其工业集聚度则分别提高0.2940%和0.2678%。湖北省县域人口迁入与产业集聚之间的互动关系，可以基于马歇尔外部性理论、新经济地理学理论和人口迁移的推拉理论，给予合理的理论解释。

（四）人口流动与产业集聚的互动机制

生产要素互动性地同向流动是产业集聚持续强化的基本动力，由此导致经济活动空间格局的不均匀化。人口和资本（产业是其物化形式）同向流动的理论机制在于：一旦某个地区由于偶然事件或外部冲击获得了比较优势，厂商便开始向这一地区集中，由此所产生的价格指数效应导致该地区真实工资增加，为了降低交易成本和获得多样化的商品消费，流动性人口向该地区流动；人口流入不仅扩大了本地市场效应，也扩大了该地区的劳动力供给规模，改善了劳动力供给结构，为了降低运输成本和获得规模经济，共享劳动力池，厂商会继续向该地区集中。人口和厂商同向集中的累积循环过程导致了产业集聚的持续强化。对湖北省县区的经验分析证实了工业地区集中的价格指数效应的存在性：无论是在封闭区域的假设条件下还是在开放区域的假设条件下，差异化工业制成品的替代弹性都稳健地保持在2.32—2.35。据此可以判断，一个地区及其周边地区的厂商越集中，那么该地区可获得的工业制成品的种类越多。作为劳动力的消费者在该地区就能以较低的真实成本获得多样化的工业制成品，因此向该地区迁移。这一结果揭示了产业集聚对人口流动的引致作用。

人口迁入强化本地市场效应作为这个累积循环过程的另一个强化机制，在对湖北省的经验分析中同样得到了验证：在控制区位条件和政府干预等因素影响的情况下，2000—2012 年，湖北省县级区域的产业集聚过程中显著地存在本地市场效应和劳动力池效应；而人口迁入则显著地促进了本地市场效应扩大，尤其是在封闭区域的假设条件下，湖北省县级区域的人口迁入与市场潜力之间都存在显著的正相关。这一结果揭示了人口迁入对产业集聚的强化作用。但是，一个较为意外的结果是，在开放区域的假设条件下，湖北省县级区域的人口迁入与市场潜力之间存在显著的负相关关系。究其原因可能在于，在开放假设条件下，偏居鄂东边缘的县区以路上交通距离测度更邻近经济较发达的东部沿海地区，所以市场潜力值比较高。然而，现实中这种区位优势并未充分发挥，该区域社会经济发展水平较低，人口迁入量比较小，所以直接导致了总体结果上的负相关。这意味着，鄂东边缘地带应该以更加开放的视野，面向东部市场谋划区域经济布局。

（五）人口流动与产业集聚互动的经济效应

人口流动与产业集聚的互动过程本质上是人口和生产的空间再分配过程，其直接结果是改变了人口与产业的空间匹配性，并因此影响区域经济增长和区际经济关系。由于生产要素流动的区域黏性，人口迁入与产业转入往往并不同步（即所谓的人口与产业的非协同集聚），直接导致了地区人口份额与产业份额偏离程度的动态变化，即人口与产业的空间匹配关系经历了由低水平匹配，至严重不匹配，最终到高水平匹配的非线性变化。相应地，地区经济差距也可能经历一个由扩大到缩小的过程，即人口与产业的空间匹配程度低时，地区经济差距较大；随着匹配程度提高，地区经济差距会逐渐缩小。

对湖北省的经验分析表明，2000—2015 年湖北省各县级区域人口与产业匹配程度和县际经济差距存在显著的相关性。人口与产业的空间匹配程度提高在一定程度上减缓了地区差距扩大的速度,是促进地区收入趋同的重要因素。这意味着,产业集聚并不必然导致地区经济差距的扩大。只要人口集聚与产业集聚相协调,随着地区之间人口与产业匹配程度提高,地区经济差距就有可能缩小,或者至少地区经济差距扩大的矛盾会有所缓解。因此,解决地区经济差距的关键并不在于限制产业向少数地区集聚,而是在于如何促进人口集聚与产业集聚相协调,即促进人口与产业协同集聚。

二 政策建议

(一) 促进要素自由流动,改善人口与产业空间匹配性

对生产要素流动性构成限制的自然、社会、经济以及政策方面的因素,会提高生产要素和经济活动区际转移的黏性,导致人口集中与产业集聚的非协同性,恶化人口与产业的空间匹配性,从而加剧地区收入差距。从湖北省县级区域的现实来看,虽然非农产业不断向相对发达区域集中,但是人口并没有相应地向这些地区流动。其结果是,较发达地区的产业集聚程度高于人口集中程度,而较落后地区的人口集中程度高于产业集聚程度。由于人口与生产的空间匹配程度提升缓慢,其促进地区趋同的作用尚未显著显现,地区经济差距因此持续扩大。缓解区域差距的关键在于,促进生产要素自由流动,提高人口与产业的空间匹配程度。

首先是拆除人口迁移壁垒,促进人口自由流动。除了加快改革户籍制度等对人口迁移构成约束的显性化的制度安排外,还应该加快改革那些依附于户籍制度的对流动人口具有歧视性的制度和政策,如社会保障、教育、收入分配等。经济较发达地区应该加快产业升级,大力发展现代制造业和现代服务业,扩大就业吸纳能力。同时,把推进社会发展作为政策重点,加快公共服务均等化建设,吸引人口迁入并安居乐业,共享发展成果。

其次是提高较落后地区资本回报率,吸引资本向这些地区集聚。完善经济相对落后地区基础设施建设,提高这些地区的交通通达性,优化地区投资环境。完善经济相对落后地区金融市场,改进技术创新能力,培养自我发展能力,提高投资回报率,吸引资本流入,并把资本留在当

地。另外，吸引外迁人口回流创业。这些乡土情怀浓厚，或积累了技术技能，或持有大量资金的外迁人口，是经济相对落后地区的宝贵财富。应通过提高优化地区投资环境和完善区域金融市场，提高当地的资本回报率和技能收益率，吸引他们回流创业。

（二）提高中心城市的辐射能力，推进圈带经济一体化

湖北省域经济的"圈带"结构在政府推进和市场力量作用下已初现端倪，推进各圈各带内部的经济一体化建设，提高各圈带经济发展水平，是实现省域经济协调发展的必由之路。其中的关键是，提高圈带内部的中心性城市的辐射能力，带动区域经济整体增长。首先，建立一体化的生产要素市场，促进生产要素向中心性城市流动，壮大中心性城市的经济实力。通过提高本地市场效应和劳动力池效应，吸引厂商进入。其次，建立一体化的商品市场，拆除地区间贸易壁垒。通过提高市场可进入性，吸引人口迁入，强化该地区的产业集聚过程。最后，推进地区生产专业化，打造专业化生产集聚区，在全省各地区间形成完善的生产地域分工体系。

发挥武汉城市圈对湖北省域经济增长的带动作用。武汉市应大力提升产业结构，密集发展先进制造业和现代服务业，提高产业集聚质量，吸引高质量劳动力迁入，壮大经济总量。圈内其他城市基于历史基础和相对优势，集聚人口和产业，形成专业化生产体系，实现武汉城市圈一体化发展。武汉城市圈则应以汉江生态经济带和湖北长江经济带为轴线，向鄂西北和鄂西南地区辐射其带动作用，促进湖北省域经济协调发展。

襄（阳）—十（堰）—随（州）城市带是武汉城市圈向鄂西北方向延伸的增长轴线。襄阳市作为该轴线的增长极，应大力支持其成为鄂西北地区人口和产业集聚中心。宜（昌）—荆（州）—荆（门）城市带则是武汉城市圈向鄂西南方向延伸的增长轴线，宜昌市作为该轴线的增长极，应大力支持其成为鄂西南地区人口和产业集聚中心。襄（阳）—荆（门）—荆（州）城市带以二广高速连为一线，贯通南北，是湖北省中部地域隆起的重要发展轴。其中的荆门市位居中部地域中心，是省内东西南北交通的重要节点，应大力支持其为中部地域重要的人口和产业集聚区。

（三）改善人居环境，提升中心性城市的产业集聚质量

中心性城市是区域经济增长极，既要扩大经济总量，发挥带动作用，更应注重产业发展质量，凸显引领作用。武汉市作为湖北省域中心城市，应大力提升产业结构，密集发展高新技术产业、现代服务业和历史基础雄厚的先进制造业，增强就业吸纳能力，改善城市人居环境，形成高质量劳动力集聚区。襄阳市和宜昌市作为湖北省域副中心城市，应集中发展优势显著、特色鲜明的专业化生产体系，形成分工明确的专业化产业集聚区。其他的地级市作为湖北省域的区域性中心城市，应大力整合自身优势资源，形成与邻近的省域中心城市和副中心城市分工合作的专业化生产体系。

（四）提高市场进入性，培育地方性人口和产业集聚区

市场进入性是人口和产业区位选择的决定性因素。应加大交通基础设施建设力度，提高县域中心城镇的交通通达性。培育和支持其发展基于本地资源优势和产业基础而布局的劳动密集程度较高的制造业，使其成为生产专业化程度高、专业化特色鲜明、人口和产业集聚度高的地方性经济集聚区。

（五）推进边界地区对外开放，促进省域边缘地区发展

以长江经济带建设和长江中游城市群建设为契机，提高湖北省对外开放水平，发挥各地区市场潜力优势，吸引省外人口迁入和产业转入。尤其是鄂东、鄂南和鄂西地区的边缘地带，既要面向湖北省省内谋划产业布局，更要主动出击省外市场，谋求与邻近地区的分工合作，扩大本地市场效应，提高产业集聚度。

鄂东地区边缘地带由于距离东部沿海地区更近，市场潜力巨大，但是一直以来并没有将潜力转变为实力。因此，该地带既要融入武汉城市圈经济体系，还应充分利用长江中游城市群和长江经济带建设的契机，面向东部沿海地区市场需求，开展专业化生产。鄂南地区边缘地带应积极融入长株潭城市群，与常德、张家界等城市开展分工合作；鄂西地区则应面向更为邻近的重庆市，开拓西部市场。

参考文献

一　外文文献

Abdel-Rahman, Hesham and Masahisa Fujita. Product Variety, Marshallian Externalities, and City Sizes. Journal of Regional Science, 1990, 30 (2): 165 – 183.

Accetturo, Antonio. Agglomeration and Growth: The Effects of Commuting Costs. Papers in Regional Science, 2010, 89 (1): 173 – 190.

Aldashev, Alisher and Barbara Dietz. Economic and Spatial Determinants of Interregional Migration in Kazakhstan. Economic System, 2014, 38 (3): 379 – 396.

Amiti, Mary and Lisa Cameron. Economic Geography and Wages. Review of Economics and Statistics, 2007, 89 (1): 15 – 29.

Andersson, Fredrik, Simon Burgess and Julia I Lane. Cities, Matching and the Productivity Gains of Agglomeration. Journal of Urban Economics, 2007, 61 (1): 112 – 128.

Andini, Monica, Guido de Blasio, Gilles Duranton and William C Strange. Marshallian Labour Market Pooling: Evidence from Italy. Regional Science and Urban Economics, 2013, 43 (6): 1008 – 1022.

Anselin, Luc, Ibnu Syabri and Oleg Smirnov. Visualizing Multivariate Spatial Correlation with Dynamically Linked Windows. Computing Science and Statistics, 33, CD – ROM, 2002.

Arthur, W Brain. Positive Feedbacks in the Economy. Scientific American, 1990, 262 (2): 92 – 99.

Audretsch, David B and Maryann P Feldman. R & D Spillovers and the Geography of Innovation and Production. American Economic Review, 1996, 86 (3): 630 – 640.

Baldwin, Richard E and Philippe Martin. Agglomeration and Regional Growth. In: Henderson, J Vernon and Jacques-François Thisse. Handbook of regional and urban economics. Elsevier, Amsterdam, 2004: 2671 – 2711.

Baldwin, Richard E and Toshihiro Okubo. Heterogeneous Firms, Agglomeration and Economic Geography: Spatial Selection and Sorting. Journal of Economic Geography, 2006, 6 (3): 323 – 346.

Baldwin, Richard E, Rikard Forslid, P Martin, Gianmarco Ottaviano and Frédéric Robert-Nicoud. Economic Geography and Public Policy. Princeton: Princeton University Press, 2003.

Baldwin, Richard E. Agglomeration and Endogenous Capital. European Economic Review, 1999, 43 (2): 253 – 280.

Baldwin, Richard Eand Rikard Forslid. The Core-Periphery Model and Endogenous Growth: Stablizing and Destabilizing Integration. Economica, 2000, 67 (267): 307 – 324.

Barro, Robert J and Xavier Sala-I-Martin. Convergence across States and Regions. Brookings Papers on Economic Activity, 1991 (1): 107 – 158.

Barro, Robert J and Xavier Sala-I-Martin. Convergence. Journal of Political Economy, 1992, 100 (2): 223 – 251.

Barro, Robert J and Xavier Sala-I-Martin. Economic Growth and Convergence across the United States. NBER Working Papers No. 3419, 1990.

Baumgardner, James R. The Division of Labor, Local Markets, and Worker Organization. Journal of Political Economy, 1988, 96 (3): 509 – 527.

Becker, Gary S and Kevin M Murphy. The Division of Labor, Coordination Costs, and Knowledge. Quarterly Journal of Economics, 1992, 107 (4): 1137 – 1160.

Beenstock, Michael and Daniel Felsenstein. Marshallian Theory of Regional Agglomeration. Papers in Regional Science, 2010, 89 (1): 155 – 172.

Bernad, Andrew B and Steven N Durlauf. Interpreting Tests of the Convergence Hypothesis. Journal of Econometrics, 1996, 71 (1 –2): 161 –173.

Bleakley, Hoyt and Jeffrey Lin. Thick-market Effects and Churning in the Labor Market: Evidence from US Cities. Journal of Urban Economics, 2012, 72 (2 –3): 87 –103.

Borjas, George J, Stephen G Bronars and Stephen J Trejo. Self-Selection and Internal Migration in the United States. Journal of Urban Economics, 1992, 32 (2): 159 –185.

Brakman, Steven, Harry Garretsen and Marc Schramm. The Spatial Distribution of Wages: Estimating the Helpman-Hanson Model for Germany. Journal of Regional Science, 2004, 44 (3): 437 –466.

Broersma, Lourens and Jan Oosterhaven. Regional Labor Productivity in the Netherlands: Evidence of Agglomeration and Congestion Effects. Journal of Regional Science, 49 (3): 483 –511.

Brülhart, Marius and Federica Sbergami. Agglomeration and Growth: Cross-country Evidence. Journal of Urban Economics, 2009, 65 (1): 48 –63.

Ciccone, Antonio and Robert E Hall. Productivity and the Density of Economic Activity. American Economic Review, 1996, 86 (1): 54 –70.

Ciccone, Antonio. Agglomeration Effects in Europe. European Economic Review, 2002, 46 (2): 213 –227.

Claver, Nuria Domeque, Carmen Fillat Castejón and Fernando Sanz Gracia. The Home Market Effect in the Spanish Industry, 1965 –1995. Annals of Regional Science, 2011, 46 (2): 379 –396.

Crozet, Matthieu. Do Migrants Follow Market Potentials? An Estimation of a New Economic Geography Model. Journal of Economic Geography, 2004, 4 (4): 439 –458.

Davis, Donald R and David E Weinstein. Does Economic Geography Matter for International Specialization? NBER Working Papers No. 5706, 1996.

Davis, Donald R and David E Weinstein. Economic Geography and Regional Production Structure: An Empirical Investigation. European Economic Review, 1999, 43 (2): 379-407.

Davis, Donald R and David E Weinstein. Market Access, Economic Geography and Comparative Advantage: An Empirical Test. Journal of International Economics, 2003, 59 (1): 1-23.

Duranton, Gilles and Diego Pug. Micro-Foundations of Urban Agglomeration Economies. In: Henderson, J Vernon and Jacques-François Thisse. Handbook of Regional and Urban Economics. Elsevier, Amsterdam, 2004: 2063-2117.

Duranton, Gilles and Diego Puga. Nursery Cities: Urban Diversity, Process Innovation, and the Life Cycle of Products. American Economic Review, 2001, 91 (5): 1454-1477.

Duranton, Gilles. Labor Specialization, Transport Costs, and City Size. Journal of Regional Science, 1998, 38 (4): 553-573.

Ellison, Glenn and Edward L Glaeser. Geographic Concentration in U. S. Manufacturing Industries: A Dartboard Approach. Journal of Political Economy, 1997, 105 (5): 889-927.

Ellison, Glenn, Edward L Glaeser and William R Kerr. What Causes Industry Agglomeration? Evidence from Coagglomeration Patterns. American Economic Review, 2010, 100 (3): 1195-1213.

Englmann, Frank C and Uwe Walz. Industrial Centers and Regional Growth in the Presence of Local Inputs. Journal of Regional Science, 1995, 35 (1): 3-27.

Fei, John C H, Gustav Rains and Shirley W Y Kuo. Growth and the Family Distribution of Income by Factor Components. Quarterly Journal of Economics, 1978, 92 (1): 17-53.

Fingleton, Bernard. Beyond Neoclassical Orthodoxy: A View Based on the New Economic Geography and UK Regional Wage Data. Papers in Regional Science, 2005, 84 (3): 351-375.

Foot, David K and William J Milne. Net Migration Estimation in an Extended, Multiregional Gravity Model. Journal of Regional Science, 1984, 24 (1): 119-133.

Forslid, Rikard and Gianmarco Ottaviano. An Analytically Solvable Core-Periphery Model. Journal of Economic Geography, 2003, 3 (3): 229 – 240.

Forslid, Rikard. Agglomeration with Human and Physical Capital: an Analytically Solvable Case. CEPR Discussion Papers No. 2102, 1999.

Fujita, Masahisa and Hideaki Ogawa. Multiple Equilibria and Structural Transition of Non-Monocentric Urban Configurations. Regional Science and Urban Economics, 1982, 12 (2): 161 – 196.

Fujita, Masahisa and Jacques-François Thisse. Does Geographical Agglomeration Foster Economic Growth, and Who Gains and Loses from It. The Japanese Economic Review, 2003, 54 (2): 121 – 145.

Fujita, Masahisa and Jacques-François Thisse. Economics of Agglomeration: Cities, Industrial Location and Regional Growth. Cambridge, MA, 2002.

Fujita, Masahisa and Paul Krugman. The New Economic Geography: Past, Present and the Future. Papers in Regional Science, 2004, 83 (1): 139 – 164.

Fujita, Masahisa, Paul R Krugman and Anthony J Venables. The Spatial Economy: Cities, Regions, and International Trade. MIT Press, Cambridge, MA, 1999.

Gardiner, Ben, Ron Martin and Peter Tyler. Does Spatial Agglomeration Increase National Growth? Some Evidence from Europe. Journal of Economic Geography, 2011, 11 (6): 979 – 1006.

Glaser, Edward L. Learning in Cities. Journal of Urban Economics, 1999, 46 (2): 254 – 277.

Greenwood, Michael J. Research on Internal Migration in the United States: A Survey. Journal of Economic Literature, 1975, 13 (2): 397 – 433.

Greenwood, Michael J. An Analysis of the Determinants of Geographic Labor Mobility in the United States. Review of Economics and Statistics, 1969a, 51 (2): 189 – 194.

Greenwood, Michael J. The Determinants of Labor Migration in Egypt. Journal of Regional Science, 1969b, 9 (2): 283 – 290.

Hanson, Gordon H. Market Potential, Increasing Returns and Geographic Concentration. Journal of International Economics, 2005, 67 (1): 1-24.

Hanson, Gordon H. Market Potential, Increasing Returns and Geographic Concentration. NBER Working Papers No. 6429, 1998.

Harris, Chauncy D. The Market as a Factor in the Localization of Industry in the United States. Annals of the Association of American Geographers, 1954, 44 (4): 315-348.

Head, Keith and Thierry Mayer. Market Potential and the Location of Japanese Investment in the European Union. Review of Economics and Statistics, 2004b, 86 (4): 959-972.

Head, Keith and Thierry Mayer. The Empirics of Agglomeration and Trade. In: Henderson, J Vernon and Jacques-François Thisse. Handbook of regional and urban economics. Elsevier, Amsterdam, 2004a: 2609-2669.

Helsley, Robert W and William C Strange. Matching and Agglomeration Economies in a System of Cities. Regional Science and Urban Economics, 1990, 20 (2): 189-212.

Helsley, Robert W. Knowledge and Production in the CBD. Journal of Urban Economics, 1990, 28 (3): 391-403.

Jacobs, Jane. The Economy of Cities. New York: Random House, 1969.

Jovanovic, Boyan and Rafael Rob. The Growth and Diffusion of Knowledge. Review of Economic Studies, 1989, 56: 569-582.

Jovanovic, Boyanand Yaw Nyarko. The Transfer of Human Capital. Journal of Economic Dynamics and Control, 1995, 19 (5-7): 1033-1064.

Kancs, d'Artis. Can We Use NEG Models to Predict Migration Flows: An Example of CEE Accession Countries? Migration Letters, 2005, 2 (1): 32-63.

Kancs, d'Artis. The Economic Geography of Labour Migration: Competition, Competitiveness and Development. Applied Geography, 2011, 31 (1): 191-200.

Ke, Shanzi. Agglomeration, Productivity, and Spatial Spillovers across Chinese Cities. Annals of Regional Science, 2010, 45 (1): 157-179.

Koo, Jun. Agglomeration and Spillovers in a Simultaneous Framework. Annals of Regional Science, 2005, 39 (1): 35-47.

Krugman, Paul and Anthony Venables. Globalization and the Inequality of Nations. Quarterly Journal of Economics, 1995, 110 (4): 857 – 880.

Krugman, Paul. A Dynamic Spatial Mode. NBER Working Papers No. 4219, 1992.

Krugman, Paul. Geography and Trade. Cambridge, MA: MIT Press, 1991b.

Krugman, Paul. Increasing Returns and Economic Geography. Journal of Political Economy, 1991a, 99 (3): 483 – 499.

Krugman, Paul. Scale Economies, Product Differentiation, and the Pattern of Trade. American Economic Review, 1980, 70 (5): 950 – 959.

Lee, Everett S. A Theory of Migration. Demography, 1966, 3 (1): 47 – 57.

Lewis, W Arthur. Arthur. Economic Development with Unlimited Supplies of Labor. Manchester School, 1954, 22 (2): 139 – 191.

Mankiw, N Gregory, David Romer and David N Weil. A Contribution to the Empirics of Economic Growth. Quarterly Journal of Economics, 1992, 107 (2): 407 – 437.

Marshall, Alfred. Principles of Economics. Macmillan, London, 1890.

Martin, Philippe and Carol Ann Rogers. Industrial Location and Public Infrastructure. Journal of International Economics, 1995, 39 (3 – 4): 335 – 351.

Martin, Philippe and Gianmarco Ottaviano. Growth and Agglomeration. International Economic Review, 2001, 42 (4): 947 – 968.

Melo, Patricia C and Daniel J Graham. Testing for Labour Pooling as a Source of Agglomeration Economies: Evidence for Labour Markets in England and Wales. Papers in Regional Science, 2014, 93 (1): 31 – 52.

Mion Giordano and Paolo Naticchioni. The Spatial Sorting and Matching of Skills and Firms. Canadian Journal of Economics, 2009, 42 (1): 28 – 55.

Mion, Giordano. Spatial Externalities and Empirical Analysis: the Caseof Italy. Journal of Urban Economics, 2004, 56 (1): 97 – 118.

Moreno-Monroy, Ana Isabel. Market Access and the Heterogeneous Effect of Shocks On Wages: Evidence from Chinese Cities. Papers in Regional Science, 2011, 90 (1): 9 – 25.

Morrison, Andrew R. Unproductive Migration Reconsideration: A Stochastic Frontier Production Function Framework for Analyzing Internal Migration. Oxford Economic Papers, 1993, 45: 501 – 518.

Murata, Yasusada. Product Diversity, Taste Heterogeneity, and Geographic Distribution of Economic Activities: Market vs. Non-market Interactions. Journal of Urban Economics, 2003, 53 (1): 126 – 144.

Myrdal, Gunnar. Economic Theory and Underdeveloped Regions. Harper & Row, New York, 1957.

Niebuhr, Annekatrin. Market Access and Regional Disparities: New Economic Geography in Europe. Annals of Regional Science, 2006, 40 (2): 313 – 334.

Okubo, Toshihiro. Firm Heterogeneity and Location Choice. Research Institute for Economics & Business Administration, Kobe University, Discussion Paper Series DP 2010 – 11, 2010.

Okubo, Toshihiro. Trade Liberalisation and Agglomeration with Firm Heterogeneity: Forward and Backward Linkages. Regional Science and Urban Economics, 2009, 39 (5): 530 – 541.

Okun, Bernard and Richard W. Richardson. Regional Income Inequality and Internal Population Migration. Economic Development and Cultural Change, 1961, 9 (2): 128 – 143.

Ottaviano, Gianmarco and Dino Pinelli. Market Potential and Productivity: Evidence from Finnish Regions. Regional Science and Urban Economics, 2006, 36 (5): 636 – 657.

Ottaviano, Gianmarco, Takatoshi Tabuchi and Jacques-François Thisse. Agglomeration and Trade Revisited. International Economic Review, 2002, 43 (2): 409 – 435.

Ottaviano, Gianmarco. Monopolistic Competition, Trade, and Endogenous Spatial Fluctuations. Regional Science and Urban Economics, 2001, 31 (1): 51 – 77.

Ottaviano, Gianmarco. "New" New Economic Geography: Firm Heterogeneity and Agglomeration Economies. Journal of Economic Geography, 2011, 11

(2): 231 – 240.

Overman, Henry G and Diego Puga. Labour Pooling as a Source of Agglomeration: An Empirical Investigation. In: Glaeser, Edwar L. Agglomeration Economics. Chicago, IL: University of Chicago Press, 2010.

Paluziea, Elisend, Jordi Pons and Daniel A Tiradoc. A Test of the Market Potential Equation in Spain. Applied Economics, 2009, 41 (12): 1487 – 1493.

Paredes, Dusan and Victor Iturra. Market Access and Wages: A Spatially Heterogeneous Approach. Economics Letters, 2012, 116 (3): 349 – 353.

Pekkala, Sari. Regional Convergence in Finnish Provinces and Subregions, 1960 – 1994. Finnish Economic Papers, 1999, 12 (1): 28 – 40.

Pflüger, Michael. A Simple, Analytically Solvable, Chamberlinian Agglomeration Model. Regional Science and Urban Economics, 2004, 34 (5): 565 – 573.

Picard, Pierre M. and Toshihiro Okubo. Firms' Locations under Demand Heterogeneity. Regional Science and Urban Economics, 2012, 42 (6): 961 – 974.

Pons, Jordi, Elisenda Paluzie, Javier Silvestre and Daniel A Tirado. Testing the New Economic Geography: Migrations and Industrial Agglomerations in Spain. Journal of Regional Science, 2007, 47 (2): 289 – 313.

Puga, Diego. The Magnitude and Causes of Agglomeration Economies. Journal of Regional Science, 2010, 50 (1): 203 – 219.

Puga, Diego. The Rise and Fall of Regional Inequalities. European Economic Review, 1999, 43 (2): 303 – 334.

Ravenstein, Ernest George. The Laws of Migration. Journal of the Royal Statistical Society, 1885, 48 (2): 167 – 227.

Redding, Stephen and Anthony J Venables. Economic Geography and International Inequality. Journal of International Economics, 2004, 62 (1): 53 – 82.

Robert-Nicoud, Frédéric. A simple Model of Agglomeration with Vertical Linkages and Perfect Capital Mobility. Chapter 1 in: New Economic Geography: Welfare, Multiple Equlibria and Political Economy, PhD Thesis, London School of Economics, 2002.

Rosenthal, Stuart S and William C Strange. The Determinants of Agglomeration. Journal of Urban Economics, 2001, 50 (2): 191 – 229.

Russek, Stephan. Differential Labour Mobility and Agglomeration. Papers in Regional Science, 2010, 89 (3): 587 – 606.

Sahota, Gian S. An Economic Analysis of Internal Migration in Brazil, Journal of Political Economy, 1968, 76 (2): 218 – 245.

Sjaastad, Larry A. The Costs and Returns of Human Migration. Journal of Political Economy, 1962, 70 (5): 80 – 93.

Spieza, V. Geographic Concentration of Production and Unemplyment in OECD Countries, Cities and Regions, OECD, Paris 2002.

Stard, Oded and David E Bloom. The New Economics of Labor Migration. American Economic Review Papers and Proceedings, 1985, 75 (2): 173 – 178.

Stard, Oded and J Edward Taylor. Migration Incentives, Migration Types: The Role of Relative Deprivation. Economic Journal, 1991, 101: 1163 – 1178.

Stard, Oded. Rural-to-Urban Migration in LDCs: A Relative Deprivation Approach. Economic Development and Cultural Change, 1984, 32 (3): 475 – 486.

Syverson, Chad. Market Structure and Productivity: A Concrete Example. Journal of Political Economy, 2004, 112 (6): 1181 – 1222.

Terrasi, Marinella. Convergence and Divergence across Italian Regions. Annals of Regional Science, 1999, 33 (3): 491 – 510.

Tharakan, Joe and Jean-Philippe Tropeano. On The Impact of Labor Market Matching on Regional Disparities. Journal of Regional Science, 2009, 49 (1): 57 – 80.

Todaro, Michael P. A Model of Labor Migration and Urban Unemployment in Less Developed Countries. American Economic Review, 1969, 59 (1): 138 – 148.

Ushifusa, Yoshiaki and Akinori Tomohara. Productivity and Labor Density: Agglomeration Effects over Time. Atlantic Economic Journal, 2013, 41 (2): 123 – 132.

Venables, Anthony. Equilibrium Locations of Vertically Linked Industries. International Economic Review, 1996, 37 (2): 341 – 359.

Wheeler, Christopher H. Search, Sorting, and Urban Agglomeration. Journal of Labor Economics, 2001, 19 (4): 879 – 899.

World Bank. Reshaping Economic Geography. World Bank, Washington DC, 2009.

二　中文文献

安虎森、蒋涛:《块状世界的经济学——空间经济学点评》,《南开经济研究》2006 年第 5 期。

安虎森、殷广卫:《循环因果、劳动力要素转移与中部地区发展》,《华中师范大学学报(人文社会科学版)》2008 年第 6 期。

敖荣军、蒋亮、梅琳等:《湖北省县区工业市场潜力及空间格局》,《经济地理》2016 年第 6 期。

敖荣军、蒋亮、张涛等:《湖北省县域迁入人口的空间格局及影响因素》,《长江流域资源与环境》2016 年第 11 期。

敖荣军、李家成、唐嘉韵:《基于新经济地理学的中国省际劳动力迁移机制研究》,《地理与地理信息科学》2015 年第 1 期。

敖荣军、刘巧玉、李家成:《本土市场规模与地区产业发展——基于湖北省县域工业的实证分析》,《江汉论坛》2016 年第 6 期。

敖荣军、刘松勤:《人口流动与产业集聚互动的机制与过程——理论解读及经验证据》,《湖北社会科学》2016 年第 6 期。

敖荣军、韦燕生:《湖北省区域经济差距及其变化的产业分解》,《地域研究与开发》2011 年第 1 期。

敖荣军:《技术进步与技能供给的匹配性及调控对策》,华中师范大学出版社 2014 年版。

敖荣军:《劳动力流动与中国地区经济差距》,中国社会科学出版社 2008 年版。

敖荣军:《劳动力区际流动及其人力资本再分配效应——基于技能互补性

假说的理论与实证分析》,《地理与地理信息科学》2007 年第 1 期。

蔡昉、都阳:《迁移的双重动因及其政策含义——检验相对贫困假说》,《中国人口科学》2002 年第 4 期。

蔡昉、都阳:《中国地区经济增长的趋同与差异》,《经济研究》2000 年第 10 期。

蔡翼飞、张车伟:《地区差距的新视角:人口与产业分布不匹配研究》,《中国工业经济》2012 年第 5 期。

陈良文、杨开忠、沈体雁等:《经济集聚密度与劳动生产率差异——基于北京市微观数据的实证研究》,《经济学(季刊)》2008 年第 1 期。

陈良文、杨开忠:《集聚经济的六类模型:一个研究综述》,《经济科学》2006 年第 6 期。

丁小燕、王福军、白洁等:《基于市场潜力模型的京津冀区域空间格局优化及产业转移研究》,《地理与地理信息科学》2015 年第 4 期。

范剑勇、王立军、沈林洁:《产业集聚与农村劳动力的跨区域流动》,《管理世界》2004 年第 4 期。

范剑勇、谢强强:《地区间产业分布的本地市场效应及其对区域协调发展的启示》,《经济研究》2010 年第 4 期。

范剑勇:《产业集聚与地区间劳动生产率差异》,《经济研究》2006 年第 11 期。

范剑勇:《市场一体化、地区专业化与产业集聚趋势——兼谈对地区差距的影响》,《中国社会科学》2004 年第 6 期。

冯伟、徐康宁:《产业发展中的本地市场效应——基于我国 2004—2009 年面板数据的实证》,《产业经济评论》2012 年第 2 期。

冯伟、徐康宁:《影响市场规模的因素研究——基于刘易斯的分析框架》,《经济科学》2011 年第 4 期。

冯伟:《基于本地市场效应的产业集聚机制研究》,《产业经济评论》2011 年第 3 期。

干春晖、郑若谷:《中国地区经济差距演变及其产业分解》,《中国工业经济》2010 年第 6 期。

高爽、魏也华、陈雯等:《发达地区制造业集聚和水污染的空间关联——

以无锡市区为例》,《地理研究》2011 年第 5 期。

龚胜生、周军、张涛:《湖北省区域发展的空间结构与空间意象》,《地理学报》2011 年第 8 期。

韩剑:《知识溢出的空间有限性与企业 R&D 集聚——中国企业 R&D 数据的空间计量研究》,《研究与发展管理》2009 年第 3 期。

何玉梅、刘修岩、李锐:《基于连续距离的制造业空间集聚演变及其驱动因素研究》,《财经研究》2012 年第 10 期。

贺灿飞、潘峰华、孙蕾:《中国制造业的地理集群与形成机制》,《地理学报》2007 年第 12 期。

胡鞍钢:《中国地区差距的变迁情况》,《人民论坛》2011 年第 22 期。

姜乾之、权衡:《劳动力流动与地区经济差距:一个新的分析框架》,《上海经济研究》2015 年第 9 期。

李成悦、王腾、周勇:《湖北省区域经济格局时空演化及其影响因素分析》,《发展研究》2014 年第 1 期。

李国平、范红忠:《生产集中、人口分布与地区经济差异》,《经济研究》2003 年第 11 期。

李豫新、王笳旭:《新经济地理学视角下人口与产业空间匹配性研究——以新疆地区为例》,《西北人口》2014 年第 1 期。

梁琦、钱学锋:《外部性与集聚:一个文献综述》,《世界经济》2007 年第 2 期。

刘修岩、贺小海、殷醒民:《市场潜能与地区工资差距:基于中国地级面板数据的实证研究》,《管理世界》2007 年第 9 期。

刘修岩、邵军、薛玉立:《集聚与地区经济增长:基于中国地级城市数据的再检验》,《南开经济研究》2012 年第 3 期。

刘修岩、殷醒民、贺小海:《市场潜能与制造业空间集聚:基于中国地级城市面板数据的经验研究》,《世界经济》2007 年第 11 期。

刘修岩:《产业集聚与经济增长:一个文献综述》,《产业经济研究》2009 年第 3 期。

刘易斯:《经济增长理论》,郭家麟译,商务印书馆 1983 年版。

陆大道:《2000 年我国工业生产力布局总图的科学基础》,《地理科学》

1986 年第 2 期。

陆大道:《建设经济带是经济发展布局的最佳选择——长江经济带经济发展的巨大潜力》,《地理科学》2014 年第 7 期。

路江涌、陶志刚:《中国制造业区域聚集及国际比较》,《经济研究》2006 年第 3 期。

罗浩:《中国劳动力无限供给与产业区域黏性》,《中国工业经济》2003 年第 4 期。

罗能生、谢里、谭真勇:《产业集聚与经济增长关系研究新进展》,《经济学动态》2009 年第 3 期。

麻昌港、蒋伏心:《经济集聚与我国收入差距研究》,《上海经济研究》2013 年第 7 期。

马伟、王亚华、刘生龙:《交通基础设施与中国人口迁移——基于引力模型分析》,《中国软科学》2012 年第 3 期。

梅志雄、徐颂军、欧阳军:《珠三角县域城市潜力的空间集聚演化及影响因素》,《地理研究》2014 年第 2 期。

宁越敏:《中国推进新型城镇化战略的思考》,《上海城市规划》2014 年第 1 期。

潘文卿、刘庆:《中国制造业产业集聚与地区经济增长——基于中国工业企业数据的研究》,《清华大学学报(哲学社会科学版)》2012 年第 1 期。

彭国华:《技术能力匹配、劳动力流动与中国地区差距》,《经济研究》2015 年第 1 期。

钱学锋、梁琦:《本地市场效应:理论和经验研究的新近进展》,《经济学(季刊)》2007 年第 3 期。

乔彬、李国平:《在联立框架中的产业集聚与知识溢出》,《当代经济科学》2008 年第 6 期。

秦尊文:《从凹陷到崛起》,《今日湖北》2005 年第 Z1 期。

秦尊文:《湖北"一主两副"发展战略》,湖北人民出版社 2012 年版。

沈能:《局域知识溢出和生产性服务业空间集聚——基于中国城市数据的空间计量分析》,《科学学与科学技术管理》2013 年第 5 期。

石敏俊、赵曌、金凤君：《中国地级行政区域市场潜力评价》，《地理学报》2007年第10期。

世界银行：《2009年世界发展报告——重塑世界经济地理》，世界银行，华盛顿特区。

孙浦阳、武力超、张伯伟：《空间集聚是否总能促进经济增长：不同假定条件下的思考》，《世界经济》2011年第10期。

覃一冬：《空间集聚与中国省际经济增长的实证分析：1991—2010年》，《金融研究》2013年第8期。

唐根年、管志伟、秦辉：《过度集聚、效率损失与生产要素合理配置研究》，《经济学家》2009年第11期。

唐根年、沈沁、管志伟、徐维祥：《中国东南沿海制造业集聚过度及其生产要素拥挤实证研究》，《经济地理》2010年第2期。

唐颂、黄亮雄：《新经济地理学视角下的劳动力转移机制及其实证分析》，《宏观经济研究》2013年第2期。

汪彩君、唐根年：《长江三角洲地区制造业空间集聚、生产要素拥挤与集聚适度识别研究》，《统计研究》2011年第2期。

王桂新、黄祖宇：《中国城市人口增长来源构成及其对城市化的贡献：1991—2010》，《中国人口科学》2014年第2期。

王海宁、陈媛媛：《产业集聚效应与地区工资差异研究》，《经济评论》2010年第5期。

王凯：《新型城镇化的内涵与模式思考》，《上海城市规划》2013年第6期。

王良举、陈甬军：《集聚的生产率效应——来自中国制造业企业的经验证据》，《财经研究》2013年第1期。

王小勇：《市场潜力、外部性与中国地区工资差异》，《南方经济》2006年第8期。

王永培、晏维龙：《中国劳动力跨省迁徙的实证研究》，《人口与经济》2013年第2期。

王永培：《市场规模、外部性与工业集聚：基于空间计量模型的实证研究》，《南开商学评论》2013年第2期。

魏后凯：《现代区域经济学》，经济管理出版社 2006 年版。

魏敏、李国平：《基于区域经济差异的梯度推移黏性研究》，《经济地理》2005 年第 1 期。

文玫：《中国工业在区域上的重新定位和聚集》，《经济研究》2004 年第 2 期。

吴传清：《建设长江经济带的国家意志和战略重点》，《区域发展评论》2014 年第 4 期。

吴建峰、符育明：《经济集聚中马歇尔外部性的识别——基于中国制造业数据的研究》，《经济学（季刊）》，2012 年第 2 期。

吴三忙、李善同：《中国制造业地理集聚的时空演变特征分析：1980—2008》，《财经研究》2010 年第 10 期。

席强敏：《外部性对生产性服务业与制造业协同集聚的影响——以天津市为例》，《城市问题》2014 年第 10 期。

谢里、谌莹、邝湘敏：《产业集聚拉大了地区收入差距吗？——来自中国制造业的经验证据》，《经济地理》2012 年第 2 期。

许召元、李善同：《近年来中国地区差距的变化趋势》，《经济研究》2006 年第 7 期。

颜银根：《论新经济地理学的理论脉络——从新经济地理到新新经济地理》，《中南财经政法大学学报》2013 年第 6 期。

杨仁发：《产业集聚与地区工资差距——基于我国 269 个城市的实证研究》，《管理世界》2013 年第 8 期。

杨云彦、陈金永、刘塔：《中国人口迁移：多区域模型及实证分析》，《中国人口科学》1999 年第 4 期。

杨云彦：《中国人口迁移与发展的长期战略》，武汉出版社 1994 年版。

张车伟、蔡翼飞：《人口与经济分布匹配视角下的中国区域均衡发展》，《人口研究》2013 年第 6 期。

张车伟、吴要武：《城镇就业、失业和劳动参与：现状、问题和对策》，《中国人口科学》2003 年第 6 期。

张帆、潘佐红：《本土市场效应及其对中国省间生产和贸易的影响》，《经济学（季刊）》2006 年第 2 期。

张文武、梁琦:《劳动地理集中、产业空间与地区收入差距》,《经济学(季刊)》2011 年第 2 期。

赵永亮、才国伟:《市场潜力的边界效应与内外部市场一体化》,《经济研究》2009 年第 7 期。

赵增耀、夏斌:《市场潜能、地理溢出与工业集聚——基于非线性空间门槛效应的经验分析》,《中国工业经济》2012 年第 11 期。

郑真真、杨舸:《中国人口流动及未来趋势预测》,《人民论坛》2013 年第 4 期。

朱承亮:《中国地区经济差距的演变轨迹与来源分解》,《数量经济技术经济研究》2014 年第 6 期。

后　　记

本书是国家社会科学基金项目"人口流动与产业集聚互动的过程机制、区域效应及调控对策"（15BGL215）的结项成果。该项目以湖北省为实证区域，研究区域经济空间格局的演化过程及其动力机制和区域效应，检验了人口流动与产业集聚之间相互强化的互动关系对区域经济空间结构演化过程的驱动机制，揭示了人口流动与产业集聚互动过程和区域经济差距变化过程之间的显著相关性，提出了促进人口与产业协同集聚，以改善人口与产业空间匹配性，从而缩小区域经济差距的建议。

当前我国正大力推进区域经济高质量发展。在2019年8月26日召开的中央财经委员会会议上，习近平总书记发表重要讲话强调，要根据各地区的条件，走合理分工、优化发展的路子，落实主体功能区战略，完善空间治理，形成优势互补、高质量发展的区域经济布局。会议强调，新形势下促进区域协调发展，要按照客观经济规律调整完善区域政策体系，发挥各地区比较优势，促进各类要素合理流动和高效集聚，增强创新发展动力，加快构建高质量发展的动力系统，增强中心城市和城市群等经济发展优势区域的经济和人口承载能力。在新时代背景下，如何促进要素合理流动和高效集聚？亟须学界提供智力支持，唯愿我们的研究能为此作出贡献。

项目研究过程中，我的研究生薄晓燕、宋子睿、蒋亮、刘巧玉、李浩慈、梁鸽、常亮等在数据挖掘、整理、分析以及研究报告撰写中做了大量的基础性工作，在此一并表示感谢！

敖荣军
2019年9月29日于华中师范大学